학교 디자인의 실제

학교디자인의 실제

김미영 · 심상욱 지음

학교디자인의 실제

발 행 | 2015년 12월 1일

저 자 | 김미영 · 심상욱

펴낸이 | 한건희

펴낸곳 | 주식회사 부크크

출판등록 | 2014.07.15.(제2014-16호)

주 소 | 경기도 부천시 원미구 춘의동 202 춘의테크노파크2단지 202동 1306호

전 화 | (070) 4085-7599

이메일 | info@bookk.co.kr

ISBN | 979-11-5811-478-7

www.bookk.co.kr

차 례

ò 머리말

이 책은 이미 출간된 〈학교디자인〉의 연장선상에 위치하며, 〈학
교디자인〉의 이론을 정립하면서 동시에 실천한 내용들을 정리한 책
이다. 처음에는 저자들의 이전 저서인 〈학교디자인〉에 포함된 내용
이었으나 분량이 늘어나면서 분권하게 되었다.

〈학교디자인〉이 보다 전체적 윤곽을 제시하고 가시적인 학교공
간환경에 중점을 두고 학교의 변화를 모색하는 것이라면, 〈학교디
자인의 실제〉는 보다 비가시적인 학교의 다양한 문화와 학교가 담
고 있는 내용을 디자인과 접목하는 것에 비중을 두고 있다.

1장은 디자인과 학교교육의 유사성을 살펴보는 장이고, 2, 3, 4
장은 학교디자인의 하위 개념인 학교교육디자인으로서 수업, 학교
조직문화, 학교경영 등의 영역에서 디자인과 접목을 살펴보는 장이
다. 5장의 학교디자인의 실제는 원래 본 저자들의 또 다른 저서인
〈학교디자인〉에 수록된 부분인데 지면의 과다로 본서에 6장 학교
교육디자인의 실제와 같이 수록하게 되었다.

이 책은 혁신의 주체로서 교사가 교육 현장에서 무엇을 해야 하
는지에 대한 이야기이다. 그리고 혁신의 도구로써 디자인이 교육에
서 가지는 가치를 탐색해보는 것이다. 우리는 혁신이라는 명령에

굴복하여 혁신을 통해 달성하고자 하는 궁극적인 목표를 잃어버리는 실수를 범해서는 안 될 것이다. 내면적인 절박함이 없는 타율적인 명령으로서 혁신은 실패할 수밖에 없다. 스스로 자신을 둘러싼 환경을 주도적으로 개선할 수 있거나 원래의 목적에 충실하게 되돌릴 수 있다는 믿음이야 말로 수 만권의 매뉴얼이나 강령을 쥐어주는 것보다 효과적이다. 대체가능성이 아닌 유일한 가치를 가진 교사로서의 존재를 인식하는 것이 '교사의 디자인효능감'이자 '환경통제감'이다.

학교에서 교사가 하는 모든 판단의 기초는 '이것이 과연 학생과 수업을 위하여 보탬이 되는 일인가?'라고 생각한다.

교사의 판단은 학교와 리더에 중심을 두는 것이 아니라 학생과 수업에 중심을 두고 이루어져야 한다. 진정한 정치적 리더는 국민을 자신의 리더로 섬길 줄 아는 사람이고, 기업의 리더는 사용자를 자신의 리더로 섬길 줄 아는 사람이고, 학교는 학생과 수업에 중심을 두어야 하는 것이다. 때로 대다수의 대중이 바른 방향으로 나가지 않을 수도 있다. 그러나 적어도 소수만의 이기적인 탐욕에 매몰되는 일은 없을 것이다.

학교의 행정은 학생과 수업이 바람직하게 존재할 수 있도록 뒷받침하는 것에 목적이 있다. 학교는 교육과정의 실현을 위한 서비스 조직이다.

간혹 교사들은 학교 행정과 행사들을 위하여 자신의 학생과 수업을 겨버리는 본말전도(本末顚倒)가 일어나서는 안 될 것이다. 학교는 교사의 수업력과 학생의 면학을 떨어뜨리는 어떠한 행위도 용납될 수 없는 공간이다. 교사는 위를 보는 것이 아니라 아래를 보아야 한다. 조고각하(照顧脚下)는 사회와 학교의 욕망을 쫓는 것이 아니라 학생의 필요와 요구를 찾는 일이다.

학교가 교사의 수업에 헌신하지 않는데 어떻게 교사가 자신의 맡은 일에 헌신할 수 있겠는가? 이것은 마치 부모가 아이보다 자동차를 먼저 생각하는 격이다. 그랬다가는 가족이 산산조각 날 것이다. 학교가 우선순위를 그런 식으로 바꿔버리면 교사의 수업은 망가질 수밖에 없다.

교사는 학교를 생각할 것이 아니라 자신의 수업에 학교를 어떻게 활용할 것인가를 생각해야 한다. 이러한 측면에서 교사를 포함한 구성원들은 학교를 디자인하는 주체가 되는 것이다.

학교와 디자인 모두 현대 사회의 부정적인 '과도한 경쟁'과 '시장 논리'에 사로잡혀 길을 잃어가고 있다. 과도한 경쟁과 시장 논리는 교육과 디자인으로부터 우리를 소외시킨다. 우리사회의 교육은 평등성과 수월성의 갈등 속에서 교육본질과 멀어지게 된다. 이 양자는 조화되어야 한다. 주인 없는 곳에 평등성과 수월성이라는 객이 양극단에 자리 잡고 서로 비교와 경쟁을 하고 있다. 표면적으로만 통합을 외치는 것은 어느 한쪽에서 다른 쪽에게 승복하라는 표현에 그치지 않는다. 흑백논리의 극복은 교육이 추구해야 하는 방향이다. 교육의 본연의 가치 회복과 양자의 조화가 바로 디자인이다.

궁극적으로 학교시설환경과 교육서비스로부터 소외를 극복하는 것이 학교디자인의 과제이다. 이기적 욕망이 우리의 삶을 고사시키는 현실에서 디자인은 인간의 욕망을 부채질하는 수단으로 취급받으며 인간으로부터 소외되었다. 교육 또한 자신의 가치를 변별하는 기호로 작용하여 인간이 서로를 소외시키게 만들었다. 늘 우리에게는 이러한 소외로부터 도전이 지속되고 그러한 좌절에 대해서 우리 자신의 효능감을 회복하는 것이 중요한 과제였다. 때문에 자신의 관심 분야에서 지역사회를 변화시키는 커뮤니티 디자이너, 소셜 디자이너로서 역량을 높여야 한다. 미래에 자신의 환경을 주체적으로 변화시킬 수 있는 사람만이 진정한 리더이다. 또 개인이든 기업이든 국가이든 그 집단의 필요와 욕구를 넘어선 욕망은 우리의 현재와 미래를 바람직한 방향으로 인도할 수 없을 것이다.

교육은 사람의 미래를 그리는 일이고 디자인은 물건과 서비스의 미래를 그리는 일이다. 두 분야 모두 인간을 위한 청사진을 만드는 일이다. 이러한 관점에서 이 책은 교육과 디자인과 접목을 탐색하는데 중점을 두고 있다.

학교디자인실에서

ò

1장. 학교 교육과 디자인의 유사성

ò 학교교육과 디자인의 유사성

디자인은 양식이다. 문화는 일반적으로 시대별과 지역별로 일정한 양식을 가진다. 무형의 양식은 존재하지 않는다. 문화는 삶의 과정에서 인간이 창조하고 계승하여 축적된 유형과 무형의 자산을 총칭한다. 총체적 관점에서 문화는 인간 집단의 생활양식의 총체로 세상의 현상적 측면을 중시한다. 관념적 관점에서 문화는 행동의 규칙으로 세상의 관념적 측면을 중시한다. 문화는 도구, 행동, 제도 등을 포함하지 않고 단지 사고의 양식, 즉 행동의 내면에 자리한 기준, 표준, 규칙을 가리킨다. 사람들의 마음속에 있는 모델이자 현상을 지각하고 평가하는 표준으로 본다. 집단 성원으로서 어떤 행동의 절차와 방법을 결정하는 등 경험을 조직하는 표준이 문화이다 (오영재, 2009).

교육이 문화에 관련된 것이라면 디자인은 문화재에 관련된 것이다. 디자인은 보고, 사용하고, 살아가는 공간 환경에 대한 사고와 기술의 총체이다. 한 사회의 생활양식은 대부분 시각적으로 보는 커뮤니케이션, 사용하는 생활용품, 살아가는 생활환경에 따라 형성되며, 그들을 만들어 내는 행위가 디자인이다. 디자인은 생활문화를 창조하는 행위이다. 이러한 사고와 기술 그리고 외현화 된 문화재를 전수하는 활동이 교육이다. 그래서 학교교육과 디자인은 많은 부분 닮아 있다.

창의융합에서 창의를 위한 방법으로 융합을 생각할 수 있을 것이다. 융합은 어떤 새로운 것을 생성시킬 수 있다. 그러나 가치가 있는가 하는 점에서 다시 생각해봐야 한다. 가치는 투입과 산출을 비교하였을 때 투입만큼 산출이 되는가하는 것이 아니기 때문이다. 진정한 가치는 무엇을 위해 모든 것을 희생할 가치가 있는가이다. 때로 보상이나 대가 없이 치러야 하는 희생에도 숭고한 가치가 포함되어 있다. 개인이나 조직이 절체절명의 위기를 맞이한다 해도 지키고자 하는 가치를 '핵심가치'라고 한다(허욱, 2013). 인류 전체의 숭고한 가치를 위한 것이 아니라면 융합은 프랑켄슈타인의 괴물이 될 뿐이다.

디자인은 가치실현을 위한 욕구와 그에 따른 사고방식, 즉 관점을 포함한다. 교육과 디자인의 공통적 가치와 관점에서의 유사성을 인간중심(Human-centered), 지속가능성, 유일성, 환경의 창조와 재구성, 교사와 디자이너의 역할의 유사성 등 몇 가지 점에서 살펴볼 수 있다.

◎ 시대적 변화에 대한 적응

디자인과 공교육은 산업사회의 산물이다. 저렴하고 일정한 질을 보장하고 대량생산의 수요와 공급을 충족시키기 위한 적응 방식이라는 점에서 일치한다.

산업사회는 사람의 손으로 물건을 만드는 시대가 아니라 물건이 대량으로 생산되는 방식의 사회를 말한다. 사람들은 더 이상 손으로 만든 생활용품이 아니라 기계가 생산하는 상품을 사용하는 것이다. 급격한 생산의 증대는 많은 노동자들을 요구하게 되었다. 상대적으로 산업혁명에 비해 덜 알려진 농업혁명으로 농부들은 기계나 비료의 힘으로 더 넓은 농경지에 더 많은 수확하면서 도시로 유입된 노동자들의 식량을 감당할 수 있었다.

도시화가 진행되면서 수많은 노동자들과 농민들의 빈곤은 여전하지만 빈곤이 반란을 낳을 수 있다는 점을 인식한 지배계급은 교육이 상황을 개선할 수 있는 수단임을 발견했다. 프로이센의 프리드리히 2세는 다른 유럽의 군주들에 비해 훨씬 앞서 초등교육을 의무화하였다. 그러나 보다 근본적인 공교육은 몇 가지 조건을 충족해야만 근대국가에 나타날 수 있다.

첫째, 국가의 대중 교육의 책무성 강화이다. 종교개혁 이후 성서 독해를 위한 기본적 문해 교육이 강조되면서 루터는 가족이 교육의 주체가 되어야 하지만 그러지 못하는 경우 국가가 그 책무를 위임받아 수행해야 한다고 주장하면서 국가가 대중교육에 대한 책무를 강조하였다. 이는 왕권 강화를 하고자 하는 군주들의 이해관계에서도 일치하기에 개신교 국가들에 의해 대중교육은 각종 법령 등으로 구체화되었다. 국기(國旗)와 국가(國歌)를 통한 근대 국가 정체성이 학생들에게 주입될 필요성에서 시작되었다. 정치적인 목적은 민족국가의 형성을 위해 교육을 통한 국민화 혹은 애국적 시민 양성에 있었다.

둘째, 산업화에 숙련된 노동력의 양성이 필요함에 따라 문자해독과 기능 교육 등 실제적 교육의 필요성이 나타났다. 이는 근대 국가가 대량의 훈련된 군인과 훈련된 노동자들로부터 가능하다는 사실을 의미한다.

국민 교육체제는 중립성, 평등성의 보장과 국가에 의한 공공성의 보장이 가능하다는 장점이 있으나 획일성과 통제 가능성, 국가 이데올로기의 주입, 사회의 지배적 문화의 강제 등 공설(公設), 공비(公費)로써 공교육의 특징을 지닌다. 그러나 산업화를 통한 일정한 국부(국부)의 축적, 중세보다 성숙한 시민의식도 공교육의 한 축임에는 틀림이 없다.

"대량생산된 학습 모델은 20세기 많은 사람들에게 도움을 주었다. 강철로 된 증기기관 선박이 미국 해안으로 무수한 사람들을 옮겨왔다. 철도가 서부를 개척한 뒤에도 학교, 공장, 교도소는 같은 방식으로 운영되었다. 학교와 공장은 국가 산업 발전에 부응하는 것이 목적이었다. 공립학교의 학사일정은 학습자 중심이 아니라 노동 환경에 맞게 채택되었다. 시대는 지나갔지만 백 년 전에 형성된 학교교육의 형태는 오늘날에도 그대로 남아 있다(Carl Rogers, H. J. Freiberg, 1994)." 세계화란 말도 100년 전에 처음 등장했다.

직접적으로 디자인이 학교와 결합된 가장 대표적인 예가 제러미 벤담이 설계한 판옵티콘이다. 근대국가가 관리 통제하는 대표적인 시설인 군대, 감옥과 공장, 병원과 학교 등은 이러한 통제적 디자인이 지배적으로 나타난 것이다.

디자인 또한 대량 생산 제품에 대한 미적 요구를 통해서 나타난다. 자본가들은 제품의 모양새를 잘 꾸미기 위해 미술가들을 필요로 했고, 이는 미술방면에서 디자인 발달의 시작이 되었다.

이는 교육에서도 한정된 수의 학생을 선택적으로 교육하던 방식에서 표준화를 통한 대량의 공교육 공급체계를 가지게 된 것과 밀접한 연관성을 가진다. 즉 군인을 양성하는 방식으로 학생도 양성하는 것이다.

대량생산으로 촉발된 초기 디자인과 근대국가의 국민, 대량생산의 노동력 통제를 위한 공교육은 일치하는 면을 가진다.

◎ 지속가능성의 추구

학교는 국가 국민의 내부 장치이다. "국민국가라는 것은 국경이 있고, 관료제도와 상비군이 있고, 국적과 귀속의식을 가진 '국민'을 구성원으로 하는 공동체를 가리키는 데 학교는 애당초 국민국가의 내부 장치이다. 학교의 설립 목적은 차세대 국가를 책임질 수 있는 성숙한 시민의 육성이다(우치다 마츠루, 2007)." 교육은 100년을 내다보고 설계된다는 원래의 취지를 추구한다. 국가와 사회를 유지하는 것에 초점을 둔다. 유지를 위한 차원에서 성장이나 발전의 개념도 포함된다.

디자인 역시 지속가능성의 디자인을 추구한다. 사회적 디자인, 민주적 디자인, 적정기술, 그린 디자인, 지속가능 디자인, 에코 디자인, 공생 디자인, 프로슈밍 디자인, 리사이클링 디자인 등은 이러한 일례이다.

기업의 본성상 생태적, 사회적으로 좀 더 나은 세상을 만든다는 목표를 가지는 경우는 드물었다. 그러나 지금은 그라민 은행을 비롯하여 사회적 기업의 활동이 활발하다. "모든 사람은 경영자"라는 측면에서 사회적 참여는 증가하고 있다. 디자인에서는 데이비드 켈리의 IDEO의 설립이 대표적이다.

교육과 디자인은 모두 기업의 단기적 이익을 추구하는 도구가 될 수 있다. 기준 없이 흔들리는 것은 학교도 마찬가지이다. 교육조차 사회가 아닌 기업이 필요한 인재를 기르는 것에 혈안이다. 국가와 사회에 필요한 인재를 기르는 것이 기업을 망치는 일은 아닐 것이다. 기업은 학교가 기른 민주적 시민 중에서 자신들이 원하는 인재를 찾으면 될 일이다.

"글로벌 기업은 지금 당장 수익을 올리는 데 필요한 인재만을 육성하고 있다. 고스펙, 저임금, 고체력, 비판정신이 결여되어 있어 상사의 말에 순종하는 글로벌 인재를 필요로 한다(우치다 타츠루, 2007)." 기업과 사회는 장기적 이익을 생각하지 못하고 단기적 이익에 치중한다. 글로벌 인재는 단기적으로 이익을 창출하지만 궁극적으로는 우리 사회를 망친다. 우리는 자기를 먼저 돌보고 사회를 돌본다는 내적 신념에 기초해야 한다.

"노동자는 세계화라는 경제적 변화 과정에서 점점 더 위협받고 고통을 당하며 '회사는 나를 돌보지 않는다'는 쓰디쓴 경험을 매일 반복한다. 부르면 언제든지 달려오고 아무 때나 쉽게 해고시킬 수 있으며, 조직 행동력이 없는 사람이 가장 이상적인 직원이 되었다. 가족이나 친구, 특정 지역을 고집하는 태도는 모두 방해 요소에 해당한다. 이른바 '이상적인 직원'은 젊은 시절에 회사에 모든 것을 바쳐 일하다가 나이가 들어 쓸모가 다 되면 다른 경쟁자에게 밀려나게 된다. 회사가 직원을 더 이상 돌보지 않고 그들의 운명을 책임지지 않으며 모든 관계를 냉정하게 경제화한다면 직원도 똑같이 반응하기 마련이다. 현재 전체 직장인의 18%가 내적으로는 이미

13

퇴직한 상태다(Winterhoff-Spurk, 2009)."

글로벌 기업에서는 일종의 도덕성이 마비되어야 한다. 기업들은 점차 윤리를 잃어가고 있다. 방글라데시 아이들의 저임금을 바탕으로 '유니클로'가 탄생한다. 물론 '유니클로'가 직접 아이들을 고용하는 것은 아닐 것이다. 방글라데시와 같이 노동임금이 싼 곳으로 글로벌 기업들은 몰려간다. 그곳의 기업인들은 글로벌 기업이 요구하는 조건의 낮은 가격과 높은 질을 유지해야 상품을 납품할 수 있다.

해외 수출을 하는 기업들의 대부분도 마찬가지이다. 미국의 경우 비료를 사용하여 4배의 옥수수를 수확하고 사람이 먹을 수 없는 옥수수는 다시 소들이 먹기 좋도록 성장촉진제와 조미료 넣어 150킬로의 소를 600킬로로 만들어 낸다. 그 소고기는 세계 각국으로 다시 보내진다. 소고기를 생산하기 위해서는 7배의 옥수수가 필요하다. 한 명의 아이가 소고기를 먹지 않으면 7명의 아이들이 옥수수를 먹고 굶주림을 면할 수 있다. 하지만 누구도 마블링 좋은 소고기를 먹는 삶의 방식을 거부하지 않는다. 굶주리는 7명의 아이들의 고통은 보이지 않지만 소고기의 살살 녹는 맛은 눈앞에 있기 때문이다.

역사적으로 살펴보아도 영국의 경우 산업혁명은 대도시의 인구유입을 증가시켜 새로운 경제적 '계급'을 발생시켰다. 정부 당국은 이러한 사회주의적 경향에 대응하기 위해 표면적인 교육을 부모들이 일하고 있는 공장의 규율에 맞게 아이들을 훈련시키는 것을 목적으로 공장에서 일하는 데 필요한 지식만을 제공했다. 이러한 단기적 이익에 치중은 항상 놀이의 중요성과 어린이가 건강하고 능동적이며 명랑하고 행복해야할 필요성은 뒷전이 되었다.

교육이나 디자인은 단기적 이익의 추구나 수단적 가치로 하락하는 것을 거부해야 한다. 수단적 가치에 종속되는 것을 허용한다면 사람을 기르는 교육이 아니라 기술을 가르치는 학원이 되어야 한다. 교육이나 디자인은 건강, 환경의 가치를 우선하는 목소리를 내야 한다. 불편을 극복하는 일이 필요하다면 지속가능한 성장이 되어야 한다. 지속가능한 성장은 우리와 환경의 공존에서 비롯한다. 교육이 경쟁을 통해 성과를 내야 할 부분은 지속가능한 사회의 유지를 위한 인재의 추구라는 점에서 국한되어야 한다.

교육과 경영과 디자인이 돈을 벌기 위한 수단이라면 우리는 이미 실패를 맛보고 있다. 지구가 지닌 기본재는 바닥을 드러내고 있다. 인간은 인간으로서 생활하는 데 필수불가결한 최소한의 재화인 기본재를 공급받아야 한다. 여기서의 기본재는 인간으로서 생활을 유지하는 데 필요한 최소한의 의식주, 의료, 교육 및 교통 등으로 구성된다. 즉 기본재의 충족이란 경제적 측면에서 최소한으로 보장되어야 할 기본 인권의 충족을 의미한다.

또한 "생태계는 스스로 재생하면서 우리에게 경제적으로 귀중한 서비스와 혜택을 제공해왔다. 갈수록 이러한 생태계를 '자연자본'이라 부르며 금전적 부와 동일시하는 분위기가 만들어지고 있다. 금융자본과 마찬가지로 자연자본도 수익을 창출할 수 있다(Tony Juniper, 2013)."

문제는 이러한 자연자본의 고갈에 있다. 지속성장은 '앙코르와트'의 예와 같이 도시를 괴멸시킨다. 도시화가 도시를 붕괴로 이끈다. 마치 폐쇄된 유리병 속에 켜둔 촛불이 산소를 태우고 꺼지는 것과 같다. 무한정 주변으로부터 자연자본을 공급받을 수는 없다. 지구는 한정된 유리병이다.

스키델스키는 "지속적으로 성장을 추구하는 것은 기본적으로 기본재를 실현하는 데 필요하지 않으며 사실 그것에 피해를 입힌다고 한다. 기본재는 원래 시장 상품이 아니기 때문이다(강수돌, 2015, 재인용)." 경제 성장이 목적 없는 목적이 되는 경우는 '좋은 삶'이나 '행복'이 수반되지 않는 경우이다. 경제 성장은 본질적으로 경쟁에 기초한다. 더 넓은 유무형의 영토를 발견하고 정복하는 일에 게을러서는 불가능하다. 그러나 이러한 경쟁 패러다임은 기본재가 바닥을 드러내는 곧 다가올 미래에는 쓸모없는 일이다. 점차 협력이 강조되게 될 것이다. 더 근본적인 기본재는 개인의 시간과 에너지이다. 보다 높고 바람직한 가치와 더 많은 사람들을 위해 사용하기에도 매우 제한적이다.

우리는 여기에서 지향점이 잘못 맞추어져 있다. 1인당 국민소득인 3만 달러에 이르고 경제규모 13위이지만 누구도 선진국이라고 생각하지 않는다. 연평균 노동시간은 멕시코 다음이다.

무언가 부족한 것은 성장 사회에서 성숙 사회로 전환되기 위한 내면적 자원의 회복이 누락되어 있다는 것이다. 아직 정서는 배고픈 보릿고개의 기억과 정서에 머물고 있다. 비록 가난하지만 결코 연연하지 않는 정신적 바탕은 잘 살기 위한 교육이 아니라 풍요롭게 나누며 살기 위한 교육을 통해서만 가능하다.

예를 들면 선진국으로 갈수록 자원의 순환률이 높다. 소비의 선진국이 아니라 지속가능성의 선진국이다. 자원의 순환은 낭비와는 반대편에 위치한다. 지금은 사라졌지만 우리의 전통에 고수레(高矢

禮)라는 문화는 들이나 산에서 음식을 먹을 때나 허공을 향해 먼저 음식을 조금 떼어 던지는 의식을 행했다. 이러한 의식문화의 내면 에는 나보다는 먼저 보이지 않는 전체 자연계에 대한 배려가 숨어 있다. 개인이 우주와 자연의 순환적 사이클의 일부로서 작은 물질 조차도 공유할 수 있는 심성이 숨겨져 있었다. 이제 고갈된 자연계 앞에서 이러한 경외심을 회복할 필요성이 있다. 지속적 성장이 아 닌 지속가능성을 회복해야 한다. 사실 성장은 지속가능하지 않다. 성숙만이 지속가능하다.

자연에서도 생존에 불리한 수컷들의 과장된 몸치장은 생존이 아 니라 성선택 위한 디자인이다. 자연에서 각 개체는 자신의 유전자 에 대한 지속가능성을 추구한다. 오직 인류만이 예외이다. 성장의 한계를 인정하고 탐욕의 종말을 고해야 한다. 사실 지속가능한 발 전이란 허구적 개념이다. 중국과 같은 10억 이상의 인구를 가진 국가가 연간 6~7%의 경제성장이란 그 열배 이상의 자원을 소모하 고 환경을 파괴한다는 의미이다. 지속가능의 유일한 답은 멈추고 유지하는 것을 지나 무엇을 버리고 빼야 할 것인가에 있다. 끊임없 는 성장은 결코 지속가능하지 않다. 끊임없는 성장에서는 물질적인 부를 향해 점점 더 커지는 욕구, 결코 만족할 줄 모르는 욕구를 채 우기 위해 사회적으로나 심리적으로 점점 더 많이, 점점 더 길게 일할 수밖에 없게 된다. 자유인이 되는 것이 아니라 일의 노예가 되는 것은 바로 더 많은 소유와 소비에 대한 욕구 때문이다. 지속 가능성장은 인류의 공멸이다. 우리는 멈춤이 후퇴라고 생각하지만 공존을 위한 현상의 유지를 위해 부단한 노력 없이는 불가능하다.

먼저 가진 선진국의 입장에서 후진국을 설득할 타당한 희생이 따르지 않는 한 국가 간 경쟁은 돌이킬 수 없는 파멸의 운명을 피할 수 없는 시나리오일 뿐이다.

침몰하는 지구호의 마지막 생존자가 되어 우주로 구조신호를 보낼 것인지 아니면 신록이 푸르른 숲속에서 가족과 도시락을 먹을지는 선택해야 할 문제가 아니다. 지금 여기서 실천해야 할 문제이다. 교육과 디자인 모두 '지구적으로 생각하고 지역적으로 행동하라'는 메시지를 담고 있다. 그 메시지에는 우리의 삶의 방향이 사악한 방향으로 흘러가는 것을 경계하는 내용이 담겨있다.

"하루에 한 끼를 먹는 사람이 두 끼를 먹을 수 있게 된다면 최고 수준의 개발이다(Bornstein, 2008)."

◎ 유일성의 추구

디자인은 내 자신의 삶과 이 세상에서 단 하나 뿐이라는 유일성이 가지는 행복으로 인해서 가치를 가진다. 우리는 오래되고 낡았든 새것이든 사물을 통해서 자신의 존재를 확인하고 행복도 느낀다. 동물이 영역표시를 하듯이 사물을 소유하고 공간을 소유하는 것과 같은 가시적 지표를 통해서 자신의 존재를 인식하는 것은 어쩌면 당연한 일인지도 모른다.

때로는 부정적 방향으로 흐르는 경우도 있다. 광고의 이미지는 설득을 위해 대량생산 유포된 것이지만 상품을 통해 자신이 남들의 선망의 대상이 되는 것처럼 느끼도록 해야 한다. 상품을 가진 사람은 타인들이 보내는 선망의 시선을 통해서만 게임은 성립된다.

"훌륭한 광고란 기업이 말하고 싶은 것이 아니라 시장이 듣고 싶고, 이야기 하고 싶고, 사고 싶은 것을 담아야 한다(Sally Hogshead, 2014)." 기업이 소비자가 필요로 하는 것, 원하는 것, 가치를 두는 것이 무엇인지에 귀를 기울이는 것은 소비자의 욕망에 편승하는 길이다.

매혹(fascination)이나 매력(glamour)은 타인의 선망으로부터 나온다. 그러나 자신의 내면으로부터 나온 남과의 다름은 결코 타인의 선망이 없어도 사라지지 않는다. 그것은 진정한 유일성(uniqueness)이기 때문이다.

디자인의 창조성도 디자이너 내면의 유일성에 대한 신뢰를 통해서 나타난다. "창조성이라는 것은 디자이너의 작업적 기초이다. 그것은 모든 디자이너들에게 동기를 제공하는 신념이고, 마침내 디자이너를 디자이너로 존재하게 하는 것이다. 벽돌을 쌓는 조적공들이 벽돌을 가지런하게 쌓는 일에 자신감이 있어야 하는 것처럼 디자이너에게도 적어도 자신이 가진 개인적인 창조능력에 대한 믿음이 있어야 한다(Heskett, 1980)."

특히, 유목민적 상상력은 지식 노마드로서 자기 신뢰라는 혹을 등에 이고 다니는 낙타와 같아야 가능하다. 농경적 친화력은 타인과 공감과 소통을 통해서 드러나는 반면 유목민적 상상력은 냉혹한 현실 속에서도 자기 스스로 회복의 에너지를 공급해야만 가능하다.

오래전부터 이러한 개인의 능력을 자주력, 자기주도력, 자기효능감, 자생력 등으로 표현해왔다. 또 최근에는 회복탄력성으로 표현되기도 하며, 디자인에서는 IDEO가 제시한 창조적 자신감

(creative confidence)이라고 한다.

경쟁이 치열할수록 "강점보다 '차별점'이 더 중요해진다. 강점은 표준이 된다. 강점을 기초로 경쟁을 하면, 경쟁자를 능가해야 한다는 끝없는 압력에 시달릴 수밖에 없다. 경쟁이 가격, 품질, 서비스 기능에 초점을 맞추었던 때는 좋은 게 더 중요했었다(Sally Hogshead, 2014)."

여기서 차별은 자신의 내면에 남다른 차이를 인식하였다는 의미이다. "좋은 브랜드 디자인은 시장을 주도할 요소를 갖추고, 브랜드가 견지해온 가치와 기준을 지키며, 여러 현실적 어려움을 효과적으로 넘어선 결과물이다(엄주원, 2015)." 이러한 차별은 비교되지 않는다.

자신만의 진정한 가치를 인식하는 것은 자신의 꽃을 활짝 피우는 것이다. 이것은 패러다임의 변화와도 연관된다. 경쟁에서 자기 가치 찾기로의 변화는 교육과 디자인 모두에 요구되는 변화이다. "경쟁은 공개사형 집행인이다. 경쟁은 처음에는 강력한 동기가 되어 더 많은 돈과 에너지를 쏟아 붓도록 만든다(Sally Hogshead, 2014)." 그러나 경쟁이 잘못된 길로 안내하는 경우 우리의 무한 경쟁은 모든 것을 빨아들이는 블랙홀이 된다.

교육이 민주시민의 육성이라는 대량생산의 컨베이어 벨트 시스템 위에서 선발적 기능을 가진다는 점도 어느 정도는 부인 할 수 없는 사실이다. 그러나 칼 로저스는 조지아 오키프의 예를 들면서 남다른 독특한 인간이 되고자 하는 열망을 가진 존재이며, 각자는 자신의 인생 설계자이며, 화가라고 한다. 최소한 학교는 이러한 목적을 저변에 깔고 있고 그러한 학생을 길러내기 위해 노력해야 할 것이다.

우리는 열심히 노력해서 더 잘하라는 말을 들으며 자란다. 교실에서는 다른 학생보다. 사회에서는 다른 동료보다 더 잘해야 한다. 경쟁이란 도구는 강제나 위협, 돈, 명예, 권력 보다 더 세련된 도구이지만 경쟁을 내면화하게 되면 삶에서 휴식이 존재하지 않게 된다. 그리고 끝없는 자기 착취가 시작된다. 그러나 비교를 통한 일등이 항상 꼴찌로 밀려나는 것은 정해진 법칙이다.

차별화, 즉 다르게 하기는 이미 우리 안에 내재된 특성을 부각시키는 것으로, 반드시 경쟁자보다 더 잘하지 않아도 된다. 우리는 이미 다르다. 그러나 그것을 인식하고 찾아야 한다. 그리고 그 능력을 실천해야 한다. 나음보다 다름은 우리를 자유롭게 한다.

"혁신을 위해서는 다른 나라의 사례도 참고해야 하지만 근본적으로 자기 자신의 과거에 뿌리를 내려야 한다. 예전의 습성, 기교, 기술이 현재와 결합함으로써 새로운 창조가 일어난다. 그뿐만 아니라 다른 국가와 차별화된 훌륭한 전략도 된다. 실제 대부분의 선진국은 자국의 특성을 반영한 상품과 서비스를 개발해서 외국에 판매하는 전략을 채택하고 있다(임마누엘 페스트라이쉬, 2013)."

유일성으로써 정체성은 세월이 가도 변함이 없어야 한다. 교육과 디자인에는 그 민족의 고유한 정체성이 담겨있다. 고유함은 그 나라 문화의 자존심이다. 우리 교육과 디자인은 옛것을 그대로 고집하여서도 안 되며, 트랜드나 시대적 필요성을 쫓아 재해석하고 새롭게 창조함으로써 전통을 살릴 수 있고 고유한 정체성도 살릴 수 있다. 교육에서는 이리 저리 유행만 쫓아가는 것이야말로 최악의 디자인이다. 교육은 유일성의 컨베이어 벨트가 되어야 한다.

✿ 교사와 디자이너의 역할

교사의 역할과 디자이너의 역할은 몇 가지 유사성으로 구분된다. 첫째, "국가수준의 교육과정 재구성이다. 교사는 매일 수업내용에 대해 학생들과 소통하는 방법을 디자인한다. 디자인프로세스를 통해 학생들이 교실 밖에서 하는 행위들을 발견하고 그것을 수업 내용과 연관시킴으로써 지금 학생들이 지닌 관심사와 요구를 교육과정에 의도적으로 포함시킬 수 있다(Riverdale, IDEO, 2012)."

서비스라는 측면에서 너무 많거나 높은 성취기준은 사용자인 학생을 곤경에 빠뜨린다. 밀도가 낮은 교육과정은 학생들에게 앞으로의 삶에 필요한 준비를 다하지 못하게 한다. 서비스로서 학교교육과정은 많은 학생들이 사용하기에 불편함이 없어야 하는 것과 같이 서비스로서 학교 자체는 사용자들의 불편함을 유발해서 안 된다. 너무 뜨겁지도 너무 차갑지도 않게 골디락스(Goldilocks) 해야 한다.

둘째, 공간이다. 교실 안의 물리적 환경은 학생들이 어떻게 행동해야 하는지를 보여준다. 현재 우리는 학생들이 일렬로 줄을 서듯 책상에 앉아있는 것과 같이 교실 공간은 규격화되어야 한다고 생각하는 경향이 있다. 우리의 교실 공간 디자인에 대해 다시 생각함으로써, 학생들에게 교실에서 어떻게 느끼고 소통해야 하는지에 대한 새로운 메시지를 전달할 수 있다(Riverdale, IDEO, 2012).

셋째, 프로세스와 도구이다. 학교는 이미 학교를 성공적으로 운영하기 위한 다양한 프로세스와 도구들을 디자인하고 있다. 이러한 활동은 일반적으로 교실이나 배움에 관한 구체적인 상호작용들 보다는 시스템이 어떻게 운영될 수 있는지에 관한 것이다. 모든 프로세스는 이미 디자인되어 있기 때문에 재디자인(Re-Design)할 수 있다. 때로는 도구를 창조하는 것이 이러한 새로운 디자인프로세스를 돕는데 꼭 필요한 요소이기도 하다(Riverdale, IDEO, 2012).

넷째, 시스템이다. 모든 사람들이 현재 그들이 속해있는 시스템에 대해 결정을 내릴 수 있는 것은 아니지만, 누구나 시스템의 디자인에 기여할 수는 있다. 시스템을 디자인한다는 것은 많은 이해관계자들이 지닌 니즈의 균형을 맞추는 것이다. 시스템을 디자인할 때, 우리는 주로 비전, 우선순위, 정책, 그리고 핵심적인 커뮤니케이션 방법 등과 같이 높은 차원의 전략을 세우곤 한다(Riverdale, IDEO, 2012).

결국 디자인사고는 창의적인 행위이며, 교사로 하여금 진정으로 효율적인 학습 환경을 창조하는 것은 학생들의 의견을 반영하여 계획적으로 이루어진다는 것을 이해하게 한다. 우리가 교육과 학습을 보다 연관성 있고, 효율적이며 모두가 즐거울 수 있도록 변화시키고 싶다면, 교사들은 기업가의 마인드를 지닌 디자이너이자, 학교의 시스템과 학교 자체를 새롭게 재구성할 수 있는 사람이어야 한다. 교사의 역할에서 디자이너의 역할이 내재되어 있음을 알 수 있다.

Norman Potter(2002)는 "학생은 디자이너"라고 한다. "디자이너로서 학생은 첫째 자신을 아는 것, 그리고 자신을 인정하는 것이다. 둘째는 자신을 교육하는 것인데, 정규 교육은 일시적 공동체의 혜택과 함께 행사되는 제약과 기회로 받아들여야 한다. 셋째는 성취감을 매우 친밀하게 느끼는 것이다. 신념을 지키고 열린 마음으로 미래를 대한다는 것은 깊은 헌신으로 현재를 알고, 우리를 밀어주는 과거를 안다는 것이다." 자신을 있는 그대로 인정하게 되면 더 이상 남들이 보는 자신으로서 맞추기 위한 노력을 멈추게 된다. 자신의 진로를 탐색하고 자신에 적합한 교육을 찾게 된다. 자신을 디자인하는 것에는 내면의 디자인이 우선시 되어야 한다. 공동체를 통한 친밀감과 공동체에 대한 깊은 헌신 속에서 과거는 우리를 밀고 미래는 우리를 당긴다.

디자인은 철학이다. "디자이너는 행동 양식을 통해 현재를 해석한다. 디자인 경험을 실제화하고, 의미를 끊임없이 재정의 한다(Norman Potter, 2002)." 새로운 사실에 열린 마음을 가진 사람은 학생이다. 학생으로서 디자이너는 항상 물질 속에서 물성과 질성을 독특한 관점으로 찾아낸다. 그래서 물질에 새로운 의미를 부여하는 연금술사가 되는 것이다. 오히려 이러한 경우 물성과 질성은 보는 사람의 독특함과 연관되어 고정된 실체가 아니라 끊임없이 형상을 변경하여 드러내는 신비에 가깝다. 이러한 관점에서 학생과 교사는 고정된 역할을 수행하는 배우가 아니며 학교 또한 과거의 낡은 시스템이 결코 아니다.

학교디자인에서 말하는 디자이너란 디자인을 직업으로 하는 사람을 의미하기 보다는 창조적이고 혁신적인 일을 하는 모든 사람을 디자이너라 지칭할 수 있다. 교육 또한 본질적으로 창조적이고 혁신적인 일이다. 이런 의미에서 모든 교사는 디자이너이다. 교육적 상상력과 교육적 감성을 갖춘 교사는 기본적으로 학교디자이너이다.

디자이너는 사람들에게 영감을 받고, 그들과 공감하고, 그들의 입장이 되어 생각하고 그들의 관점으로 세계를 지각하려는 사람이다. 인간과 삶을 위해 물질에서부터 마인드에 이르기까지 디자인을 통해 기여하려는 사람들이다. 이는 '교육적 감성'과 정확하게 일치한다.

교육과 디자인은 개인과 사회의 미래를 위해 현재 스스로의 삶을 디자인하는 사람을 추구한다.

◎ 본연의 회복으로서 교육과 디자인

디자인은 증기기관이 출현한 18세기 말 서구 산업 자본주의와 맥락을 같이 하였지만 거기에서 그치지 않았다. 디자인만의 독자적인 영역을 구축하여 산업 전반에 걸쳐 능동적이고 핵심적인 경제활동을 벌여왔다.

"1850년대 사회주의를 배경으로 존 러스킨 역시 기계의 도입으로 인한 노동자의 가치 하락과 수공업의 명예 실추, 공산품의 추함과 낮은 품질을 비판하였다. 윌리엄 모리스도 산업화로부터 장식미술을 옹호하고 부흥시켜야 한다고 여기게 된다. 뛰어난 장식 수공업을 통해 예술가의 작업을 회복하고 현대사회가 제공하는 삶의 틀을 향상시킬 수 있다고 보았다(Stephane Vial, 2010)."

독일을 포함한 유럽의 일부 국가에 남아 있는 장인의 전통에서 공예의 중요성은 매우 강조되었고, 장인의 작업을 매우 중시하는 장식미술의 이상과 대량생산을 중심으로 하던 공업의 야심 사이에서 이루어진 조화이다. 조화라는 측면을 Stephane Vial(2010)은 "산업에 맞서서, 산업 때문이 아니라 산업을 받아들이면서 그리고 산업과 더불어 하기로 결정하면서 탄생하게 되었다고 한다."

진화되는 기계생산의 방식을 고용자가 언제까지 무시할 수는 없는 노릇이다. 산업현장에서 노동자를 몰아내는 것은 기계이기도 하다. 노동자의 대척점에는 고용주가 아니라 자동화된 기계가 자리한다. 노동자와 고용주 모두에게 기계는 위기였다. 모리스의 미술공예운동은 기계에 대한 러다이트 운동이었다.

디자인이 사회적 모순 상황의 해결에 토대를 둔다는 것은 "영국에서 인간을 피폐하게 만드는 산업화에 맞서 저항하는 과정에서 생겨났기 때문이다. 독일에서 공업 생산을 받아들이면서 태어나 미국에서 산업디자인이라는 형태로 성장했다(Stephane Vial, 2010)."

"사카이 나오키(2005)는 기술 경쟁이 평준화되면 가격 경쟁이 촉발되고, 더 이상의 가격 경쟁이 무의미해지면 디자인 경쟁이 시작된다고 하였다. 성능과 가격이 평준화된 세계 시장에서는 디자인이 물건의 가치를 평가하는 기준이 된다. 비슷한 성능과 가격이라면 보기 좋고 아름다운 물건을 고르는 것이 당연하기 때문이다(정영희 역, 2008)." 기계에 의한 대량생산은 생활용품의 가격을 떨어뜨린다. 핸리 포드(Hanry Ford)가 자동차를 민주화하려 한다는 선언과 연결된다. 생산량의 한계로 불가능했던 물건의 소유를 가능하게 했고, 분업화와 표준화를 통해 생산가격을 낮춰 손쉽게 물건을 구입할 수 있게 되었다.

생물학적으로 이타성은 모두 자신과 같은 유전자를 갖는 근연개

체들을 남기려는 적응활동인 동시에 혈연자들과 무리를 구하는 집단선택의 매커니즘이 되기도 한다. 때로는 이기적으로 많은 재화를 축적하여 자신의 DNA를 다른 유전자에 비해 보다 경쟁력 있게 보존하고자 하는 욕망을 가진다. 교육은 경쟁과 공존의 양면성을 가진다. 공교육은 공공재로서 보편성을 추구하고 있다.

정치적으로 디자인은 사회주의와 자본주의의 모순을 동시에 해결하려는 노력이다. 교육도 평등성과 수월성의 조화와 공존을 추구하는 일이다. 인류의 교육이 시작된 이래로 공부를 잘하는 학생과 공부를 못하는 학생, 그리고 중간 정도 하는 많은 학생들이 한 교실에 존재해왔다. 결핍욕구상태에서는 균등이 필요하게 되고 성장욕구단계에서는 수월을 추구하게 된다.

Francis Fukuyama는 대등 욕망과 우월 욕망으로 구분한다(이상훈 역, 1992). "오늘날 유행의 사이클이 빨라진 것도 상류층은 중류층의 추격에 숨고 찾기가 반복되는 명품 숨바꼭질과 무관하지 않다. 이제 명품은 아예 자신들의 로고를 내세우지 않는다. 물질로 자신을 내세우는 것을 매우 어렵게 만든 것에 기인한다. 상품의 민주화 내지 '물질의 평등'이 상당한 정도 이루어졌기 때문이다.

한편에는 학문중심교육이 주입식 교육으로 매도되어 시험이 없어지거나 쉬워졌다. 그리고 공교육은 경쟁과 비교를 버리고 평등주의를 내세워 우수한 학생과 부진한 학생간의 차이를 인위적으로 없애고자 한다. 남들이 조금이라도 나보다 앞서 나가는 것을 평등이라는 틀로 당겨 내리고 자기가 가지지 못한 것은 국가가 보장하도록 요구한다. 이렇게 강요된 평등주의와 학습에 사용되어야 할 예산을 세금 급식으로 사용하는 공격적 평등주의가 진보라는 이름으로 자리 잡고 있다. 다른 한편에서 신자유주의는 생존이라는 이름으로 학습량을 늘리고 경쟁을 부추겨 학생들의 창의력은 낮아지고, 자유시장과 경쟁 체제를 공교육 안으로 끌어들이려는 시도가 빈번하게 일어나고 있다. "미국에서 표준화는 아동낙오방지법과 같은 엄격한 책임구조는 시험이 학생의 학습을 증가시키기보다 더욱 높은 탈락과 더 낮은 학교 참여로 이끌었다는 증거로 제시된다(Mathew Lynch, 2013)."

어느 쪽이든 학생들의 규율 해이와 무단결석이 증가되고 있고, 학생들은 무기력해지고 있다. 균형과 조화를 잃은 사회와 교육정책은 '교육의 본질은 무엇인가'에 대한 진지한 모색을 상실하고 있다.

교육의 본질에 대한 근본적인 고민보다 자신이 믿는 편향된 신념에 기초하게 되어 정치에서는 성공할지 몰라도 교육에서는 실패하는 결과를 낳게 된다. 추격모방의 패러다임에서 벗어나 강하고 작으며 유연한 삶의 여유를 간직한 채 '각자가 행복한 삶의 패러다임'으로 전환을 모색할 필요를 가진다. 진화생물학적으로 양쪽 두뇌를 가진 이유는 새가 한쪽 날개로 날 수 없고, 한쪽 팔로만 물건을 잡을 수 없고, 한쪽 다리로만 설 수 없기 때문이다. "인생은 자전거 타기와 같다. 넘어지지 않으려면 움직여야 한다(이인슈타인)." 교육의 남성성과 여성성 즉 교육적 상상력과 교육적 감성, 원심성과 구심성을 동시에 회복해야 할 때이다.

교육에서 조화란 한 번은 이쪽, 한번은 저쪽의 욕구를 들어주는 임기응변적인 것이 아니다. 양자가 수긍하고 헌신할 수 있는 더 높은 가치와 문화에 중심을 두고 이루어져야 한다.

날개는 몸통에 붙어야만 날 수 있다. 어느 한 날개만을 사용하는 오류를 범해서는 안 된다. 활시위를 너무 팽팽히 조이거나 너무 느슨히 풀어 화살이 날아 갈 수 없는 실수도 피해야 할 것이다.

디자인의 오래된 명칭 중에 하나는 응용미술이다. 디자인도 예술을 바탕으로 한다. 디자인이 상품과 예술을 조화롭게 융합시킨 점은 교육이 사회를 조화롭게 융화시키는 것과 크게 다르지 않다. 우리는 사회적 디자인, 적정기술, 버내큐러 디자인과 같은 본보기를 더 찾고 실천해야 할 일이다.

교육은 어느 하나를 위해 다른 하나를 배척하는 일이 아니다. 조화를 놓치는 순간 교육은 본연을 상실하게 된다. 궁극적으로 교육은 사회통합이다. 본분(本分)을 망각하는 일을 분수(分數)를 모른다고 한다. 어느 순간 분수는 부정적 단어로 인식되지만 본연의 자세를 유지하고 본분을 수행하는 사람은 본보기가 틀림없다.

교육과 학교가 집단과 개인이라는 스펙트럼, 보수와 진보라는 스펙트럼 속에서 각각의 가치관들에게 교대로 휘둘리느냐, 아니면 중간지대(자각의식)에 서서 균형 잡힌 판단을 내릴 수 있느냐의 차이가 있을 뿐이다. 두 가지 가치관이 항상 선택을 강요한다면 'Taking Sides'할 것이 아니라 자기를 중심에 두고 상황에 맞게 안경을 번갈아 착용하며 현실을 직시하는 것 뿐이다.

⚙ 인간을 위한 교육과 디자인

디자인의 원조인 돌도끼는 순수한 디자인이다. 돌도끼를 만들던 도끼장이들은 건축가, 연금술사, 이발사, 장인, 발명가를 거쳐 디자이너가 되었다. 최초의 지식은 외부 환경과 물질을 자르고 주무르는 종류의 '자원 획득'과 '수단'에 대한 지식이다. 주변에서 소금과 물이 있는 곳, 식용이나 약용이 가능한 식물과 열매, 동물 들이 있는 곳을 구조화하여 기억 속에 소유할 필요가 있었고, 도구를 만들고, 불을 획득하는 등의 구체적인 조작 기술을 확보할 필요도 있었다.

생존을 위해 자르고 주무르고 붙였던 지식과 기술은 지금도 디자인이 추구하는 최고의 가치이다. 디자인은 분명 산업도 아니고 도구 자체도 아니다. 그러나 디자인과 도구를 분리하여 생각할 수는 없다. 현재에 이르러서는 생존뿐만 아니라 인간의 복지를 추구하고 있다. 디자인은 인간이 더 인간적일 수 있도록 추구된다. 인간을 위한 디자인은 삶을 위한 디자인이다. 디자인과 인간의 삶이 괴리된 채, 인간으로부터 소외된 외부 물질과 정보 세계는 인간을 행복하게 할 수 없다. 특히 외부에서 인간의 조건을 더 추악하게 규정하는 것에 수동적으로 휩쓸려가는 것이 가장 큰 소외이다. 인간의 삶을 위한 디자인은 자신의 능동적 역량을 자각할 수 있도록 자유를 제공한다.

과거에서 더 많은 대중(大衆)에게 더 낮은 가격으로 더 좋은 디자인을 이야기 하였다면 현재는 더 많은 소중(小衆)에게 더 낮은 가격으로 지속가능한 미래를 이야기 한다. 제약 조건 속에서 최적화이자 디자인의 합목적성의 추구라고 할 수 있을 것이다.

최초의 교육 또한 생존과 분리하여 생각할 수 없다. 현재도 민주 사회의 시민의 육성은 사회의 지속가능성을 높이고 있다. 인간의 존엄성을 향상시키기 위한 수단으로써 교육은 교육받은 학생들이 자신을 소중히 여기고 자신감과 자긍심을 유지한 채 행복한 존재가 되는 것을 목적으로 한다.

교육을 통하여 생존과 인간적인 삶을 보장할 수 있다. 디자인에서 인간과 도구를 분리하여 생각할 수 없듯이 교육도 인간과 동시적으로 존재한다. 간단한 돌도끼에서부터 인공위성에 이르기 까지 모든 도구에 관한 지식도 인간과 분리하여 생각할 수 없다. 인간을 위한 디자인이며 인간을 위한 교육이다. 인류의 먼 미래를 위해 헌신하는 창의 · 융합적 인재를 필요로 한다.

때로 학교나 대학이 단기적으로 취업을 위한 기관이 되거나 디자인이 기업의 이윤을 추구하기 위한 도구로 전락하는 하는 것은 일반적이다. 우리는 원래의 고유하고 숭고한 목적을 상기해야 한다. 그리고 사악한 방향으로 흘러가는 것에 대해 침묵하지 않고 저항해야 할 것이다.

"디자인은 기술과 사용자 사이의 교량역할을 한다. 첨단 기술이 인간 사용자를 위해 쓰이는 것이라면 디자인을 거치지 않으면 아무런 가치가 없는 것이다(나건 외 8인, 2014)."

인류의 숭고한 가치와 학생을 연결시켜 주는 것이 교육이다. 인류는 교육을 거치지 않고는 인류를 위해 헌신할 수 없다. 자신의 국가나 민족 또는 자신이 소속된 집단에 이익의 수단이 되는 디자인과 교육은 인류를 점차 피폐하게 만든다.

자리이타의 홍익인간 이념은 "물질이 아닌 인간의 가치를 중시하고 모두를 위한 마음을 추구하는 홍익인간 정신이야말로 물질 만능 시대라 불리는 현대 사회의 한계를 극복할 대안이 될 만한 잠재력 넘치는 개념이다(임마누엘 페스트라이쉬, 2013)."

1949년 12월 31일 법률 제86호로 제정, 공포된 <교육법> 제 1조에 우리나라 교육의 근본이념을 "교육은 홍익인간의 이념 아래 모든 국민으로 하여금 인격을 완성하고, 자주적 생활능력과 공민으로서의 자질을 구유하게 하여, 민주국가 발전에 봉사하며 인류공영의 이상 실현에 기여하게 함을 목적으로 한다."라고 천명하였다.

당시 문교부가 이를 교육이념으로 다시 채택하게 된 동기도 "'널리 모든 인간을 이롭게 한다'는 홍익인간은 우리나라 건국이념이기는 하나 결코 편협하고 고루한 민족주의 이념의 표현이 아니라, 인류공영이라는 뜻으로 민주주의 기본정신과 완전히 부합되는 이념이다."라고 밝히고 있다.

홍익인간은 자신의 꿈과 사회진보를 일치시키는 것이다. 홍익인간의 이상을 체득하고 실천하여 후생에게 가르치자는 것은 결코 자족자만이나 독존독선이나 고립배타가 아니라, 공존공생을 말하고, 이러한 '인간 중심의 관점과 타인에 대한 이해'는 나와 타인의 관점에서 상생할 수 있는 환경과 제품을 만들고 디자인할 수 있게 도와준다. 뿌리와 줄기가 튼튼하지 못한 문화에서 지속적 성장의 추구는 그 사회를 비만으로 만든다. 문화는 먹고 살기 위한 투쟁과 별개의 문제이다. 문화는 분명히 먹고 사는 문제를 해결하기 위한 방식을 포함한다. 그러나 문화를 전달하는 교육은 '더 많이'를 추구하는 것이 아니라 '고유한 존재로서 인간다움'을 꿈꾼다. 디자인은 경제와 분리될 수 없다. 교육도 경제와 분리하여 생각할 수 없다. 문화, 교육, 경제, 디자인은 인간의 총체적 삶의 다양한 모습이다. 미래의 인간다움에 대해서 지금 어떤 가치에 중점을 둘 것인지는 선택이다.

좋은 교육과 디자인은 사람들이 더 많이 꿈꾸고, 더 많이 생각하고, 더 많이 배우고, 더 많이 행동하고, 더 많이 이루도록 영감을 준다. 인류의 보편적 가치에 충실하여 스스로 실천하는 사람은 외부 환경에 사로잡혀 흔들리는 사람과는 아주 다른 인간이다.

◎ 환경의 창조와 재구성

환경과 사물의 창조를 통해 환경과 사물을 형성하고 지배하는 능력은 최초의 인간이 손도끼를 제작한 이래로 지속적으로 증대되어 왔다. 디자인은 이러한 인간의 근원적 욕구에 매우 충실한 도구이자 지적 체계였다.

"현대적인 디자인의 기원은 산업사회가 시작되면서 본격화된 물건 제작이나 새로운 생활환경에 대한 실천으로 간주된다. 디자인은 생산방식이 전환되면서 물질세계를 새롭게 인식하고 나아가 그러한 세계를 올바른 방식으로 유도하기 위해 나타난 지적 활동의 한 유형이다(이재국, 2012)."

태초에 이미지가 있었다. 머릿속의 이미지는 실재로 전이될 때 만드는 이의 정신은 사물에 투영된다. 그리고 그렇게 만들어진 사물은 다시 누군가에 의해 어떻게 사용되느냐에 따라 다른 사물이 된다. 사물이나 환경에서 원래의 목적과 용도를 사용자가 다시 재창조할 수 있다는 의미이다.

"우리의 세계도, 세계관도 존재론적 기계를 통해 형성된다. 디지털 재조합(편집)의 시대에는 자연이든 문화든 할 것 없이 모든 것이 재가공의 대상이 된다. 데이터베이스로 만들어낼 수 있는 조합의 경우의 수는 거의 무제한이다(이재국, 2012)."

인간은 자신의 주변 환경을 스스로 디자인해야 한다. 하이데거가 인간의 삶의 특징으로 일컫는 '다자인', 즉 현존재는 이미 존재하는 기존의 세계를 구성해야 한다는 의미뿐 아니라 스스로의 세계를 구축해야한다는 좀 더 급진적인 의미에서 늘 디자인이 존재하는 상태이다.

그러나 "디자인은 탄생과 함께 대량생산과 대량판매, 이를 통한 자본축적의 도구로 전용되어왔다. 현대 디자인의 고유한 특징인 기계미학도 결국에는 소비자를 위한다는 명분하에 생산자를 위해 사용되고 있다. 자본은 마치 신을 내세워 자신의 말을 신의 말로 둔갑시키는 신관들처럼 행동하고 있고, 디자인은 이들을 맹신하는 열렬한 신도 같은 태도를 보이고 있다(김영찬, 2013)."

"우리는 대부분 이를 깨닫지도 못한 채 주어진 환경에 얽매여 살아간다. 간혹 스스로 디자인을 만들어내기도 하지만 디자인을 만듦과 동시에 디자인에 의존함으로써 대부분 디자인에 종속된 삶, 소외된 삶을 살게 된다(김영찬, 2013)." 자신의 편리를 위해 제도나 장치, 사물을 생산하지만, 그에 종속되는 소외 현상을 잘못된 사악한 디자인의 전형과 자동화 속에서 자신의 편리를 포기하는 경우가 다반사이다.

디자인을 포함한 시각문화는 오히려 인간의 욕망을 충족시키기 위한 무한 증식을 통해 수많은 인공물이 인간의 삶을 역으로 규정하는 경우에 이르렀다. 소비자와 사물사이의 관계가 변하고 있다. 구매력이 있는 경우 소비는 사물 자체의 고유한 가치로 인해서가 아니라 자신과 타인을 구별 짓는 기호로서 상품을 소비한다. 소비되는 것은 상품이 아니라 인간의 욕망이라는 표현은 정확하다.

"인간 사회가 직면한 다양한 문제를 풀어내려면 경제와 생태, 사회를 통합해서 사고하는 발상의 전환이 필요하다고 말한다. 그리고 모든 변화의 기저에는 사람이 가장 중요하며 따라서 교육 문제가 가장 절박하다고 주장한다. 이를 통해 발상을 바꾸고 각자 조건에 맞는 시도를 함으로써 패러다임의 전환이 필요하다(Peter Spiegel, 2011)."

사회를 제대로 변화시키려면 교육의 혁신이 먼저 이루어져야 한다. 궁극적으로 오픈디자인의 개념과 연결된다. "디자이너는 기술이 없는 사용자가 자신의 물건을 직접 디자인할 수 있도록 환경을 조성하는 메타 디자이너가 되어야 한다(이재국, 2012)." 이러한 메타 디자인의 개념은 '디자인 사고'라는 표현과 같이 디자인을 하나의 생각이나 패러다임으로 간주된다. 점차 디자인은 경제와 관련된 일이 아니라 교육과 관련이 깊은 영역임이 드러나고 있다.

"삶의 주체는 어디까지나 인간, 그 누구도 아닌 인간 자신이라 할 수 있다. 인간은 보고 듣고 느낀 만큼, 또 이해하고 결단한 만큼 자기 자신의 세계를 만들어갈 수 있다. 자신과 디자인의 관계, 현실을 끊임없이 돌아봄으로써 자신의 삶, 자신의 주체성과 정체성을 만들고 지켜나갈 수 있는 것이다. 우리가 할 일은 우리 스스로 우리를 돌아보고 문제점을 살펴 이를 바로잡는 것, 즉 소외를 벗어나 주체적으로 자신의 삶을 계획하고 실천하고 소통하는 것이라 할 수 있다. 간단히 말해, 디자인은 서로가 서로를 사랑하는 것이다(김영찬, 2013)."

미술공예 운동부터 바우하우스까지 또 그 이후의 디자인 운동들이 추구한 디자인은 특정한 누구를 위한 것이 아닌 모든 인간을 위한 디자인, 즉 인간소외 극복과 인간본성 회복을 위한 디자인이었다(김영찬, 2013).

교육과 디자인은 각자의 능력과 노력에 따라 변화될 수 있다는 점을 귓가에 속삭인다. 그들은 결코 크게 말하는 법이 없다. 귀 기울이면 들려오는 이야기가 자동적으로 '반응하지(react)' 않고 의식적으로 '응답하는(respond)' 것이라는 점이다. 이러한 측면에서 생소자이고 에듀액터이다. 스스로 자신을 둘러싼 환경을 주도적으로 개선할 수 있거나 원래의 목적에 충실하게 되돌릴 수 있다는 믿음이야 말로 수 만권의 매뉴얼이나 강령을 쥐어주는 것보다 효과적이다. 대체가능성이 아닌 유일한 가치를 가진 교사로서의 존재를 인식하는 것이 '교사의 디자인 효능감'이자 '환경통제감'이다. 자신의 고유한 존재가 다른 존재로의 대체가능성을 떨쳐버리고자 교사들이 그토록 매달리는 것은 공익의 목적에 벗어난 사익을 위한 '내집단의 논리'이거나 학생들에게는 '서클'일 수 있다.

언제나 더 나은 세계를 만들겠다는 것은 디자인이 품어온 가장 깊은 의도이지만 학교 교육 또한 마찬가지이다.

◎ 노동과 생산

교육의 사회적 기능은 기능주의적 관점에서 새로운 세대에게 기존 사회의 생활양식과 가치 규범을 전수하는 사회화 기능이지만 갈

등론적 관점에서 "보울즈(Bowles, 1991)는 학교의 노동자 양성이
란 사회적 위계에 내재한 불평등한 위치 속으로 학생들을 배당시키
는 기능이라고 한다. 대응원리는 생산 작업장의 사회적 관계가 학
교에서의 인간관계를 지배하는 사회적 관계와 그 형식에 있어서 일
치, 대응한다는 것이다. 노동자가 위계적 분업구조 속에서 경험하
는 불평등하고 억압적인 사회적 관계가 학교 교육 속에도 그대로
반영되어 있다. 대응이론에서 중요한 점은 교육의 내용이 아니다.
교사와 학생의 사회적 관계를 통해서 생산현장의 규범과 인성적 특
성이 암암리에 가르쳐진다는 것이다. 명시적 교육과정보다 잠재적
교육과정이 생산의 사회적 관계의 재생산에 있어 근본적으로 더 중
요한 기능을 수행하고 있는 것이다. 사회화 과정은 대상에 따라 차
별적으로 이루어진다는 점이다. 생산 작업장에서 노동자에게는 규
칙 준수가 무엇보다 강조되고, 중간층에게는 직접적인 감독이 없이
도 업무를 수행할 수 있는 능력이 강조되는 한편, 높은 층에게는
기업규범의 내면화가 강조된다(성태제 외 12인, 2012).

학교가 암묵적 노동인력 공급원이라는 논리에서는 갈등론적 관점
과 효율성의 추구는 같은 동일한 맥락에서 작용한다. 학교라는 공
급판매자와 시장구매자는 "최고 품질의 상품을 최대한 낮은 가격에
생산하거나, 가장 가치가 높은 쪽으로 희소 자원을 배분하는 효율
을 통해 경쟁에서 이긴다. 효율을 위해 노력하는 것, 즉 팔 상품의
원가를 최대한 낮추고 품질은 최대한 높이는 것이 시장 참여자 모
두에게 이익이다(Newton, L. H., Englehardt, E. E., Prichard,
M. S, 2012)." 매우 단편적인 비교이지만 이러한 시각이 전혀 터
무니없는 것은 아니다.

노동으로부터 소외되는 것, 노동의 가치가 회복되지 않는 것, 교육으로부터 소외와 교육의 가치가 훼손당하는 것은 더욱 큰 문제이다.

노동자에게 장인의 지위에 버금가는 인식이 성립되지 않는 한 우리의 미래는 없다. 북유럽이 초등학교 시절부터 수공적 디자인 교육에 열을 올리는 것은 놀이와 예술이 그다지 다르지 않고, 예술과 공예·디자인이 정도의 차이가 있지만 그다지 다르지 않기 때문이다. 결국 북유럽이 교육 강국일 수 있는 이유는 디자인 강국이기 때문이다. 그 저변에는 민족의 단절 없는 문화적 전통이 유유히 흐르고 있기 때문이다. 그들은 노동을 소외시키지 않았다.

"산업사회 디자인의 초점이 대중을 위한 생활용품을 만드는 데 있었다는 것은 그 물건들이 산업사회 디자인 문화의 주류를 이루었다는 사실을 입증하는 것이다. 기계에 따라 대량생산된 다양한 물건들은 산업사회의 디자인 문화를 대변하는 가장 확실한 증거가 된다(이재국, 2012)." 대량생산이 일반화되면서 중세부터 이어진 수공업의 전통은 사라졌다. 대량생산이 대량소비를 유발하면서 현대사회의 다양한 문제를 촉발하듯이 대량의 공교육체계도 교육생태계의 다양한 문제를 유발하고 있다.

"동아시아 교육은 서구 근대화 모델을 모방하여 압축적 근대화를 이루는 것이다. 이제 근대화 모델은 한계에 직면해 있다. 근대화 교육 모델은 압축적 근대화 지향, 경쟁 교육, 산업주의, 중앙집권적 관료주의적 통제, 강력한 국가주의, 교육의 공공적 의식 부족 등이다. 절대시 된 교과서와 그 내용을 효과적으로 전달하는 교사의 역할, 수동적 학생, 지식 컨베이어 벨트의 결과로서 학생의 성적을 통한 경쟁으로 사이클이 구성된다(이혁규, 2015)."

우리의 경우 분단 상황과 압축 성장을 위한 사상적 통합을 이루기 위해서 강력한 교육수단이 필요했고, 인간의 자유로운 사상의 허용보다는 통제가 더욱 절실히 필요했다. 학교 교육 역시 전후의 생존을 위한 수단에서 시작하여 욕망의 수단을 거쳐 창의 · 융합의 수단으로 거듭나기를 기다리고 있다.

타인이나 외부에 의한 전근대적인 방식의 착취가 종말을 고하자 현대는 자기에 의한 자기의 착취가 횡행한다. 인간의 노동과 자본, 물질로부터 소외와 왜곡이 역사이래로 지속되어왔다.

"디자인의 역사는 생존을 위한 도구에서 시작해 생활을 위한 수단이 되는 과정이다(이재국, 2012)." 디자인 또한 상품의 가치와 품질을 높이기 위한 방안으로 기인한 점은 분명한 사실이지만 끊임없는 대량생산과 대량소비의 유혹에서 인간을 위한 디자인이 되려는 노력을 멈추지 않는다. 유기체에게 세균은 면역력을 높이는 역할을 하듯이 소외와 착취조차도 그것을 극복하기 위한 노력이 존재하는 한 긍정적 역할을 부인하기 어렵다.

인간의 모든 측면에서 소외는 나타난다. 분열된 사회는 개인들의 전체성(Wholeness)을 분열시킨다. 자신이 사는 아파트가 집이 아닌 상품이 된지 오래되었고, 강남이나 해운대 등의 사는 지역조차 상품이 되었다. 서울대를 보낸 고교 주변의 아파트 값은 상승하고 특수학교는 건립부터 반대한다. 이러한 곳에는 공동체도 마을도 존재하지 않는다. 오직 핵심은 아파트 값만 중요하다는 것이다. 이기적 욕망에서 유래한 단기적 이익이 결국 신뢰, 관심, 유대를 가리키는 '사회적 자본'을 상쇄시킨다. 이기적 행동이 장기적으로는 개인의 생존에도 유익하지 않을 뿐만 아니라 공동체의 생존에서 이타적 삶에 비해 현저히 낮다는 사실을 망각하는 것이 전체적 삶으로부터 인간을 소외시킨다.

대안교육의 경험에서는 "초창기 부모나 교사들은 대안교육의 생산자이자 소비자였다. 개념적으로 생산자나 소비자가 나뉘지만 실제로는 한 덩어리였다. 생산 과정이 소비 과정이었고, 소비 과정이 곧 생산 과정이었다. 풍요의 시대의 교사나 부모들은 소비자가 되었다. 생산과정에는 전혀 관심이 없이 '백화점에서 물건을 고르듯이' 주어진 틀에 적절히 적용하면서 입맛에 맞는 것은 소비하려는 경향이 생긴다. 돈만 지불하면 된다는 식이다. 등가 법칙이 작동한다(강수돌, 2015)."

80~90년대만 해도 대부분의 아이들이 소소한 집안일을 거들면서 사회적 인정을 얻고 노동주체로서 자신의 정체성을 세웠다면 그 이후 세대는 가게에서 물건을 사면서 먼저 소비주체로서 사회화 과정을 거치는 편이다. 이처럼 돈을 가진 구매자로 세상을 만나기 시작한 아이들은 학교에서도 '구매자'처럼 행동한다(우치다 타츠루, 2007).

"이걸 배우면 뭐가 좋아요?" 이런 물음을 던지는 아이들에게 교사와 부모들은 어떻게든 그 이유를 설명하려 하면서, 마치 잘 팔리지 않는 물건을 어떻게든 소비자 마음에 들게 해서 팔아치우려는 상인처럼 행동한다. 그 결과 교육은 '더 나은 대학, 더 나은 직장을 위한 투자'로 치환된다. 돈을 내고 물건을 사듯이 스펙을 구비하는 것을 교육의 전부로 생각하는 이들이 나날이 늘고 있다. 마트에서 물건을 사서 나오는 사람에게는 돈 대신 물건이 하나 들려 있는 것 외에 아무런 변화가 없지만 진정한 배움은 존재의 변화를 동반한다(우치다 타츠루, 2007).

우치다 타츠루의 등가 교환의 관점이란 교육을 포함한 모든 삶의 관계를 투자에 대한 수익의 관점, 즉 비즈니스 모델로 파악하려는 것이다. 육아에서 등가 법칙은 부모가 아이들에게 투자한 만큼 아이들이 등수나 대학 입학 등을 기대하는 것이다. 학생의 경우 등가 법칙은 교실에서 가르치는 교사에게 수업에 집중하는 고역을 불쾌감이라는 화폐로 교환한다. 이는 교육으로부터 소외이자 배움으로부터 소외현상이다.

노사 갈등에서도 노동의 논리는 임금을 노동시간만큼 달라는 것에 반해 자본의 논리는 성과만큼 주겠다는 첨예한 대립이 형성된다. 공휴일과 법정휴일 모두를 합쳐서 연간 일정한 노동시간만 노동하겠다는 논리는 매년 노동시간이 들쑥날쑥하지 않게 된다. 과거에 대체휴일이란 용어조차 성립하지 않는 때는 서로 약간의 손해와 불편은 허용되는 반면 지금은 서로 간 정확한 계산을 주장한다.

교육에서만큼 등가교환의 비즈니스 모델을 극복하는 길은 교사의 인문학적 소양을 바탕으로 자신의 전문성을 향상시키는 길이 유일한 길이다. 그것이 전통적 권위를 가진 스승의 상을 회복하는 길이다. 모기룡(2015)은 인문학적 소양을 '윤리와 도덕성', '창의성과 콘텐츠 응용력', '인간 중심의 관점과 타인에 대한 이해', '비판적 사고'로 제시하고 있다.

혼란과 갈등은 새로운 혼란과 갈등으로 끊임없이 탈바꿈하며 그것을 극복하고자 하는 노력이 '살림'이다. 불행은 행복의 배경이 된다. 속박은 자유의 배경이 된다. '살림'은 사람이 삶을 살아가는 것이다. 그것은 멈춤이 없고 늘 현재 진행형이다. 결코 종결되지 않는 것이 살림이다. 교육은 사람이 살림을 배우는 것이고 디자인은 살림을 그리고 꾸려나가는 것이다. 교육과 디자인은 살림살이의 억척같은 실천력이 더욱 강조된다. 그러나 억척이 욕망과잉의 상태를 표현하는 것은 아닐 것이다.

디자인에서 생소자는 교육에서 에듀액터(EDUACTOR)이다. 에듀액터들은 그릇을 디자인하고 그 그릇을 채우는 콘텐츠를 구성한다. 항상 그릇을 만드는 일이 채우는 일보다는 선행되어야 하는 일이다. 교육이 인재를 만든다는 것은 형식과 내용, 인간으로서의 자질과 지식을 고루 갖추고 참여하는 인간상이다. 우리는 항상 실체 없는 그럴듯한 외형에만 집착하는 것이 아닌지 반문해보아야 한다. 이런 경우 대부분 많은 사람들이 선호하는 부분들을 정체성 없이 모아 짜깁기 한 경우가 많게 된다. 또한 담을 그릇을 준비하지 않고 내용을 만들기에 급급한 것은 아닌지도 반문해 보아야 한다. 이러한 경우 모래알처럼 금세 흩어지기 십상이다.

교육에서 참여는 페터 슈피겔이 말한 에듀케이션EDU-CATION이 아니라 에듀 액션EDU-ACTION이다. "우리가 삶을 얼마나 능동적으로 창조할 수 있는가 하는 전망에 따라 우리의 미래가 좌우될 것이다." 즉 더 나은 세상을 만드는 데 책임감을 느끼는 것이다.

◎ 혁신으로서 교육과 디자인

시대를 거듭해도 인간은 바뀌지 않고 그 시대에 맞는 의상과 집을 갖추어 있었다. 어느 한 순간 부적응이 나타나는 상황은 의상과 집에 개인이 맞추려는 허황된 노력으로부터 발생하였다.

"스웨덴산업디자인협회는 기업을 디자인 성숙도에 따라 분류하기 위해 디자인 사다리라는 모형을 개발했다. 이 모형에서 가장 아래는 디자인을 사용하지 않은 회사들이며, 가장 높은 단계는 디자인을 혁신의 도구로 활용한 회사들의 자리이다(Xenia Viladas, 2010)." 혁신의 지렛대로서 디자인은 최근 전략적 디자인, 디자인 경영, 디자인 사고 등으로 확장되고 있다.

브랜드 디자인에서 "정체성이 변치 않는 존재의 참모습을 깨닫는 것을 의미한다. 정체성은 존재의 이유를 말한다. 그 이유를 설명하기 위해서 스토리가 필요하고, 이야기를 보여주기 위해서는 스타일이 필요해지게 된다. 결국 트렌드를 반영하되 본연의 색을 잃지 않아야 한다(엄주원, 2015)."

결국 우리에게 학교의 개혁과 교사의 혁신이 필요한 이유는 트렌드만 쫓아가 내면의 본연을 상실한 것에 기인한다.

"학교 개혁을 위한 10년간의 노력에서 명백한 것은 변화는 내부로부터 와야 한다는 것이다. 위로부터의 명령은 학습의 질, 학습자의 만족감이나 교사들의 삶을 향상시키지 못하였다. 교사들은 외부의 끊임없는 요구사항에 반응하느라고 학교와 교실 내부에서 시행할 것을 재고하는 데 필요한 에너지를 빼앗기기도 한다. 교사들은 부족한 자원을 가지고 더 많은 것을 하도록 요구받는다(Carl Rogers, H. J. Freiberg, 1994)."

학교의 근본적인 혁신에 장애물은 불신이다. 교사를 둘러싼 다양한 불신의 그림자는 첫째, 학교의 혁신을 믿지 않는 다양한 집단의 편견이다. 창조적인 문제해결을 기대하지 않고 순응하기만을 기대하거나, 고질적이고 악의적인 편견을 지닌 집단의 편견은 실패의 악순환을 반복하게 한다. 학교를 믿지 않는 학생과 학부모, 국민의 현상은 정부를 믿지 않는 국민과 직접적으로 연관된다. 이로 인하여 발생하는 비용과 소모적 분쟁은 계산하기 어려울 정도이다.

둘째, 교사 자신이다. 스스로 믿지 못한다면 외부도 믿지 못하거나 지나치게 맹신하는 두 가지 양태로 나타난다. 전자는 외부와 교류가 전혀 불가능하게 격리되어 스스로 도태되는 결과를 낳는다. 후자는 외부만을 맹종하여 특유의 경직성이 내부를 스스로 아사시켜 버린다. 자기 삶의 주인이 아니라 종이 되어 맹목적으로 추종하게 된다. 어느 쪽이든 현실에 적응하지 못하고 도태되어 버리고 만다.

교사 스스로 자신의 변화가능성을 믿지 않는다. 항상 외부의 탓으로만 미루고 있다. 많은 부분 외부적 조건이 교사의 삶을 규정하는 것은 분명하지만 인간은 틀 속에서 찍혀 나오는 붕어빵이 아니다. 자기 불신은 창의적 문제해결의 가장 큰 적이다. 마치 외부로부터 주어진 몇 가지 객관식 답을 기대하는 상황과 같다. 답은 항상 내면으로부터 온 주관식이다. 이 과정에 익숙한 사람은 다음으로 문제를 자신이 스스로 정의해야 한다. 정의 내려진 환경에 자신을 맞추는 것이 아니라 자신이 스스로 사물과 상황, 경험 등을 정의내리는 것이다. 이를 교육에서는 '자율성'이라고 할 수 있다.

혁신의 주체로서 교사가 교육 현장에서 무엇을 해야 하는지에 대한 이야기이다. 그러한 만큼 교육에서 혁신의 도구로서 디자인이 가지는 가치를 탐색해보는 것이다. 우리는 혁신이라는 유행에 굴복하여, 혁신을 통해 달성하고자 했던 궁극적인 목표를 잃어버려서는 된다. 내면적인 절박함이 없는 타율적인 명령으로서 혁신은 실패할 수밖에 없다.

'같은 값이면 다홍치마'나 '예쁜 떡이 먹기도 좋다'는 학교디자인과 관련된 핵심적 속담이다. 다홍치마나 예쁜 떡은 격조 높음과 품격을 의미한다. 이 반면에 '속 빈 강정'과 '빛 좋은 개살구'는 실질적 내용 없이 포장된 위선적 가식을 의미한다. 이제 우리 사회도 겉치레 보다는 내실을 기할 때이다. 우리는 교육정책이 내세우기 위한 실적에 희생되었던 과거를 기억해야 한다. 최근 교육과정이 역량을 중심으로 개편되고 있다. 학력이 아니라 실력을 중심으로 학교와 사회전반이 개편되는 것이 바로 혁신이다. 교육을 위한 디자인의 모습이 어떠해야 할지는 매우 분명하다.

ò

2장. 수업디자인

1. 사회와 가정의 욕망

◎ 사회의 욕망

말을 물가에 끌고 갈 수는 있지만, 물을 마시게 할 수는 없다. 우리 사회에서 자율성을 방해하고 타율성을 깊이 뿌리내리게 하는 문제는 첫째는 사회문화적 문제이고, 둘째는 가정의 문제이다.

사람들은 서열화를 좋아한다. 그것은 아마도 서열화를 하면 어떤 것이 가장 뛰어난지 쉽게 알 수 있기 때문이다. 그래서 IQ와 같이 사람의 일부분만을 측정하는 것임에도 여전히 천재를 가리는 지수가 존재하는 이유일 것이다. "순위를 매기는 것이 좋은 것은 아니지만, 순위가 없다면 '솔직히' 어떤 것이 좋은 지 명확하게 알 수 없다는 문제점이 있다. 점점 복잡해져 가는 세상에서 순위를 매기는 것이 좋지 않다는 것을 알면서도 사람들은 좀 더 빠른 결정을 위해 순위를 매긴다(천재교육 매거진부, 2012)."

자신이 무엇을 좋아하는지 모른다는 것에 사람들의 문제가 있다. 무엇을 선택하더라도 자신은 없다. 권위 있고 공인된 기관 또는 위원회를 통해 일방적으로 주어진 순위와 서열이 절대적인 힘을 발휘하는 것이 이러한 이유이다. 대다수의 사람들은 명확히 관심을 가지고 보지 않았거나, 자신만의 판단 기준이 없거나, 속속들이 내부를 파악할 시간과 여건도 가지지 못한다. 그래서 이러한 서열과 순위는 맹신하기에 매우 좋은 기준이 된다. 이러한 정신적 풍토 속에서는 자신의 취향도 없이 베스트셀러를 읽어야 하는 문화, 자신의 개성이 존재하지 않는 '명품', 자신만 보지 않은 것 같은 불안감 때문에 봐야하는 천만관객의 영화 등의 다양한 문화적 현상으로 나타난다. 남들이 좋다고 하는 것은 무조건 좋은 것이라는 절대반지의 힘이 작용한다.

　서열화의 장점은 무엇이 뛰어난지 알 수 있고, 그것을 목표로 삼고 따라갈 수 있다는 것이다. 학교도 마찬가지이다. 수많은 학교에서 모범을 삼을 만한 학교를 객관적으로 바라볼 지표를 사람들에게 알려준다. 모범으로 삼을 학교를 안다면 그 학교의 우수한 프로그램들의 장점을 다른 학교도 받아들여 발전시킬 수 있을 것이다. 이러한 장점을 위해 실현되고 있는 것이 '100대 인성교육실천(교육과정)우수학교'이다. 전국 각 학교의 교육과정 편성·운영을 평가해서 학생들의 바른 인성을 함양하는 우수한 학교 100개를 선정하고 그 우수사례를 전국 학교에 보급하는 것이다. 100우수학교에 선정된 것은 우리나라에서 우수한 교육과정을 운영하여 바른 인성을 가진 학생을 양성하고 있다는 뜻이니 선정된 학교는 자긍심을 가질 수 있고, 나머지 학교는 선정된 학교의 우수한 제도를 받아들여 발전할 수 있기에 100대 우수학교는 우리나라의 전반적인 학교 교육과정의 질을 향상시키고 있다(천재교육 매거진부, 2012).

　과연 우리나라의 교육과정이 인성을 함양하기에 적합한 국가 수준의 교육과정인지는 미루어 두고라도 교육과정과 학생 행복 사이의 연관성은 현실적인 지표를 통해 부정적인 결과를 볼 수 있다. 청소년 자살증가율, 학교만족도, 학생들의 행복도 등의 양적인 지표들의 우수성 이면에 드러난 그림자이다. 교육의 본질은 행복한 삶을 사는 사람이라는 명제를 앞에 두고 볼 때 우리 교육은 과오를 인정하고 새로운 각오를 다져야 할 때이다.

우수한 학교라는 자랑이란 본질적으로 차별적이다. 양이 아닌 질적인 차별이다. 차별성을 추구하는 것은 개성 있는 자기만의 색깔을 추구하는 것과는 차이를 가진다. 우리의 교육현실에서 학교 간 경쟁을 일으키는 다양한 제도들이 사실은 허구를 바탕으로 하는 경우가 많다. 외부자들에게는 칭찬이 될 모범의 실제 내용들에서 내부자들은 그 허구성과 모순을 볼 수 있다. 그러한 추구가 과연 학교의 필요성에 기인한 것인지 아니면 일방적으로 추구해야하는 가치인지는 숙고되어야 한다. 교육의 당사자들은 타인들이 제시하고 자랑하는 기준을 맹목적으로 추구해서는 안 되며 최소한의 교육철학과 가치조차도 무시해서는 안 될 것이다.

인류 문명의 발전 과정에서 경쟁과 비교는 때로 협동과 연합을 넘어서 나름의 가치를 발휘하였다. 하지만 이것이 우리 삶의 전반에 걸친 절대적 삶의 방식이나, 사회적 정체성으로 작용하는 과잉경쟁과 과잉비교는 나와 타인을 피폐하게 만들어 버린다. 약육강식과 같이 타자의 존재를 완전히 소거해 버리는 승자독식의 사회는 나와 남이 같이 구성되어 이루어 간다는 사회공동체라는 의식을 소멸시켜버린다. 자연 없는 인간 사회는 있을 수 없고 타인 없는 나 또한 있을 수 없다.

모범답안 형식의 한국교육은 결국 하나의 성적이라는 잣대로 교육과 학생들을 정형화시키는 것이다. 남들이 좋다고 하면 무조건 따라하는 성향과 수동형 인간과 교육을 낳는다. 다르게 생각하는

(think different)것을 불가능하게 하는 객관식 인간을 양성하는 것이 유일한 목표인 것처럼 보인다. 우리의 시험에서 30%를 의무적으로 권장하는 서술형조차도 하나의 답만이 요구된다. 여러 개의 답이 있고 그 답 중에 가장 적합한 답을 주관적 사고와 토론, 개인의 창의성으로 협의하고 상의하는 것을 배울 수 없다.

잘하는 것을 잘한다고 칭찬하고 격려하는 것은 매우 바람직한 일이다. 하지만 이미 많은 모범 답안을 가지고 있는 현실에서 또 따른 모범 답안이 학생들의 행복을 보장하지는 않는다. 모범이라는 굴레를 씌워 모두가 추종하는 풍토와 문화 속에서 개성과 창의는 존재할 수 없을 것이다. 교육의 주체들은 무엇이 우리를 우리답게 하는 것인지에 대해서 차분히 숙고하고 반성해야 한다.

'2012년 경제협력개발기구(OECD) 국제학업성취도평가 수학 1위', '2013년 국제수학올림피아드(IMO) 종합 2위', '2014년 세계수학자대회(ICM) 유치', 2012년 국제 학업성취도 평가(PISA) 결과 수학과 읽기 부분에서 경제협력개발기구(OECD) 회원국 중 한국 1위, 오바마가 부러워하는 수학 학습 능력 속에는 우리 내부만이 아는 고등학교 수학포기자가 절반이 치닫는다.

모든 사람들이 행복하기 위한 교육인데 실상은 무엇을 위한 교육인가? 진정 실속은 없고 속빈 과장광고만이 남는다. 한국의 PISA 순위는 세계 최고지만 아이들은 미래에 대해 꿈을 꿀 시간이 없고, 우리나라 학생들의 학력은 최상위 수준이지만 학생들의 행복 지수는 최하위라는 현실을 애써 외면하고 있다.

한국의 제품, 영화, 스포츠, K-POP에 자부심을 가지고 있지만 경쟁의 수레바퀴 밑에 깔려 창문 밖으로 몸을 던지는 소수의 학생들이나 학교폭력의 가해학생과 피해학생들에게는 그림의 떡이고 다른 나라의 이야기일 뿐이다. 이들에게는 일등에게만 박수를 치고 학생들의 행복에는 관심이 없어 보일 뿐이다.

"하워드 가드너는 모든 사람을 하나의 시험으로 평가하는 일은 근본적으로 어느 특정한 능력에만 찬사를 보내고 미화시키는 것이라고 한다. 그 오랜 시간 수학과 언어 능력 중심으로 사람들한테 영광을 얻게 해준다. IQ(지능지수) 검사를 보다 정교하게 보완한 검사 중 하나가 미국 고등학생들이 대학 입시를 위해 치르는 SAT이다. 언어 점수와 수학 점수를 중시하는 일종의 단일지능 위주의 테스트이다. 20세기 산업 패턴에 맞춰진 테스트다. 이런 시험으로는 다른 사람들을 이해하고 자기를 바로 보는 능력, 예술적인 자질, 창의력은 평가할 수 없다(안희경, 2014)."

이중구속(Double bind)은 상반되는 메시지나 요구가 동시에 전달되는 것을 말한다. 표면적인 전달과 그에 반대되는 이면적인 전달을 동시에 제시함으로써 상대방이 어느 의사를 받아들여야하는지 혼돈을 일으킬 수 있다. 언어적인 지시와 비언어적인 지시가 상반되기에 수용자 입장에서는 스트레스가 된다. 표면적으로는 창의인성을 외치지만 내면적으로 일류와 일등을 외친다. 고등학교 졸업시즌에는 서울의 어느 명문 대학에 몇 명이 합격했다는 결코 교육적이라 할 수 없는 홍보현수막이 내걸린다. 자신의 능력껏 공부한 성실한 학생은 무엇이란 말인가? 창의인성교육이 기능하기 위해서는 학교에서 공부만 해서는 불가능하다. 우리의 현실은 공부가 학생들의 삶의 전부이다. 창의인성은 공부와 공부이외의 무엇인가가 결합하여야 가능한 것이다. 공부이외의 무언가가 학교성적만큼 중요시

될 때 창의인성교육은 가능해지게 된다.

미국의 부모들은 아이들에게 치어리더 같은 역할을 한다고 한다. 미국 교육전반이 두각을 나타내지는 못할지라도 자기 생각을 당당히 밝히고 새로운 것을 발명하고 가능성의 범위 자체에 도전하는 그런 대담하고 창의적인 아이들을 기르고 있다고 자부한다. 하지만 정말 그러한 인재들이 길러지고 있는지는 의문스럽다.

이러한 원인에는 사회구조적 문제가 기인한다. 첫째, 초고속 압축성장의 그늘이 현재의 교육 마당에도 깊게 드리우고 있다. 압축 경제성장과 압축 민주화, 압축 고령화, 압축 갈등 등 선진국이 백년 이상의 시간을 두고 경험한 발전 과정을 50년이라는 짧은 시간에 겪은 데 따른 부작용들이 발생한다.

50년의 세월동안 천연자원이 전혀 없는 한국은 사람을 개발해서 교육을 통화로 바꾸었다. 경제성장 기간은 한국 부모들에게 일종의 복권추첨 같은 기회를 제공했다. 아이가 제일 좋은 중학교에 들어가면 제일 좋은 고등학교에 들어갈 길이 더 쉽게 열리고 그렇게 되면 제일 좋은 대학에 들어갈 기회도 주어지는 것이다. 그 후에는 돈을 받거나 존경받는 직업을 구할 수 있어서 가족 전체의 계층 상승이 가능해진다. 경쟁은 명백한 규칙을 따른다, 대학입시에 일정 수준 이상의 점수를 획득하면 자동으로 명문대학에 입학이 보장된다. 이후로는 같은 일을 하더라도 죽을 때까지 다른 사람보다 더 높은 임금을 받고 일할 수 있다. 이 시스템이 인정사정없기는 하지만 극도로 예측 가능하다. 아이들에게 무엇이 중요한지 메시지를 주고 있다. 교육은 가난 예방주사였고, 시간이 흐르면서 가정환경이 아이의 미래를 결정하는 영향력을 줄이는 역할을 하였다. 한국의 피사점수는 교육과정 때문이 아니라 경쟁을 통한 동기부여 덕분이다(Amanda Ripley, 2013).

압축성장의 단계에서는 모범이 되어 한곳으로 힘을 모으는 일류나 일등이 그 가치를 발휘한다. 압축성장에는 타인이나 외부집단을 적으로 규정하고 힘으로 제압하는 생존 경쟁의 가치가 우선시된다. 이러한 경향성은 아직도 사교육과 선행학습으로 자리하고 있다.

우리 교육의 문제에는 모두를 피해자로 만드는 경쟁과 남들은 다하는데 우리애만 하지 않으면 낙오할 것 같은 불안감이 뿌리 깊게 자리한다.

공교육이 무너지는 이유를 선행학습에서 찾는 이들이 많다. 선행학습은 1990년대만 해도 자기 자녀를 조금 더 앞서게 하겠다는 일부 학부모의 이기적 욕심에서 시작됐다. 하지만 2000년대 들어 선행학습 바람이 전 학년, 대다수 학생에게 번지면서 이제는 국가가 정한 교육과정이 유명무실한 지경이 됐다.

'공연장에 관객들이 가득 앉아 있다. 그중 한 명이 무대를 더 잘 보겠다며 자리에서 일어선다. 앞이 안 보이게 된 뒷자리 관객이 따라 일어선다. 하나 둘 일어나기 시작해 어느새 모두 다 일어난다. 결국 모두 앉아 있을 때와 시야는 다를 바 없다. 차이점은 일어서 있을 때는 모두 다리가 아프다는 것뿐이다.'

교육학자들이 선행학습의 폐해를 이야기할 때 자주 비유하는 상황이다. 앉으나 서나 결과는 마찬가지인데 서로 불필요한 경쟁을 하느라 힘만 든다는 얘기다. 장기적으로는 선행학습이 모두를 피해자로 만든다고 우려한다. 결론적으로 아이 스스로 공부할 수 있도록 하는 것이 선행학습에는 빠져있다.

이러한 사교육은 잠들 줄을 모른다. 우리는 사교육비 절감을 위한 막대한 금액을 공교육에 투입하고 3.5%라는 사교육비의 절감을 상당한 승리라고 자부한다. 과연 단기적인 지표의 변화가 근원적인 인식의 변화인지는 기다려보아야 할 일이다.

둘째, 농경사회는 거의 모든 것이 부동의 상태이지만, 근대 사회에서는 모든 것이 유동적이 된다. 네트워크는 연결하는 동시에 연결을 끊을 수 있는 망(matrix)을 나타낸다. 네트워크 안에서 연결은 요청에 따라 이뤄지고 마음대로 끊을 수도 있다. 과거에는 헤어지기 어려운 관계를 맺기 위해서 관계 짓기 또한 그만큼 신중해야 했다. 그래서 과거의 관계는 비교적 영속적이었다.

스마트폰을 통해 주변의 모든 사람들과 접속되어 있지만 전혀 다른 고독을 경험하고 있다. "끊임없이 연결되어 있음을 확인하지만 뭔가 채워지지 않는 공허함, 언제든지 손쉽게 연결을 끊을 수 있는 가벼운 관계의 범람은 새로운 유형의 고독이자 모든 것이 불확실한 현대사회의 특질이다. 모든 것이 가변적이고 유동적이어서 고정적이고 영구적인 것은 하나도 없는 세상은 현대인들이 겪는 우울의 원천이다(Bauman, 2003)."

관계 맺기가 쉽고 관계의 맺고 끊음이 유동적일수록 고독은 증가한다. 인간은 유대가 취약할수록 그로 인해 불안감이 증폭되고 다시 관계를 언제든지 단절할 수 있도록 유대의 끈을 느슨하게 가지려한다.

셋째, 근대의 아날로그 문화와 현대의 디지털 문화의 간극이다. 아날로그 문화에서는 사람과 사람의 직접적인 만남 속에서 대화와 타협이 존재했지만 디지털 문화 속에서 냉정한 기준이 자리 잡고 있다. 디지털 문화의 산업생산품들은 사용하고 수명이 다하면 버려지는 것이다. 너무나 빠른 변화 속도 속에서 그 수명이 다하지 않아도 새로운 제품에 자리를 내주어야 한다. 결코 아날로그 문화속의 고쳐 재사용하는 물품들과는 다르다. 아날로그 문화의 물질들은 생명력을 가지고 우리의 일상 속에 존재하였다. 시스템에서 아날로그의 문화의 무질서와 불확실성을 벗어났지만 물질의 일회성과 감성적 탈진의 댓가를 치러야 한다.

실크로드의 한쪽 끝에서 한쪽 끝으로 물질과 물질 속에 녹아든 경이로운 타국의 문화가 전달되었다. 물질과 이국적 문화에 대한 경외감이 존재하였다. 디지털은 그 물질과 문화 전달의 속도를 극대화시켜 인간의 삶의 변화 속도를 극대화시켰다. 이러한 문화적 추이 속에서 우리 인간의 대인관계를 결정하는 방식에도 디지털적인 문화가 영향을 받게 된다. 기계의 부품과 같이 언제든지 전체에 대해서 고장이 나거나 부조화를 나타내거나 결함이 발견되면 교체된다. 이러한 교체가능성과 소모성은 현대인들의 불안감을 증폭시키게 된다.

디지털의 시대 정점에는 스마트폰의 시대가 존재한다. 스마트폰의 시대 또는 호모 모빌리쿠스(homo mobilicus)의 시대는 개인이 극단적으로 고립된다. "사람들이 혼자 있는 시간이 없다. 늘 스마트폰을 켜놓고 어딘가에 연결되거나 메시지를 주고 받고 있다. 그렇기 때문에 트렌드가 엄청난 속도로 퍼진다. 늘 남들의 시선에 노출돼 있다. 버스를 타고 이동하거나 커피숍에서 누구를 기다리며 혼자 있는 시간, 다시 말해 혼자 생각할 시간이 없다. 그때도 스마트폰을 두드린다. 그런데 어떻게 개성이 살겠는가. 개성이 살아나고, 개성이 만들어질 시간 자체가 없다(장하성, 2013)."

플래시 몹(Flash Mob)과 같은 인터넷이 실제의 세계로 나오는 즉흥성과 같은 행위를 하는 동질성을 반복적으로 경험한다. 한쪽 극단에서는 극단적으로 고립된 개인이 존재하고, 한쪽 극단에서는 타인과 집단을 맹목적으로 추종하는 비개성 사이에 균형을 잃고 있다.

넷째, 구성주의 지식관이다. 지식에 대한 관점의 변화는 객관적인 세계를 인정하고 그런 세계의 반영이 인식의 기초라고 주장하는 전통적인 지식관과는 달리 주관과 객관의 분리를 거부하고 끊임없는 해석을 통해 지식이 구성된다고 보는 구성주의 지식관이다. 모더니즘 시대의 지식은 보편성, 불변성을 가졌으나 새로운 시대의 지식은 맥락적이고 변화가 가능한 지식이다. 지식은 그 자체로 의미가 없으며, 수많은 지식 중에 얼마나 새롭게 재구성하거나 활용할 수 있는가가 중요하다. 따라서 지식을 보는 정서적이고 비평적인 차원이 중요하게 되며, 정보를 선별하고 해석할 수 있는 감각이나 감수성이 중요해진다. 그래서 새로운 사회에서 지식은 수단이 되며, 학습할 수 있는 능력을 기르는 것이 목표가 되어야 한다.

과거 지식은 학생 자신의 지식에 대한 견해를 변화시켰다. 즉 지식은 학생 자신의 지적 행동의 결과라기보다는 교사에 의해 이미 알려진 것이 되었다. 따라서 교육의 성공은 통찰력과 발명 혹은 학생의 발견에 의한 것이 아니라, 교사의 지식이 얼마나 많이 학생들에게 전해졌는가에 의해 결정되었다. 이러한 의미에서 교육은 사회 통제의 형태가 되었다(Efland, 1990).

구성주의자는 지식은 이미 존재하거나 전문가나 권위에 의해 구성된다고 본다. 이러한 면에서 구성주의 교수법은 전반적으로 허용적이며 엄격한 내용이 부족하다. 정전(canon)의 부재는 새로운 가치질서가 제대로 자리하지 않으면 현대인들에게 불안감을 가져온다. 각 개개인이 주체적인 지식의 창출자로 등장하기에 이러한 현상은 정보를 일방적으로 받는 수용적인 입장의 개인들이 자신이 경험한 정보를 인터넷상에 올리는 정보제공과 생산의 주체가 되는 시대적 변화와 연결된다.

다섯째, 과거가 '해서는 안 된다'로 이뤄진 부정의 사회였지만 현대사회는 '할 수 있다'가 최상의 가치다. 성공을 위해 긍정의 정신이 강조된다. 하지만 긍정의 과잉, 성과사회는 우울증 환자와 낙오자를 만들어낸다. 과거의 사회가 금지 '해서는 안 된다'에 의해 이루어진 부정의 사회였다면, 성과사회는 '할 수 있다'는 것이 최상의 가치가 된 긍정의 사회이다. 이 사회에서는 성공하라는 것이 남아 있는 유일한 규율이며, 성공을 위해서 가장 강조되는 것이 바로 긍정의 정신이다(한병철, 2012).

더 큰 성과를 올려서 더 큰 성공을 거두고자 하는 개개인의 욕망을 부추김으로써 자본주의는 전체적인 생산성을 극대화해간다는 것이다. 자본주의의 착취는 이렇게 해서 자발적인 착취의 양상을 띤다. 성과주체는 자기 자신을 착취한다. 그는 가해자인 동시에 피해자이다. 성과주체는 자기 자신의 노동수용소를 짊어지고 있다(한병철, 2012).

성과사회의 과잉활동, 과잉자극에 맞서 사색적 삶, 영감을 주는 무위와 심심함, 휴식의 가치를 역설한다. 이러한 사회에서 '피로'의 개념도 새로운 의미를 얻게 된다. 성과사회에서 '피로'란 할 수 있는 능력의 감소이고, 그저 극복해야 할 대상일 뿐이다(한병철, 2012).

우리는 피로해서도 슬퍼해서도 안 된다. 슬픔이나 좌절은 나쁜 일이고 행복해 보여야 된다. 우울해 보이면 애인이나 친구들이 등을 돌릴지도 모른다. 또는 사업이 망할지도 모른다. 그러므로 웃음을 지어 보여야 하고 행복한 척 해야 한다. 나를 제외한 타인들은 모두 행복해 보이는 데 나 자신만이 불행해 보이는 사회에 살고 있다.

사실, 행복한 사람은 성과에 그다지 관심이 없고 행복한 아이나 부모는 성적에 그다지 관심이 없다. "일부 조직에서 문화와 관련해서 구성원들이 행복(긍정, 감성) 혹은 만족하게 해준다면 생산적 직원이 될 것이라고 여긴다. 행복 만족과 생산성간에는 긍정적인 상관관계가 있지만 매우 낮다(R. Corner & T. Smith, 2011)."

여섯째, 욕망을 부추기는 사회이다. 사치 소비의 본질은 상대적 지위와 서열을 과시하는 것(과시적 소비)이다. 즉 물건의 효용 때문에 소비하는 것이 아니라 다른 사람들이 쉽게 구할 수 없기 때문에 그것을 구입하고 소비하는 것이다. 이런 소비 경쟁에서는 언제나 '남들보다 더 비싸고 희귀한 물건을 소비해야 한다.'는 인센티브가 존재한다(Frank, R. H., 2010). 과거의 소비는 사회적 지위를 말해주는 것이고 남과 나를 구분하는 행위였다. 이제 사람들은 과시를 위한 물품보다 '더 나은 삶을 체험하게 해주는' 물품을 선호한다. 감정적, 신체적, 감각적, 미학적이고 관계를 중시하며 건전하고 재미있고 기분을 전환해주는 상품들이 바로 그것이다. 기존에는 상품이 사회적 지위의 상징이었다면 이제는 서비스로 작용한다

(Gilles Lipovetsky, 2008).

유통가에는 '번아웃 쇼핑' '번아웃 소비'라는 용어까지 생겼다. 일에 몰두하다 느낀 스트레스를 쇼핑으로 극복하라는 마케팅 전략이다. 주로 젊은 층이 타깃으로 꼭 필요한 것만 싸게 구매하는 불황형 소비와 달리 럭셔리를 추구하는 게 특징이다(명순영, 김헌주, 배준희, 서은내, 2013). 인간의 행복이 과거에는 가족과 사회에서 유대에 근거한 반면 지금은 개인의 물질적 소비에 근거한다. 많은 경제적 수익이나 급여를 받기 위해 죽기로 작정하고 일하는 이면에도 욕망이 존재하고 분명히 많은 사람이 소비하는 이유는 필요가 아니라 욕망이다.

일곱째, "소규모 사회에서는 자식에 대한 책임이 생물학적 부모를 넘어 많은 사람에게 분산된다는 점이 대규모 사회와의 주된 차이이다. 소규모 사회에서 어린아이들의 조숙한 사교적 능력을 찾아볼 수 있으며, 많은 대리 부모와의 관계에서 그 이유를 설명할 수 있다(Diamond, Jared M., 2012)." 사교적 능력은 타인에 대한 배려와 공감 능력을 의미한다. 이러한 배려와 공감능력이 떨어지면 개인은 이기적으로 비춰진다.

전통적으로 교육을 중시하는 데다 1가구 1자녀라는 가족계획 아래 태어난 외아들 외딸의 교육에 온 가족의 관심이 쏠린다. '결혼은 선택, 직장은 필수'의 표면적인 이유는 '경제적 부담'이지만, 과거의 전통사회의 교육관과 부모자녀관계와는 매우 이기적인 양상으로 나타난다. 과거에는 신분이나 사회경제적 배경에 변동이 없기에 부모들이 가난하지만 자녀를 위해 헌신하고 희생하는 모습을 가졌다. 현재의 가정에서는 타인과 비교하여 경제적 위치에 최소한 동등하거나 보다 앞서 잘 사는 모습을 가져야 성공한 삶이 된다. 이러한 동등 또는 우월의 바탕위에서 자녀 양육이란 두 번째 과업이 수행되는 것이 우리 사회의 모습이다. 자녀의 양육에서도 타인에게 결코 뒤질 수 없다. '엄친아'란 신조어가 유행하는 이면에서는 옆집 자녀와 비교라는 치명적인 경쟁이 존재하고 있다. 또한 부모와 자녀의 관계에서도 경제적 교환 모델이 작동되고 있는 것이 아닌지 살펴보아야 한다.

노년의 삶마저도 '즐기는 노후'가 아닌 '일하는 노후'일 때 편안함을 느낀다(강수돌, 2015). 일하고 싶은 욕구보다 일해야만 한다는 강박이 우리를 지배하는 세상이다.

결국, 숨을 쉰다는 것은 호흡을 통하여 외부 대기와 신체가 소통한다는 것이다. 말 그대로 쉬는 것이다. 가쁜 숨을 몰아쉬는 것은 숨을 쉬는 것이 아니다. 모든 이들의 삶의 양상 속에 불안과 두려움이 확대 재생산되고 있다. 그런 측면에서 스스로 가해자이고 스스로 피해자이다. 교육은 사회의 욕구를 반영하고 학교는 사회의 긴밀한 관련 속에 존재하고 있다. 사회의 불안과 두려움은 교육에서도 그대로 반영된다. 결국 이러한 사회의 현실은 교육에 직접적인 영향을 준다. 이 시점에서 우리는 제도권의 학교교육의 실패만이 아니라 가정과 사회를 포함한 넓은 의미의 교육의 위기를 인정하여야 할 시점일 수 있다.

우리 현재의 교육현실은 성적이 낮은 학생들뿐만 아니라 성적이 우수한 학생들까지도 모두 다 좋은 성적을 내야 한다는 압박에 시달린다. 교육을 통해서 행복해진다기 보다 좋은 성적을 받고 좋은 대학을 나와야 행복해 질 수 있다는 분위기가 만연한다. '지금 자면 꿈을 꾸지만 지금 공부하면 꿈을 이룬다'는 표어가 학교를 난무한다. 학교교육이 직업적 성공을 보장한다는 신화가 굳게 자리한다. 아이의 행복과 인생의 격을 높이자고 말하지만 결국 단 하나의 성공과 단하나의 과정만을 고수하며 그 과정에서 이탈하는 것을 두려워한다(김미령 외, 2013).

사교육이 단순히 남들보다 한 발자국 앞서겠다는 공부 욕심으로 선택하기도 하지만 부모들의 마음 깊은 곳에 자리 잡은 불안감, 교육의 본질을 따질 겨를이 없는 현실, 남보다 뒤처지면 안 된다는 조바심 때문이다(EBS 학교란 무엇인가 제작팀, 2011). 이 막연한 남들에게 뒤쳐질 것에 대한 불안감은 현대인들의 숙명이라고 하기에는 학생들의 시련과 희생은 너무나 막대하다.

시대는 다원화 시대로 변화해 가고 있지만 그에 합당한 가치 체계는 사회와 교육계에 자리를 잡지 못하고 있다. 우리 사회에 복지가 대두 되는 이유가 새로운 대안적 가치체계로 '행복', '생명' 등이 숙고되어야 할 시점이기 때문이다.

욕망이 만들 새로운 길은 없다. 단지 희망이 만든 새로운 길만이 존재한다.

◎ 가정의 욕망

가정의 문제에서 특히 엄마의 문제는 심각하다. 대개의 가정에서 아버지로서 남성의 기능이 부재한 경우가 많기 때문에 상대적으로 어머니의 기능이 더욱 중요하게 된다. 또한 우리 사회 전반을 타율성의 사회로 몰아가는 분위기는 개인의 행복을 짓밟고 불행을 초래하며 사회 전체의 자발성과 창조성을 저해시키고 있다. 이는 일제 강점기로부터 이어져오는 교육의 타율성에서도 그 원인을 찾을 수 있을 것이다. 교육에서 학력을 높이기 위하여 경쟁을 활용하는 것은 어느 정도의 효과를 거둘 수는 있지만, 그 이상의 창조적 비상에는 오히려 해가 되는 경우가 많다. 이러한 점은 우리 사회도 마찬가지이다. 해방 이후의 우리 교육은 학생들 간의 경쟁을 대가로 이루어진 결과이며, 교육을 유지하는 이면에도 경쟁을 부추기는 원리가 작동하는 경우가 많다. 어쩌면 우리 사회도 아직까지 경쟁을 통해서 움직이는 낡은 방식을 활용하고 있다. 이러한 경쟁은 '출발점에서 남보다 조금 앞서 출발하면 결과에서도 남보다 앞설 수 있다'는 무서운 논리가 바탕으로 깔려 있다. 출발부터 타율적 발상의 일색이다. 늦더라도 스스로 하여 바르게 가는 것이 교육이다. 미국에 세계적인 대학이 많은 이유는 대학 정책의 자율성이 큰 기반이라고 한다. 우리 사회에서 국가경쟁력이라는 명분으로 살벌한 경쟁 속에 희생시키는 것이 과연 자율성이라 할 수 있을 지는 한번 살펴야 할 필요가 있다.

다음으로 가정의 문제 특히 엄마의 문제이다. 흔히 간과되고 있는 사실은 우리 사회의 초등학생을 둔 엄마들이 매우 고학력이라는 점이다. 전통적으로 우리의 어머니들은 자식들의 성공과 행복을 위해 지극히 희생적이었다. "특히 우리나라는 다른 나라에 비해 학부모들이 훨씬 더 극성스럽다고 하며, 요즘과 같이 자녀를 하나 또는 둘 정도만 두는 시대에는 이런 현상이 더욱 두드러진다(박철홍, 김병주, 2007)." 결국 부정적인 경우 고학력 엄마의 극성스러움은 극치에 달한다. 출산율이 낮아지는 원인을 자녀 양육의 어려움이나 사교육비의 문제로 미루는 것보다 오히려 전업 주부는 줄고 워킹 맘이 늘어나는 것에서 원인을 찾는 것이 더 타당하다. 일과 양육을 병행하기는 어렵다. 일을 포기하고 양육을 선택할 수 있는 사회적 분위기도 아니고 그러한 이타적인 부모도 드문 것이 현실이다. 예전의 부모와 같이 자신을 포기하더라도 자식을 통해 대리 자아실현은 이루고 싶어 한다.

최근 초등학교 하교시간에 맞추어 교문을 지키고 있는 학원버스가 넘쳐나는 것은 그렇다 치더라도 등교시간을 맞추어 엄마들의 자가용이 학생들을 데려주기 위해서 도로의 한 차선을 막아서는 모습은 흔히 볼 수 있는 일이다. 전업주부가 워킹 맘들을 따라 잡을 수 있는 방법은 자녀들을 '이기적'으로 극진히 보살피는 것이다. '헬리콥터 부모'는 자녀 양육과 교육에 극성스러울 정도로 관심을 쏟는 부모를 말한다. 자녀 머리 위를 맴도는 헬리콥터와 같다는 뜻에서 나온 말로 늘 아이의 근처에서 일일이 참견하는 부모를 가리키기도 한다.

"우리 사회는 엄마와 아이를 떨어뜨려놓는 정책과 문화로 넘쳐나고 있다. 어린 시절 '애착 손상(정서적 트라우마)'을 겪은 아이들이 얼마나 많은 문제점을 안고 있는지 심각하게 고민해야 할 때 '워킹 맘'이 늘면서 아이들은 할머니·친척·베이비시터 등의 손으로 넘겨지고 있다는 것이다. 학교급식이 엄마의 도시락을 대체하는 이유는 무엇인가? 모든 가정의 기능은 공공적인 부문으로 넘어가고 있다. 밤늦게까지 자녀를 걱정하지 않고 편히 일하는 분위기조차도 정부가 책임져야 하는 것인가?(김경집, 2015)."

한국의 양육정책은 표면적으로는 부모를 대신해 국가가 부모의 역할을 하는 것이고, 직장생활 때문에 퇴근 전까지 아이들을 돌볼 수 없는 맞벌이 가정, 가정 형편이 나빠 보육에 어려움을 겪고 있는 가정 등을 배려하기 위한 조치이지만 이면에는 어머니에게 직업과 경제적 이득을 최대한 보장하고, 더 나아가서는 국가의 경제활동 인력을 확보하기 위해 가능한 아이에게서 떼어 두려한다. 거기에 무엇이 가정과 아이들을 위한 것인지에 대한 고민은 빠져 있는 듯하다. 일하는 부모에 초점이 맞추어져 있다. 오히려 이것이 우리 가정의 절실한 요구라는 것이 문제다. 사교육비가 많이 들기에 더 많이 벌어야 한다는 잠재된 논리를 가지고 있다. 그러나 '결혼은 선택이고 직장은 필수'라는 논리를 '양육은 선택이고 직장은 필수'라는 논리로 내세울 수는 없다.

보육에 대한 사회적 관심이 증가한 데에는 여성의 경제활동 참여율 증가와 더불어 심각한 저출산이 기폭제가 되었다는 점도 간과할 수 없다. 70% 이상의 대학진학률을 보이는 여성 인력은 부족한 생산인구를 가장 빠르게 충원할 수 있는 훌륭한 인적자원이다. 따라서 국가 경쟁력을 위해 이들이 아이 걱정하지 않고 일할 수 있도록 해야 할 필요성이 있다. 또한 조기교육 경쟁에 뛰어든 부모의 욕망은 어린이집과 같은 공공기관의 인지적 교육에 몰입함으로써 비교 우위를 차지하려 한다.

"무상 복지 정책은 부모들의 시각에 맞춘 것이다. 이런 정책을 계속하면 아이들은 부모와 사회에 대한 신뢰가 무너지고, 이런 사회는 범죄율과 살인율도 높다. 영국에서 2차 대전 직후 여성 노동력이 필요해 아이들을 국가가 보호해주는 '무상 복지' 정책을 폈다.

그 결과 엄마와 떨어져 자란 아이들은 건강이 안 좋아지거나 정서 장애를 가지게 됐다. 그때 나온 것이 '애착 이론'이다. 서양에선 모유 수유, 어부바 등 '한국식 양육법'이 유행하고 있는데, 우리는 거꾸로 가고 있다. 무상 복지는 조손 가정 등 취약 계층에 대해 제한적으로 시행하되 질이 높아야 한다. 나머지는 생후 2년 이내 휴·복직 보장, 직장 내 보육시설 확충 등 아이의 애착 관계를 깨지 않는 데 집중해야 한다(최재훈, 조선일보 2014. 11. 27)."

"사실 저출산은 부부가 아이를 낳지 않으면 육아와 교육에 드는 비용을 절약할 수 있고, 부부의 사회경제적 자유를 신장시키기 때문에 사회적 경쟁에서도 단기적으로 유리하게 작용한다. 부분적이고 단기적으로는 이득일 수 있으나 전체적이고 장기적으로는 손실이 된다(우치다 타츠루, 2007)." 결국 우리는 부부의 이기심에 세금을 쏟아 붇게 된다.

국가의 정책은 가정, 가족관계, 가족 간의 사랑 등을 최우선으로 확보하는데 역량을 쏟아 부어야 한다. 부유한 경제력을 지닌 불행한 가정을 양산하는 정책에는 국가의 미래가 없다. 흔히 미래의 행복을 위해 현재의 행복을 저당 잡힌다는 표현대로 부모와 자녀를 결별시키고 얻는 소득이 가정의 미래에 행복을 줄 수는 없을 것이다.

양육 소홀이나 정서적 접촉 시간의 절대 부족에 대한 죄책감은 자녀에게 과도한 금전적 보상으로 나타난다. "우리나라 엄마들은 자식은 물론 남편과 부모까지 모두를 포함하고 사는 행동양식을 가진다. 이 때문에 아이의 행복과 불행 모두가 자신의 것이라고 인식하는 경향이 짙다. 결국 자녀를 '개인'으로 보지 않고 자신이 끝까지 끌어안고 가야 하는 존재로 인식하는 데서 잔소리와 간섭, 조바심이 커진다는 것이다. 여기에 한국 사회의 과도한 경쟁 체제가 '공부-일류 학교-취업-돈과 힘'이라는 중요 가치를 만들어내면서 엄마들이 '돈으로 아이를 키우고, 돈만 버는 아이로 키우는 결과'를 낳고 있다(김경집, 2015)."

또한 가정의 문제 특히 엄마의 문제는 아이에 대한 과잉보호로 귀결될 수밖에 없다. "부모가 모든 것을 대신 해주는 아이들은 자립 능력이 약해 작은 외부 자극에도 불안 심리가 커지고, 매사에 고마움을 모르고 불만만 커질 가능성이 크다. 자식을 애지중지하며 키워온 요즘 부모들이 정작 자녀의 자립 능력을 키우는 데는 소홀한 대가를 치르는 셈이다(김경집, 2015)." 아이들의 학교 폭력이 갈수록 증가하는 것은 학교 도덕교육이나 생활지도의 부실을 나타내는 직접적인 문제라기보다는 아이들이 자신의 고통을 알리는 신호이며 가정의 붕괴를 나타내는 신호이다. 이것이 현실적으로 학교라는 장소에서 일어나기에 학교의 문제로 간주하는 것은 대중적 안목일 뿐이다.

"가정의 문제는 세대를 이어가며 반복되기 때문에 엄마들 스스로가 문제를 드러내고 변화해야 한다. 우리 아이들이 어떻게 하면 행복하게 살아갈 수 있을지 고민하여야 한다. 이제 혁명은 여성의 몫이고 엄마의 몫이다(김경집, 2015)." 엄마가 스스로 자신의 행복을 추구해야 한다는 것과 더불어 사회와 학교에 자녀와의 정서적 유대를 가질 시간을 요구해야만 한다. 교육현장에서 이러한 학생을 가정을 돌려주라는 요구는 절대 불가능하다. 이러한 절대불가능의 해법을 관철하고자 하는 거꾸로 된 흐름이 교육계 내부에 존재하는 것도 현실이다.

최근 영국은 학생이 12회 이상을 지각하면 부모에게 벌금형을 받는 법안을 마련했다. 학교의 통제력은 가정의 통제력을 넘어설 수 없다는 자각이 뒷받침되고 있기 때문이다.

아이들의 문제는 학부모의 문제를 그대로 이어받은 것이며, 지금 학교교육의 이러한 현실은 학부모의 잘못이 더 크다. "자기 자식에 대한 과잉기대. 과도한 공부독촉, 일부 명문대나 학과에 편파적인 올인, 공교육 불신, 학교교육에 대한 부적절한 간섭, 교권침해, 가정에서 도덕성 교육, 정서 교육의 부실이 학부모에 의해 저질러지는 빗나간 형태들이고, 바로 이런 것들이 학교교육의 여러 차질을 불러오고 있는 것이다(박철홍, 김병주, 2007)."

부모의 인내심과 애정 어린 무관심이 자녀를 '스스로 결정하고 스스로 책임지는 사람'으로 기를 수 있다. 학교교육의 질은 교사의 질을 넘어설 수 없고, 교사의 질은 가정교육의 질을 넘어설 수 없고, 가정교육의 질은 엄마의 질을 넘어설 수 없다.

"아무리 좋은 교사라도 어머니보다 나을 수 없다. 좋은 교사는 나쁜 어머니보다 나을 수는 있을지라도 좋은 어머니보다 나을 수 없을 뿐만 아니라 평범한 어머니 보다 나을 수 없다. 아이들에 관한 한 어머니보다 더 교육적일 수 없다(오욱환, 2015)." 아이의 교육을 타인의 손에 맡기는 부모가 가장 나쁜 부모이다. 아버지는 어머니에게 미루고 어머니는 다시 학교에 미루는 현실은 최악의 미래를 가져올 것이다.

모든 문제적 상황에서 그 해법은 시간과 장소에 따라 다르지만 아이들에게 가장 중요한 존재는 어머니이고 어머니가 제시하는 해법이 가장 효과적일 수 있다. 아이들의 스토리에 마지막 구두점을 찍는 사람은 어머니가 되어야 한다. 기능 부재의 아버지의 문제가 아닌 것은 그만큼 교육과 자녀의 성장에서 어머니의 책임과 힘이 더 크기 때문일 것이다.

2. 교사와 혁신

요즘 들어 혁신이라는 단어가 시대와 사회의 화두이다. 누구나 혁신을 이야기한다. 혁신이란 이면에는 '과거에는 그러하지 않았는데 현재와 미래에서는 그러해야 한다'는 것을 의미한다. "패러다임을 변화시키는 것까지는 아니더라도 획기적인 아이디어나 통찰을 바탕으로 일정 수준 이상의 새로움을 만들어내야 '혁신'이라 불릴 수 있다(표현명, 이원식, 2012)." 학교와 교사는 왜 혁신의 대상이 되어야 하는가? 아니면 어떻게 혁신의 주체가 될 수 있을 것인가?

첫째, 사회와 가정의 타율성을 극복하고 교사의 자율성의 회복이 필요하다. 개혁이나 혁신은 인간의 긍정적이고 능동적 존재라는 절대적 믿음에서 출발한다. 사실 교육 자체가 인간의 변화에 대한 믿음을 기초로 한다. 변할 수 없는 존재는 교육으로도 변화가 불가능하다.

예전에는 연구학교나 시범학교가 하나의 혁신적 활동이었다. 그러나 지금은 교육개혁에 저항하는 활동으로 인식되고 있다. 역사적으로 보면 "50년대는 교육개혁이라는 용어는 없었으나 교육의 건설과 개선에 대한 사명감과 사기가 높았다. 전국으로 연구학교와 시범학교가 여러 가지 주제로 열렸고, 거기에 많은 교사가 자발적으로 참여했다. 강연, 연구발표, 연구수업, 시범수업도 참관하고, 협의와 토론도 활발했다. 지금은 50년대와 같이 어떤 절박한 사명감을 고취할 만도 한데, 지금은 짙은 타율적 분위기가 만연해 있다 (정범모, 2012)." 자율적인 교육개선은 군사정부가 들어서면서 종지부가 찍혔다. 그 후로 반세기 동안 관주도의 타율적 '교육개혁'이 실효성 없이 습관화 되었다.

학교는 이러한 타율로 인하여 너무나 바쁘다. "일본에서는 연구학교에 지정되면 아무도 안 읽는 자료집을 만든다. 이렇게 바보 같은 일을 계속하니까 교사들이 성장을 못한다. 연구 성과가 과연 아무도 읽지 않는 보고서에 있는 것인지 의문이다. 학생이 배우는 모습이 성과이므로 쓸데없는 연구는 그만두고 의미 있는 연구를 해야 한다. 학교가 일이 많은 이유는 학생들과 관계가 힘들어지니 경찰서에 가거나 가정방문을 해야 하는 등 수업 외적인 일들이 늘어나기 때문이다. 그러다 보니 교사들도 학생들도 교장도 피폐해져간다. 교실에서는 늘 한 가지 일만 일어나지 않으며 모든 일들이 동시다발적으로 일어난다. 아이들에게 문제가 생기고 교무실에서도 문제가 생긴다. 교사들은 이것도 저것도 해야 한다. 열심히 공을 돌리고 있는데 밖에서는 또 다른 공을 돌리라고 재촉한다. 그래서 학교 개혁은 더 많은 공을 돌리는 것이 아니라 중요한 공만 돌려야 한다는 것이다(사토 마나부, 한국배움의공동체연구회, 2014)."

일본의 이야기이지만 우리의 현실과 그리 큰 차이가 있지는 않다. 개별 교사가 맡은 단위업무가 과중한 것이 아니라 각 단위업무별로 요구하는 갖가지 협조업무로 일이 늘어나고, 학교 외부로부터 요구되는 업무들이 예기치 않게 발생되기에 교사들이 숨 돌릴 틈조차도 없게 되는 것이다. 고도의 전문가 집단은 자기를 움직이는 동력이 외부의 물질이나 명예, 권력에 있지 않고 자신의 내부의 신념에 기인한다. 모든 혁신은 조직이나 제도의 혁신이 아니라 자기혁신이다. 자기 혁신만이 진정한 혁신이다. 그러기에 혁신은 매우 조용한 것이다. 주역의 64괘중 혁(革)괘는 연못을 나타내는 태괘(兌卦)와 불을 나타내는 이괘(離卦)가 위아래로 이어진 것으로, 택화혁(澤火革)이라고도 한다. 연못 위에서의 불을 의미한다. 조용하지만 그것을 유지하기는 매우 어렵다.

사회제도적인 모든 혁신이 실패한 이유는 자신을 먼저 개혁하지 않고 외부를 바꾸려고 하였기 때문이다. 또한 하향식 개혁은 권력을 가진 상부구조가 하부구조를 바꾸어야 할 대상으로 규정하고 다양한 유인책을 활용하는 것이다. 타인을 변화해야하는 존재로 규정하는 것은 자주적으로 변화하고자 하는 의지가 없는 존재라는 정의를 두고 있고, 외부의 의지에 의해 자신의 가치와 삶의 방식을 바꾸어야하기에 필연적인 저항을 가져오게 된다. 특히 항해를 하는 배나, 초원을 찾아 이동하는 유목민들과는 다르게 하나의 단일체라는 공유된 소속감과 위기감이 없는 경우에는 더욱 극단적인 저항이 따른다.

인간 사회는 모든 것이 총체적으로 연결되어 있는 살아 있는 유기체이기 때문에 어느 하나만 고친다고 문제가 해결되지 않는다. 더군다나 우리가 당면한 문제는 가치관, 즉 정신과 관련된 것이라 제도나 조직을 고친다고 풀릴 문제가 아니다. 갑자기 위대한 지도자가 교육제도를 혁파하여 모든 문제를 다 해결해 줄 것이라는 믿음을 가지고, 전혀 변화가 없으면 그들을 욕하기 시작한다. 또한 리더를 바꾼다고 해결될 문제도 아니다. 우리는 나 자신은 절대 바꾸지 않으니 문제가 있는 당신이 바꾸라고 요구한다.

자신만이 자신을 혁신할 수 있다. "자기 삶의 양식이 자기로부터 나오지 않은 삶, 세계와 관계하는 방식이 자기로부터 나오지 않은 삶은 결코 정상일 수 없다. 자발적이지 않은 것에는 생명력이 없다. 거룩함은 결코 저 멀리 있지 않다. 바로 자신이 서 있는 지금, 여기가 거룩함이 등장하는 원초적 토양이다. 이상적인 삶은 저 멀리 있는 곳에 도달하려는 몸부림이 아니라, 바로 여기서부터 출발하는 착실한 발걸음일 뿐이다(최진석, 2015)."

"당신은 보편적 이념의 수행자입니까, 자기 꿈의 실현자입니까?"
"당신은 바람직함을 지키며 삽니까, 바라는 걸 이루며 삽니까?"
"당신은 원 오브 뎀one of them입니까, 유일한 자기입니까?"
−EBS [인문학 특강], 최진석−

둘째, 긍정성과 통제감의 회복이다. 사람들은 해결책이 어디 다른 곳에서 나올 거라고 생각한다. 항상 그 상황에 대해 비판한다. 우리 자신을 먼저 돌아보며 보다 적극적으로 '좋아, 그럼 지금 이 상황에서 내가 갈 수 있는 나의 길은 무엇이지?'라는 식으로 실천 방법을 찾지 않는다. 그 순간 내가 할 수 있는 일이 무엇인지 근원적으로 바라보아야 한다. 비판하기는 쉽지만 각자 무엇을 하겠다는 결심까지 끌어내는 것은 쉽지 않은 일이다. 각자가 자신의 리더가 되어야 한다.

내가 상황을 변화시킬 수 있다고 자각하는 사람만이 진정한 영웅이다. 그러한 영웅은 지금 여기에서 자신만이 할 수 있는 소박한 일들을 실천한다.

스크린에 등장하는 스타들의 이미지는 결코 근접 가능한 것이 아니다. 오히려 멀리 있을수록 더욱 동경하고 싶은 것이다. 자신은 결코 근접할 수 없도록 도달하기 어려운 우상을 만든다. 자신이 도달하기 어려우면 어려울수록 더 우리를 구원해줄 존재로 보인다. 그러나 현실에서 우리는 초인을 필요로 하는 것이 아니라 보다 더 많은 실패를 견뎌 낼 사람을 필요로 한다. 이상과 현실의 간극을 좁히는 사람이 진정한 영웅이다.

변화는 스타나 초인으로부터 오는 것이 아니라 바로 여기 지금의 나로부터 출발한다.

특히 변화의 방향에 동의하지 않는 경우, 사람의 행위를 변화시키는 것은 단순한 과업이 아니다. 저항은 낡은 사고방식, 습관, 게으름, 두려움, 그리고 현재의 상황을 유지하고자 하는 기득권 등 여러 가지 원인에서 나타난다. 이러한 문제들을 극복하기 위해 모든 참여자들 간에 개방적이고 활동적인 의사소통이 필요하다(B. S. Cooper, L. D. Fusarelli, E. V. Randall, 2004).

학교개혁은 조직 운영의 변화뿐만 아니라 사람들의 행위에 대한 근본적인 변화를 요구한다. 그리고 이러한 변화는 개인적인 형태로 사람들을 위협한다. 변화는 이들의 직업관, 그리고 더 나아가 자아개념과 직업적 정체성에도 의문을 제기한다. 중견교사들보다 신임교사들이 여러 가지 변화를 더 쉽게 받아들인다는 것은 우연이 아니다. 개혁의 필요성이 명확하면 개혁이 충실하게 집행될 것이라는 것은 순진한 생각이다(B. S. Cooper, L. D. Fusarelli, E. V. Randall, 2004). 모든 동료교사들이 개선되었으면 하고 바라는 교사나 붕괴직전의 다른 대안을 찾기 힘든 대학조차도 변화의 노력은 종종 강한 저항에 직면한다.

"전문가들이 가지고 있는 공통된 특징들 가운데 하나는 주어진 환경에 좌우되지 않으며 자신에 의해 환경도 바꿀 수 있단 확신감이다. 교사가 학생에게 외부 조건에 굴하지 않도록 가르친다면, 그 교육을 자신에게도 적용해야 한다. 교사가 외적 지원의 미비함을 탓할 뿐 자신의 의지와 노력에 의해 변화될 수 있는 여지를 포기한다면 그 자체가 비교육적이다(오욱환, 2014)." 교사는 교육정책과 학교개혁의 중심에 서 있다는 인식의 전환이 필요하다. 그 인식은 다시 교사가 아니라 나 자신이 중심에 서 있다는 인식으로 이어져야 한다.

개혁과 혁신은 자율성이 생명이다. "모든 의도적인 사회변화, 즉 개선 또는 개혁에는 자명한 원리가 있다. 굳이 위, 아래라는 표현을 쓴다면, 원칙적으로 모든 개선, 개혁의 발안은 위에서도 할 수 있고, 아래에서도 할 수 있다. 충분한 설득으로 이해와 찬의를 얻을 수 있어야 한다. 불충분한 개선안의 강행은 타율적인 권위주의적 전제성을 띠게 되어, 실질적인 개선효과도 얻기 어려우며 은연한 불만과 반발만 쌓여간다. 이것이 지난 반세기 한국 교육개혁의 역사이다. 타율의 풍토에는 도덕적 책임감이 마비된다. 일이 실패하면 명령자는 '네가 잘못한 탓'이라고 실행자를 나무라고, 실행자는 '네가 하라는 대로 했으니 네 탓'이라고 명령자를 비난한다. 서로 책임을 전가하고, 도덕적 책임감은 공중에 떠 버린다(정범모, 2012)."

타율적인 혁신의 강요는 너무나 오랫동안 외부로부터 강요되어 자신의 필요인 것으로 착각하게 된다. "자발성의 부족 문제는 학생

뿐만 아니라 현직 교사들에게도 예외가 아니다. 학교와 교실을 반권위주의적인 구조로 바꾸기, 일방적 교수법을 상호적인 학습법으로 바꾸기 등이 중요하다면, 국가주의적 교육 구조를 개인의 삶으로 지향하기, 학생들의 마음 안에 숨겨져 있는 관심을 불러일으키기, 오류나 실수가 서로 너그럽게 받아들여질 수 있으며 오히려 촉진될 수 있는 분위기 조성하기 같은 과제도 중요할 것이다(고병헌 외, 2009)." '개인 삶으로의 지향'은 국가나 학교에서 지정한 혁신을 맹목적으로 따르기보다 자신의 내면을 들여다보는 것이다.

"우리는 알게 모르게 차별화를 한다고 무조건 뭔가 새롭고 획기적인 제품을 만들어야 한다는 노이로제에 걸려 있는 듯하다. 하지만 남보다 앞서야겠다는 생각에 몰두하다 보면 자칫 혁신의 함정에 빠지기 쉽다(홍성태, 조수용, 2012)." 우리는 로모그래피와 같이 다른 사람에게는 없고 자신에게만 있는 특징을 살려야 한다. 자신에게 있지 않는 것을 타인의 모범을 통해서 흉내 내는 것은 모두 실패한다. 로모그래피는 자신의 단점을 장점으로 변화시켰다.

교육개혁의 성패는 교사들로 하여금 교사로서의 전문적인 자발성을 발휘할 수 있도록 하는가 여부에 달려있다. 결코 교육개혁은 교사개혁을 넘어설 수 없다. 자율성과 자발성은 혁신의 생명이다. 자발성이 리더십이다. 자신을 이끌 사람은 자신 이외는 없다.

교육개혁의 성공적 추진 방안으로서 가장 핵심적인 것을 "교사의 전문적이고 자발적인 참여를 들고 있다. 사회나 행정체계는 교육을 바로 세우기 위해서 교사보다 먼저 변화하지 않는다. 일부 연구자들은 교사가 최대의 걸림돌로 지목하면서도 결국 교사에게 기대고 의지하는 것이다(서근원, 2012)."

외부에 대해서는 어떠한 변화의 의지도 가지지 말고 자신이나 잘하자는 의미가 아니라, 자신부터의 실천을 통한 외부로의 파급이어야 할 것이다. 자발성은 매우 큰 리더십이다. 교사는 타인이 디자인한 길을 따라가는 것이 아니라 자기 자신의 삶을 디자인하여야 한다. 이러한 모습은 최선의 교직사회화의 표본이 된다. 우리의 문제는 현장에 답이 있기도 하지만 더 정확한 표현은 우리의 문제는 나 자신 속에 답이 있다는 것이다. 지금 자신을 바꿀 의지가 있는가 하는 점이 중요하다. 그 의지는 신뢰를 바탕으로 가능하다. 교사에게 신뢰는 다양한 아이 한 사람 한사람이 존중받아 온전히 배우고 성장할 수 있다는 믿음이며 그러한 학교를 만들 수 있다는 믿음이다. 인간존재에 대한 신뢰와 자신의 효능감에 대한 신뢰이다. 외부로부터 온 모든 혁신이 실패한 이유는 자신의 내면의 욕망과 거리가 있기 때문이다. 자신 내면의 능동적 주체로서 변화의 필요성을 느끼지 못하면 변화 또한 하나의 해야 할 업무에 지나지 않는다. 어쩔 수 없이 적응해야 하는 변화와 진보는 혁신의 동의어가 아니다.

3. 교사의 수업디자인

　실내의 좌석 배열은 사회적 교류를 촉진하는 배열과 사회적 교류를 최소화하는 배열이 있다. 청소년들이 집단 활동과 운동을 할 수 있는 학교건물과 시설, 학급 좌석배치에서도 교수 학습 스타일 및 학생들의 사회적 교류에 영향을 미친다.

　ㄷ자형의 배치는 흔히 대학이나 위원회 같은 데서 많이 보이는 좌석의 배치이다. ㄷ자형 배치는 몇 명의 학생만 움직여도 쉽게 4명이 한 모둠씩 편성되기에 용이한 구조이다. 협력적 의사소통이 용이하도록 만든 구조이다.

　"아이들은 텍스트를 충실하게 읽고 친구들과 읽은 것을 교류하며 이야기 세계를 풍부하게 그려 낸다. 이러한 수업이 형성되는 것은 아이 한 명 한 명의 생각을 있는 그대로 받아들이는 '듣기'를 실현하고 있기 때문이다. 이러한 '듣기' 대응을 떠받치는 또 하나의 원리는 수업에서 한 명도 빠뜨리지 않고 아이들의 존엄을 존중하는 것이다. 수업에서 교사가 해야 할 또 다른 역할은 '연결하기'와 '되돌리기'이다. 교사 역할의 핵심이라고 단언하는 '연결하기'는 교재와 아이들을 연결하고, 각각의 아이들을 연결하며, 지난날에 익힌 것을 오늘 배운 것과 연결하고, 아이들의 현재와 미래를 연결하는 것이다. 배움이 사물, 타자, 자기와의 만남과 대화이고 그 의미와 관계를 구성하는 활동이기에 그것을 촉발하고 촉진하는 교사 역할이 중시되며 결국 서로 배우는 관계는 교사의 '연결하기' 활동에 의해 실현된다. 수업에서 교사의 활동을 살피는 것은 '연결하기'를 잘하고 있는지를 확인하는 것과 다르지 않다. 수업에서 교사 역할의 핵심은 아이 한 명 한 명의 말 '듣기'를 중심으로 한 '연결하기'와 '되돌리기'이며, 서로 배우는 수업은 의미와 관계의 다원적이고 다층적인 연결이 직물과 같이 서로 짜여 연결되어 가는 원리이다(사토 마나부, 손우정 역, 2013)."

배움의 공동체가 디자인과 결부되는 것은 "선생님이 수업을 이렇게 끌고 가야 한다는 디자인만 잘해주고, 디자인으로 접근하고, 아이들은 그 디자인 속에서 각자 생각하는 것을 말하고 듣고 새로 만들어내고... 교육과정 디자인하기는 세 가지 활동으로 이루어진다. 하나는 배움의 경험에 대한 디자인이다(한국교육네트워크, 2014)"와 같이 현장의 교사 표현에서 찾을 수 있다.

배움의 공동체 모델에서 디자인이란 표현은 적극적 '만들기'란 의미와 관련된다. "학생들로부터 존경을 받거나 학생들에게 깊은 인상을 남긴 교사들은 학생들을 개별적인 주체로 인정하고 세심하게 배려했거나 교육과정을 독특하게 재구성하여 수업 현장과 개별 학생들의 현실에 맞게 가르쳤다는 공통점을 가지고 있다. 이러한 공통점은 높은 전문성과 자율성이 발휘되었음을 의미한다(오욱환, 2014)." 디자이너가 시장을 알아야 한다는 것은 교사가 학생과 수업을 알아야 한다는 말과 같다. 수업은 교육과정과 학생을 연결하는 일이다. 학생과 수업을 연결시키는 것이 교사의 수업디자인이다. 이때의 '만들기'란 일종의 생산으로써 창조하고 발명하고 발생시킨다는 창조적 디자인의 의미를 가진다.

"수업은 외부로부터 디자인, 원료, 부품 그리고 공정까지 철저히 통제받는 하청공장의 생산과정이 아니다. 교사는 그러한 생산 과정의 감독관이 아니다. 교실에서 교사는 구성과 실행을 모두 책임지는 장인에 더 가깝다(오욱환, 2014)." 교사의 수업을 예술가의 특성으로 비유하는 경우(이재남, 2011) "첫째, 아이들을 대하는 데 예술가가 가지고 있는 심미안과 열려 있는 개방성을 가지고 있으며, 둘째, 조형의 원리가 은연중에 학생지도와 교수학습에 적용하고 있으며, 셋째, 수업을 디자인한다는 창조적 개념으로 파악하고 있다"는 점이다.

수업은 디자인이다. 배움은 교사와 학생간의 협력적이고 구성주의적 디자인이 중요하다. 최근 혁신학교에서 수업 혁신에 영향을 미치고 있는 주요 수업 모델은 다양하게 도출되어왔지만, 그 중 배움의 공동체 모델, 협동 학습 모델, 프로젝트 수업 모델, 프레네 모델 등을 주목할 수 있다(한국교육네트워크, 2014). 이러한 모델들의 공통점은 '학생의 배움'을 강조한다는 것이다. 그렇다면 혁신 모델이 등장하기 전에는 학생들의 배움이 존재하지 않았던가? 여기에서 언급되는 학생의 배움이라는 것은 학생이 주체적인 존재로서 능동적으로 지식을 배우는 것을 의미하는 것으로 보인다. 그러므로 생활지도 측면에서는 협동의 가치와 민주적 의사결정 및 참여가 최대의 관건이 되는 것이다. 지식만이 아니라 태도에서도 능동적인 변화는 아이들이 함께 만들어가고 스스로 지키는 약속이 된다.

사토 마나부의 경험에 따르면 연간 50회 이상 수업 공개가 잘 이루어지고 있지만 교사들은 다른 학교 교사 이상으로 차분히 실천에 몰두하고 있으며, 빨리 일을 끝내고 귀가하고 있다. 이것이 효율성이다. 배움이 일어나는 학교와 수업은 대부분 조용한 경우가 많다. 바쁘고 활기 차 보이는 학교와 수업은 내면적 성찰과 배움이 존재하지 않는다는 것을 활기참으로 위장하고 있는지도 모른다. 보여주기 식 행사가 많은 학교는 모든 교사들이 행사 준비에 늦은 밤까지 준비하느라 여념이 없다. 예전에 운동회 마스게임을 연습하듯이 수업은 무시되고 학생들도 행사 준비에 동원이 되기도 한다. 행사에 맞추어 준비를 하는 것이 아니고 학교 전체의 역량에 맞추어 행사를 준비해야 한다. 모든 학생이 소외되지 않고 무대에 올라가서 주인공이 되어야 한다는 목적 아래서 행사를 준비하다보니 프로그램의 개수가 많아지고 학생들이 처음부터 끝까지 공연을 참고 보는 인내를 넘어서게 된다. 결국 유사한 합창을 여러 번 반복해서 듣는 셈이 된다. 학생 개인에게 합창단에 서서 공연을 했다는 경험이 반드시 일 년에 한번이 필요한 것인지도 생각해 볼 문제이다. 이러한 학생을 위한 것이라고 위장된 평등이 교사의 욕심이 아닌지 돌아보아야 한다.

보여주기 학교는 모든 구성원이 하나같이 바쁘다. 교사들 스스로 많은 일을 한다고 자부하며, 자신은 학교와 학생들을 위해 늦은 밤까지 최선을 다한다고 생각한다. 이 일은 의미가 있는 일이고, 최선을 다해야 한다는 식의 태도를 갖도록 자기 마음을 변화시킨다. 적절한 보상 없이 재미도 없는 일을 해야만 하는 상황에서 처음부터 이러한 일들이 즐거운 일이라고 마음속에서 교사 자신을 적응시켜버리는 것과 같다. 이러한 심리적 기재는 서로 충돌되는 두 가지 인식으로 인한 심리적 긴장을 해소하기 위한 자기정당화(self-justification)일 뿐이다. 기대가 큰 만큼, 희생을 많이 감수한 만큼, 투자를 많이 한 만큼 돌아온 결과물에 만족하기란 점점 어려워진다. 투자가 많을수록 초심으로 되돌아가기는 불가능하다.

이러한 악순환의 고리에 빠진 교사는 보여주기에 더욱 치중하게 된다. 더욱이 "사람들이 자신의 능력에 대해서 불안감을 갖게 되면 최선을 다하지 않는다는 사실을 발견할 수 있었다. 그들 스스로 동료나 상사의 존경과 신임을 얻고 있지 못하다고 느끼면, 자신을 과시하고 홍보함으로써 위상을 올리려는 행동을 했다. 일에 집중하거나 자신이 성취해낸 결과물에서 보람을 찾는 대신, 다른 사람들이 자신을 어떻게 생각하는지에만 주의를 기울였다. 일단 불안감에 사로잡히면 악순환이 일어난다(Tom Kelley, David Kelley, 2013)." 자신이 모두에게 무엇인가를 보여주겠다는 욕망은 교사를 수업으로부터 멀어지게 한다. 대개 이러한 욕망은 다양한 모습으로 학교를 피폐하게 만든다. 희소자원의 분배를 위한 갈등이나 동료 교사에게 영향력을 발휘하려는 태도로 변질된다. 자신을 내세우기 위한 다양한 학교 행사를 구상하여 실행함으로써 자신뿐만 아니라 동료의 수업 준비까지도 방해하기도 한다.

우리는 스스로에게 분주함을 통한 유사 역동성 또는 유사 활력성으로 자기 현실의 실체적 모습을 가리고 싶은 욕망이 존재하는 것은 아닌지 반문해 볼 일이다. 자신이 교사로서 본연에 충실하지 못한 경우 스스로를 되돌아보기는 더욱 어려워진다.

교사의 입장에서 수업을 바꾸면 학교가 바뀐다. 그리고 개인이 바뀌면 전체가 바뀐다. 교사의 수업디자인은 학교디자인의 중핵적 요소이다. "데이비드 헌트는 우리가 종종 사물을 바꾸거나 사람을 변화시키고 싶은 강한 열정을 느끼는데, 변화를 시작해야 할 최선의, 가장 중요한 곳은 우리 자신들이다. 당신 자신이 세상에서 보기를 원하는 변화가 되어야 한다(Andy Hargreaves, Michael Fullan, 2012)." 교사는 학교를 바꾸고 싶은 욕망을 가진다. 하지만 바람직하지도 가능하지도 않다. 누구도 학교를 바꿀 수 없다. 가능하다면 벌써 그렇게 되었을 것이다. 근본적인 의미에서 우리는 타인을 바꿀 수 없다. 우리는 우리 자신을 바꿀 수 있을 뿐이다.

교육은 변화를 통해서 변화에 적응하게 하고 나아가 변화를 창조하게 하는 과업이다. 교육은 인간의 잠재력을 키우고 발휘하게 하며, 인간이 자연과 사회의 변화에 효율적으로 적응하도록 준비시키며, 인간으로 하여금 자신과 사회의 변화를 주도할 수 있도록 유도한다.

교사의 혁신은 교사의 역할 바꾸기이다. 학생은 바뀐 지 오래되었고, 학부모의 기대 또한 달라지고 있다. 물론 학생과 학부모의 요구가 시대가 원하는 요구와 일치하지 않는 것도 사실이고, 이러한 요구가 교육 전반을 왜곡시키는 하나의 요인이 되는 것도 사실이지만, "교육에서도 새로운 것에 대한 선호가 생기고, 교육자들이란 변화에 저항하고 시대에 뒤쳐진 사람들이라는 비난이 반복적으로 이루어지고 있다. 혹자는 교육이 버뮤다 삼각지대라고 개탄한다. 용감한 변화 주도자가 항해하여 나아가지만 다시는 보이지 않게 된다는 것이다(David Tyack, Larry Cuban, 1995)."

학교의 교육 방식과 학습 상황을 변화시키는 여러 동기와 접근 방법들이 있다. 외부로부터 오는 동기, 학교조직 자체의 새로운 시작을 위한 시도, 학생 수의 감소로 인한 통합 등이다. 교사에 의해서도 새로운 준비와 결단의 자세가 나타나는 수가 있다. 교직에 대한 전통적 이해의 변화와 교수기법에 대한 새로운 요구 같은 요인이다. 개혁, 실험, 변화는 불안정성과 결부되어 있다. 이 모두는 교사가 같은 불안정 속으로 들어가기를 원한다는 것과 자신의 반복적 행위와 역할을 새로운 길에서 경험하게 될 것을 전제한다. 많은 교사들은 오랫동안 반복적 행위를 통해 자기 몸에 익숙해진 것을 버리는데 대한 두려움을 가지고 있다. 새로운 요구를 받아들임으로써 자신들의 직업상 습관적 행위를 포기한다. 여기서 가르치는 자는 스스로 배우는 자가 된다(Andreas Flitner, Hans Scheueri, 2000).

컴퓨터 학습과 관련된 작업은 어른들이 따라가기 힘들고, 새로운 가능성을 이해하기가 훨씬 어렵게 느껴지는 대표적인 영역이다. 사람들은 부족한 능력과 학습 욕구 또는 약점의 노출이 교사의 권위를 해친다고 말하고 우려한다. 그러나 지식과 능력의 함양은 항상 과정 속에 있으며 항상 부분적이다. 그것은 교사의 권위와 무관하다. 변화하는 사회, 스스로 배우면서 이해하는 학습 체제의 참 뜻을 이해할 수 있다면, 많은 고통이나 정치적 왜곡과 결부된 과거 학교의 권위적 체제는 이제 새로운 능력과 함께 배우려는 자세를 요구하는 민주적 체제로 전환되지 않으면 안 될 것이다(Andreas Flitner, Hans Scheueri, 2000).

또한 가르침과 배움을 지배와 복종 또는 상하관계로 설정하는 경향이 있다. 배우는 사람을 배려하며 가르친다면 제대로 배우게 할 가능성은 상승한다. 가까이 다가가서 가르치면 멀리서 빨리 따라오라고 재촉하는 것 보다 배우는 사람의 입장을 이해할 수 있는 것이다. 배움과 가르침, 교사와 학생은 가까이 있을수록 좋다.

"교사가 중심이 되는 교실에서부터 밖으로의 개혁이 수업을 개선하기 위한 만병통치약이라고 제안할 수는 없지만 이것은 대부분 상명하달식이나 외부에서 들어온 정책적인 조치들보다 수업을 더 개선시킬 것이다. 우리는 교사들이 자신들의 환경과 학생들에게 맞는 새로운 아이디어를 적용하도록 교사를 돕는다면 학생들이 성인이 되어서도 기억하고 가슴에 품게 될 건설적인 수업이 더 많아질 것이라고 확신한다(David Tyack, Larry Cuban, 1995)." 피동적이고 타성적인 틀을 깬다는 것은 매우 어렵다. 기존의 해오던 방식을 바꾸는 것은 그동안 안주하던 둥지를 떠나는 것과 같다. 용기 있는 사람만이 틀을 깨고 배움의 길을 떠날 수 있다. 교사는 동료교사를 통해 끊임없이 배울 것을 요구한다. 동료가 곧 책이고 수업이 곧 책이다. 그래서 비판적 읽기가 필요하다.

교사에게는 수업이 곧 교과서이다. 그래서 수업참관은 한 권의 텍스트를 읽는 독서활동이다. 동료 교사의 수업이면 더 할 나위 없지만 자신의 수업을 스스로 숙고해보는 것도 좋은 일이다. 수업을 보는 눈을 기르는 일은 자신의 수업에 숙련도가 높아진다는 말이다. 많은 수업을 본다는 것은 곧 많은 책을 읽는 일과 같다. 많은 학생과 많은 대화를 하고 많은 동료와 많은 수업을 읽는 일은 곧 자신의 일에서 의미를 찾는 일이다. 학생과의 관계를 숙고하는 일과 동시에 자신과 동료의 수업을 숙고해보는 것은 교사로서 가장 기본적인 활동이다. 모든 학습활동은 자습, 자기학습, 자기주도적 학습을 넘어설 수 없다.

4. 교사의 브랜드디자인

◎ 미의식으로서 브랜드

노동자는 정해진 근무시간만 끝나면 하던 작업을 멈춘다. 효율이나 품질을 향상시키려는 의욕보다 자기 형편을 우선시하며, 업무보다 개인의 존엄을 우선시 한다. 관리자도 그것을 전제로 적절히 제어하며 업무를 추진한다. 그러나 "청소하는 사람도, 공사장 인부도, 요리하는 사람도, 모두 성실하고 진지하게 작업하는 바탕에는 '섬세', '정중', '치밀', '간결' 등의 쉽게 가질 수 없는 직업적 가치관이 있다. 나아가 일상적 환경을 정성스럽게 꾸며나가려는 미의식은 작업하는 당사자들의 문제뿐만 아니라 그 환경을 공유하는 일반 사람들의 의식 수준과도 연결되는 것 같다. 특별한 장인의 영역에만 고매한 의식을 투입하는 것이 아니라 흔한 일상적 공간을 제대로 관리하고 사회 전체가 그것을 하나의 상식으로서 암묵적으로 공유하는 것이고, 미의식이란 그런 문화의 양상이다. 직업을 가진 모든 사람에게 필요한 자원은 바로 이 '미의식'이다. 미의식이야말로 제조를 계속해가는 데 반드시 필요한 눈에 보이지 않는 자원이다. 그러나 사람들은 대개 자원이라고 하면 우선 천연자원을 생각한다(하라 켄야, 2011)."

디자인의 미의식은 Eisner가 주장한 수업의 예술성과 관련된 용어이고 교사의 전문적 자질과 자원에 해당한다. "학교는 진정으로 교육적 다른 분야의 교수 접근법을 찾기 위해서 훌륭한 예술 교수의 특성에 대한 지도와 조언을 받을 필요가 있다. 국가가 학교를 운영하기 위해 기술적인 합리성을 채택하면 할수록 실제를 향한 갈망은 증대되고 아이들은 예술이 제공하는 경험과 기회를 필요로 하게 된다(Eisner, 2002)."

Nel Noddings(2007)도 "교실에서 재미가 가치 있는 것이 될 수 있는지의 여부는 교사의 지식과 예술적 수단에 달려있다"고 한다. Eisner나 Noddings의 제안은 예술보다 디자인이 더 우리의 삶과 결부되지 않는 시점에서 언급한 것이다. 그러나 사회는 점차 미의식에 기초한 디자인의 일상화가 진행되고 있다.

◎ 수업전문성으로서 브랜드

수업에서 교사의 역할은 예술성에 기인한 디자인적 감각으로 풀어가는 것인데, 학교의 운영 전반과 교사의 역할은 점차 매뉴얼화 되고 있다. 수업도 EBS와 같은 모범 수업이 등장하게 된다. 기술은 측정할 수 있지만 예술은 측정할 수 없다. 기술자는 비교될 수 있지만 장인이나 공예가는 비교될 수 없다.

"한편 초등교사는 아이스크림 수업을, 중고등학교 교사는 EBS를, 그리고 모든 교사는 교과서를 조심해야 한다. 아이스크림 수업 프로그램은 홈쇼핑에서 판매되기도 한다. 필요한 경우에 얼마든지 활용할 수 있지만 지나치게 의존해서 원성을 듣는다. EBS 프로그램은 공교육의 보완재일 수 있지만 대체재여서는 안 된다(김성천, 서용선, 오재길, 이규철, 2015)."

모든 교사는 아이스크림과 EBS 강의와 경쟁해야 한다. 아이스크림은 교사에게 정말 아이스크림이다. 간편하고 구하기 쉽지만 몸에는 해롭다. 그래서 아이스크림은 교사의 무덤이다. 교사는 교과서를 잘 가르치는 것이 아니라 교과서에 구현된 교육과정을 잘 실현해야 한다. 교과서에 너무 의존하게 되면 교육과정에서 구현하고자 하는 목적에 대한 교사의 교육적 상상력을 낮추게 된다. 더 이상의 발전을 멈추고 안주하게 된다. 교사는 교육과정에 따른 수업디자이너이다.

"새로운 시대의 도전에 적합한 학습지도가 매우 긴급하게 요구되고 있는데, 그러려면 교사는 학생들을 가르치는 사람이 곧 교사라는 매우 전통적이면서 일방적인 교사관에서 벗어나, 이 시대의 새로운 요구와 도전에 적절하게 대응할 수 있는 능력, 즉 교사가 스스로 먼저 배운다는 자세가 절실하다(고병헌 외, 2009)."

흔히 배운다는 측면에서 보면 외부의 지식을 배운다고 생각한다. "교원 전문성을 신장시키기 위한 제도적인 장치들로는 교원양성교육과 직전 교육, 교원임용제도, 현직교육, 장학, 교원평가 등 매우 다양하다. 교직 입문 이후 전문성 개발을 위한 목적으로 이루어지는 직업적이고 구체적인 활동은 장학과 현직교육이다(진동섭, 홍창남, 김도기, 2011)."

가장 중요한 교사의 배움은 내면으로부터 배움이며, 그것은 자기반성이다. 이것이 가장 진정한 배움의 태도이지만 그에 따른 시간이 필요하다. 외부의 지식이 흘러넘치는 세상이다. 우리는 이 외부적 지식에 포화되어 스스로 매몰당하고 있는 것인지도 모른다. 이미 가진 자신의 자식을 자신에게 맞도록 소화하고 디자인 하는 것이 '내면으로부터 배움'의 자세이다.

배움의 공동체에서는 부드럽게 서로 영향을 주는 교실로서 개인과 개인을 연결한다. "배움이라는 것은 텍스트(대상 세계)와의 만남이고 대화이며, 교실 친구들과의 대화이고 자기 자신과의 대화, 배움의 삼위일체론으로 불리는 세 가지의 대화적 실천에 의해 구성되는 것이다. 이것은 '활동activity'과 '협동collaboration' 그리고 '반성reflection' 세 가지로 구성되는 활동적이며 협동적이고 반성적인 배움으로 수행된다(사토 마나부)."

수동적이고 냉소적으로 앉아서 주변의 온갖 변화들에 대해 소극적으로 저항하고 비판하기는 쉽다. 그러나 자신의 사소한 부분 하나도 고치기는 쉽지 않다. 위대한 지도자나 이론, 위원회가 세상을 바꿀 수 없다. 세상은 각성된 개인이 모두 실천할 때만 변화될 수 있다. 세상이 나아갈 길을 보여줄 수 있다. 하지만 의식의 변화는 교사 개인이 이루는 것이다.

교사들에게는 다양한 교육 정보에 쉽게 접근하고, 정보들을 학생들에게 유용한 교육 내용으로 전환시키며, 개별 학생들의 흥미와 요구를 가장 적합하게 충족시킬 수 있는 능력이 요구된다. 흔히 이러한 교사의 능력을 '수업 전문성'이라고 통칭한다. 학생들의 눈높이에 맞추어 '교육 트랜드'를 읽고 적용할 수 있는 수업전문가로서의 전문적 능력이다. 사회와 학생은 고정된 실체가 아니고 끊임없이 변화하는 흐름 속에 있고 이 흐름으로서 트랜드는 중시되어야 한다.

그러한 기반위에서 교사는 수업에 대한 전문가가 되기 위해서 반드시 선행되어야 하는 것이 자기 자신에 대한 이해가 필수적이다. 교사는 자신이 무엇을 잘하는지와 무엇을 하기를 원하는지를 파악해야 한다. 이러한 이해 속에서 자신만의 뚜렷한 목표가 나온다. 자신을 안다는 것은 내면적인 일이다. 교사 자신을 이해한다는 것에 비해 학생과 수업의 이해는 외부적인 일이다. 내면적인 과정은 눈에 가시적으로 드러나기 어렵기 때문에 간과되기 쉽고, 탐색하기 또한 어렵다.

다음으로 학생에 대한 이해이다. 다수의 학생을 속속들이 알기는 매우 힘든 일이다. 그러나 개별 학생의 강점과 약점, 성장배경, 성격특성, 학습특성 등 학생 개인에 대한 것을 알아야 한다. 차라리 알아가야 한다. 여기에서 알기는 계속되는 진행형이란 점을 염두해 두어야 한다. 그리고 학생과 학생의 만남으로 이루어진 집단에 대한 역동과 그들의 사회적 관계를 파악하고 있어야 한다. 이러한 정보들은 교사공동체를 통해서 교류되어야 한다.

마지막으로 수업을 보는 눈을 가지는 것이다. 교사와 학생의 사이를 연결하고 매개하는 것이 수업이다. 수업은 교과과정에서 제시한 목표를 성취하기 위한 교사와 학생의 상호작용으로 볼 수 있다.

수업을 보는 눈을 기르기 위해서는 많은 수업을 보고 읽어야 한다. 그래야 보는 눈이 생긴다. 남들의 수업을 볼 수 없다면 자신의 수업이라도 동영상으로 찍어 보아야 한다. 이미 많은 수업들이 동영상으로 제작되어 교육청 홈페이지에 제공되고 있다. 그러한 모범적인 수업을 흉내 낼 것이 아니라 자신만의 스타일을 개발해야 한다. 자신만의 스타일은 약점조차도 장점이 될 수 있다.

"교육활동은 불가피하게 기준을 수반한다. 좋은 수업이나 효과적인 생활 지도는 어떤 기준을 상정할 때 판단하고 논의할 수 있다. 기준은 실증적 분석이 아니라 규범적 논증을 통한 도덕적 진술을 통하여 정립할 수 있다(김용, 2013)." 이 기준이 바로 자신의 눈을 기르는 것이다.

수업을 보는 관점은 다양성을 가질수록 좋다. 초임교사들에게 자유롭게 수업을 보라고 하면 혼란스러워 한다. 체크리스트에 따라 수업을 보려고 한다. 통합적으로 볼 수 있는 기회를 놓치는 경우가 많다. 자유롭게 수업을 본다는 것은 자기 기준으로 수업을 보는 것을 의미한다. 수업에 있어서는 교육감보다 교사가 더 전문가여야 한다.

◎ 자존감으로서 브랜드

교사는 교육이 무엇이고 수업이 무엇인지에 대한 자신의 철학이 뚜렷해야 한다. 이러한 철학의 배경에는 폭넓은 인문학적 소양이 전제되어야 한다. 교사가 먼저 삶의 의미를 탐구하는 자세를 가져야 한다. 그러한 자세가 삶의 향기로 드러나야 한다. 학생들 스스로 어느 선생님의 제자라는 것을 자랑스럽게 여길 수 있도록 준비되어야 한다. 그것이 교사의 브랜드이다.

"브랜드(brand)는 고대 노르웨이어인 'brandr'에서 유래됐는데, 이는 '불로 태우다'라는 의미를 담고 있다. 브랜드는 고대인들이 소와 말과 같은 가축에 불도장을 찍어 누구의 소유인지를 확실하게 표시해주었던 것에서 유래한다(정경원, 2013)."

수업에 자신의 브랜드를 디자인 하여야 한다. 타인을 모방하는 것이나 유행을 따르는 것은 정말 나만의 것이 무엇인가를 성찰하고 숙고하지 못하는 데서 생기는 현상이다. 학교의 브랜드는 교사 수업의 브랜드를 넘어설 수 없다.

"사람들은 자신의 일을 직장(job), 직업(career), 소명(calling) 중 하나로 본다. 엄격하게 '직장'으로 한정하는 사람에게 일은 단지 돈 버는 행위에 불과하다. 일을 '직업'으로 보는 사람은 실적을 올리기 위해 노력하지만 그 이상의 의미를 부여하지는 않는다. 이와 대조적으로 소명을 좇는 사람에게 일은 어떤 목적을 위한 수단이 아니라 그것만의 고유한 가치를 갖는다. 이런 사람은 더 높은 가치 혹은 자신보다 더 큰 무엇에 기여하고 있다는 것이 일하는 이유가 된다. 일을 직장, 직업, 소명 가운데 무엇으로 보는가는 종사하는 일의 본질이 아니라 자신이 그것을 어떻게 인식하는가에 달려 있다고 강조한다. 중요한 것은 직업이나 직위에 대해 다른 사람들이 부여하는 가치가 아니라 자신이 어떻게 보는가이다(Tom Kelley, David Kelley, 2013)."

수업에서 남들과 특별히 다른 것을 요구하는 것이 교사의 브랜드가 아니라 전문가로서 자부심과 자신의 수업에 대한 자부심이 곧 브랜드이다. 자신에 대한 자부심을 가진 교사는 자신의 가치를 높이기 위해 노력하고 그 결과로 얻어지는 가치를 확인할 수 있다. 이러한 활동이 브랜딩이다. 그리고 그 결과치가 브랜드인 것이다. 교사에게 '전략적 차별화'와 '경쟁적 우월성'이 반드시 필요한 것은 아니다. 오히려 자신의 브랜드 정체성 즉 BI(Brand Identity)를 바람직한 방향으로 설정해 꾸준하고 항상성 있게 가꾸어 나가는 것이 필요하다. 나만이 할 수 있는 일을 찾아야 한다.

"만약 당신의 머리카락이 검다면 훨씬 더 검게 만들라. 갈색이라면 갈색답게 두라. 금발이 되려고 애쓰지 마라. 곱슬머리라면 더 지독히 곱슬곱슬하게 꾸미라. 직모라면 그냥 늘어뜨려라. 당신이 간직한 장점을 강조하라. 디자인할 때도 있는 요소들로 작업하고, 형태나 기능 양면에서 정직함을 추구한다(Karim Rashid, 2006)."

"차별화 디자인은 다품종 소량생산의 후기산업사회의 디자인 문화를 구체화하는 대표적인 디자인 형식이다. 소수의 가치에 중점을 두고 변화하는 사회에서 다양한 사람들을 충족시키기 위해서 디자인은 서로 다른 모습으로 창출될 수 밖에 없다(이재국, 2012)."

이 차별화 디자인이 어려운 이유는 생애 주기와 관련된다. 융은 인생의 전반기 목표가 사회화라고 하며, 인생의 후반기 목표를 개성화라고 한다. 우리는 성장기에 모방을 통해 어느 정도 타인들과 동일성을 성취해야 한다. 모방조차도 생존을 위한 도구이다. 영아가 엄마를 모방하지 않는다면 언어의 습득도 애착의 형성도 불가능하다. 그러나 성인기에 이 사회화에서 개성화로 전환하지 못하면 차별화 디자인은 불가능하다.

자존감(self-esteem)은 자신이 사랑받을 만한 가치가 있는 소중한 존재이고 어떤 성과를 이루어낼 만한 유능한 사람이라고 믿는 마음이다. 자신에 대한 존엄성이 타인들의 외적인 인정이나 칭찬에 의해서가 아니라 자신 내부의 성숙된 사고와 가치에 의해서 얻어지는 개인의 의식이다. 타인에 의해 평가된 나의 모습은 자존이 아니다.

사람은 재, 권, 명, 애, 자존을 구한다. 재, 권, 명은 개인의 이익이다. 타인에게서 구할 수 있는 것은 자존이 아닌 이익뿐인데 타인에게서 이익과 자존을 동시에 구하고자 하는 욕망이 있다. 이익과 자존을 동시에 구하게 되면 의사소통에 혼란을 가져온다. 뭔가 내세울 만한 일을 하여 칭찬을 듣고 싶은데 자존심 때문에 칭찬해 달라고 할 수 없으니 자신이 공적을 생색내며 별것 아니라고 한다. 이익과 자존은 항상 충돌한다. 칭찬과 부러움을 받고 싶지만 스스로 밝히고 알아달라고 하기는 어려운 것이다. SNS조차 이러한 인정욕구의 충족에 유용한 도구이다. "본질은 내 자랑, 내 과시이다. SNS는 '온라인 인정투쟁'이다(강준만, 2015)."

　차별화가 어려운 다른 측면에서는 두려움과 연관되는데 두려움을 직접적으로 없애는 것은 매우 어렵다. 두려움으로 인해서 지금 여기서 하나에 집중하지 못하고, 지금 여기에서 바로 시작하지 못하고 일을 미루게 된다. 자신만의 길을 걷지 못하고 메뚜기 떼처럼 몰려다니며 동조하고 편승하려 한다. 디자인에서도 개성을 망각하고 유행을 맹종하게 된다.

　우리는 부유한 사람이나 유명한 사람이 되고 싶어 하고 그러한 사람이 되는데 실패한다면 두려움이 생긴다. 두려움은 소유하려는 욕망에서 비롯되는 것이다. 두려움이 생기면 점잖은 척 체면을 차리게 되고 관습을 따름으로 창의성을 잃게 된다. 창의성 없이 관습을 따르면 다른 사람들이 뭐라 말하는지가 중요하게 된다. 의미 없는 반복으로 실제 삶에 어떤 생명력도 자극도 주지 못하는 죽은 전통이 중요하다. 두려움을 느끼면 모방하려는 경향이 생긴다. 두려움을 느끼는 사람들은 남이 하는 것을 모방한다. 그들은 관습에 집착하고, 부모와 권위자들에게 집착한다. 이러한 모방은 창의성을 파괴한다(심상욱, 2014).

교육은 스스로 성장하고(自生), 스스로 존경하고(自尊), 스스로 만족하는(自足) 사람을 기르는 것이다. 배우되 스스로 판단하고 선택하는 것이 인문학적 소양이다. 특히 "철학은 '비판적 사고'를 강조한다. 인문학에서는 수백, 수천 년 전의 고전을 배우기는 하지만, 그 가르침을 모두 따르라고 가르치지 않는다(모기룡, 2015)."

타인에 자신의 자존이 달려 있는 교육적 풍토는 스스로 개성을 발현하도록 디자인하는 개인과 스스로 디자인하는 사회를 구현할 수 없다. "디자인은 작게는 기업의 제품과 서비스에서부터 크게는 국가 브랜드에 이르기까지 '특별하게 만드는 것' 모두가 디자인의 힘이다(정경원, 2013)."

브랜드 디자인의 해법으로 나음보다 다름을 추구하는 것은 경쟁하지 않고 차별화하는 것이다. 나음은 타인과 경쟁을 통해 양적인 차이를 강조하는 것인 반면에 다름은 자신만의 고유한 개성을 강조하는 것이다. "시장을 지배하기 위해서 만드는 제품이 반드시 세계 최고일 필요는 없다. 내가 가진 특성 중에서 무엇을 다름의 포인트로 인식시킬 것인가에 따라 결과가 달라진다. 그 특징이 반드시 최고일 필요는 없다(홍성태, 조수용, 2015)." 나음은 대량 생산품이라면 다름은 명품이라는 것의 차이이다.

"좋은 디자인은 좋은 콘셉트를 기반으로 하고, 좋은 콘셉트는 명확한 '아이덴티티'에서 나온다. 브랜드 디자인의 처음과 끝은 아이덴티티를 명확히 하는 것이다. 아이덴티티를 시대와 공명할 수 있게 개념화하는 것이 '콘셉트'이며, 이를 표현하는 것은 '스타일'이다. 브랜드 디자이너의 역량은 이 일련의 과정을 얼마나 잘 꿰어내는가에서 판가름이 난다(엄주원, 2015)." 자기만의 색을 찾는 것이 브랜드 디자인의 시작이자 끝이다. 유행을 따라 다닐 일이 아니라 스타일을 자신의 내면에서 끌어올려야만 한다.

교사가 수업을 통한 능동적 주체로서 자리매김하지 못할 때 동료교사의 내면에는 분노가 존재하게 된다. 사실 다른 동료교사가 수업을 열심히 하지 않는 것에 분노하는 것과 수업을 탈기술화시켜 교사가 한낱 기계로 격하되는 일에 매우 반감을 가지는 것은 자신이 가진 교사로서의 직업적 자부심에 상처를 받는 심리적 기재가 깔려있기 때문일 것이다. 또한 수업을 통한 학생과의 만남을 돈벌이나 승진이라는 신분 상승의 도구로 전락시키는 비인간화에 대해 반발이기도 하다. 학생을 그렇게 대할 수 있다면 관리자가 되어서 자신을 포함한 교사 전체를 그러한 도구적 존재로 취급할 수 있는 개연성이 존재하게 된다.

교사로서의 전문적인 자발성을 발휘할 수 있도록 하는가 여부는 수업이나 학교생활에서 전문가로서 자신만의 개성을 추구하는 방향이 될 것이다. 이것은 약점을 강점으로 재개념화는 것일 수 있다. 그렇게 하려면 전문적 자질을 함양하고 자신만의 연구를 디자인해야 할 것이다.

'우리는 훌륭한 수업디자이너가 될 수 있을까?'라는 물음에 우리의 답은 '무엇이 우리를 가로막고 있는가?'이다.

나건 외(2014)는 디자인의 핵심을 가시화나 시각화라고 언급하고 있다. "아무리 좋은 아이디어와 컨셉을 가지고 있더라도 설명할 수 없고 모델링할 수 없다면 커뮤니케이션될 수 없다."

디자인은 자아정체성의 실행력이다. 우지 도모코(2011)는 우리 자신과 아이덴티티 사이에 그대로 등호를 붙일 수 있는 디자인, 우리 자신을 기호화하는 것도 흔히 할 수 있는 디자인이 아이덴티티 디자인이라고 한다. 우리 자신과 아이덴티티 사인에 정확히 등호를 붙일 수 있고, 우리 자신의 표시, 다시 말해 기호화된 것이 로고이다.

브랜드 아이덴티티는 포지셔닝과 브랜드로 구성되어 브랜드를 사용자의 마음속에 포지셔닝하는 것이다. 브랜드 인터그리티는 차별화와 포지셔닝으로 구성되어 성실, 약속을 지킨다는 것, 사용자의 신뢰를 양성하는 것이다. 브랜드 이미지는 브랜드와 차별화로 구성되어 사용자의 감성을 잡을 것이다.

개성이라는 측면에서 디자인은 장식과 다르다. 개성을 강조하기 위해 장식을 하는 것이 아니라 장식을 하지 않으면서 독특한 아름다움이 발산되는 것이 디자인이다. 디자인력을 키우고 싶다면 우선 스스로 다른 것과 차이가 없을 수 있다는 점을 인식하고, 자신의 강점이 무엇인지 생각해야 한다. 단순히 자기다움뿐 만 아니라 상대방이 가치를 느끼는 자기다움을 먼저 인식해야 한다.

학교는 평범해야하고 그 평범함의 바탕 위에서 교사는 비범하게 우뚝 설 수 있어야 한다. 도산서원이나 성균관 대사성이나 대제학이나 이조판서가 중요한 것이 아니라 율곡 이이가 위대한 스승으로 존재하는 것이 기본이 바로 선 것이 개혁이고 혁신이다.

5. 교사 연구 디자인

    사회가 복잡해지고 다양해질수록, 교사의 영향력은 감소된다. 교사들이 학교라고 하는 제한된 공간에서 정해진 시간동안 학생에게 행사할 수 있는 영향력은 매스컴과 각종 정보통신매체, 비형식적 교육기관들에 의해 서서히 잠식당하고 있다. 영향력이 줄어드는 것과 더불어 학생들의 신상에 일어나는 거의 모든 문제에 대해서는 학교와 교사들에게 책임성의 비율이 점차 높아지고 있다. 교사들이 학생들에게 행사할 수 있는 영향력은 점점 줄어드는데, 교원들에 대한 사회의 기대와 교사들이 져야 할 책임은 점점 더 커지고 있다.

    교사의 영향력은 흔히 말하는 교권과 같은 의미로 볼 수 있을 것이다. 과거에 특히 학부모들로부터 교수권은 전통사회의 훈장에 대한 존경심까지는 아니라도 상당한 권위를 누렸던 것은 사실이다. 교직이 탈기술화(deskilling)되고, 나아가 탈전문화(deprofessionalization)는 사회적 추세와 더불어 교직문화 내면에 교사로서 지적 전문성에 대한 자발적 성장 동력이 부족했던 것에도 원인을 찾을 수 있다. 과거에 비해 교사의 영향력이 점차 낮아지고, 교육에 대한 비판이 끊임없이 이어지는 현실에서 교사의 자율적인 전문성 신장 노력의 부족이 하나의 원인이라는 것은 부인할 수 없는 사실이다.

초중고를 포함하여 대학까지 상위 20%내의 성적을 가진 교사들의 대학원 진학률은 세계 어느 국가의 어느 집단보다 높은데 비하여 교사 개인의 지적 전문성이나 의욕은 시대가 갈수록 낮아지고 있다. 현직에서 연구가산점을 위한 형식적인 연수나 대학원 진학이 지속되고 있으나 이러한 노력에 비해 교육현실은 더 빠른 속도로 변화되고 있다는 점 또한 부인할 수 없는 사실이다.

이종각(2011)에 따르면 "미래는 우리의 교육과 학습에 대한 중요한 의식 변화를 요구하고 있다. 현재의 '학교=교육'이라는 등식으로부터 '학교〈교육〈학습'의 부등식으로 나아가야 한다. 무엇보다도 공장 식 교육제도로부터 탈피하여야 한다. 이건희 회장은 붕어빵 찍기 식 교육제도로부터 탈피해야 한다고 했다(한국교육개발원 미래교육기획위원회, 2011)." 공장식 교육의 탈피를 위해서는 학교교육의 등식이 자기학습을 기초로 한 등식으로 바뀌어야 한다.

교사에게 연구란 연수나 수업연구 등의 의미로 크게 느껴진다. 적극적 의미의 개발이기보다는 소극적이고 타율적 성격으로의 전문성 유지를 위한 최소한 노력에 조차 미치지 못한다. 자기연찬, 자기계발 등의 긍정적 측면이 상실된 것은 보여 지는 부분에 천착하는 교직 문화의 영향과 자신의 장점을 살려내지 못하는 부정적 교직 사회화의 영향으로 볼 수 있다. 또, 교사에게 연구란 승진을 위한 연구점수와 가장 가깝게 연상되기도 한다. 이 부분은 연구, 실험학교 제도와도 연관된다. 승진에 뜻이 없는 교사에게 연구학교의 참여를 위한 유인책으로 이동가산점으로 활용할 수 있도록 제도를 개선한 것은 오래되지 않은 일이다. 더욱이 승진을 위한 연구점수가 만점이 되면 더 이상의 형식적 연구활동은 지속하지 않는다는 것이다. 지속적 타율성은 자발성을 증발시킨다. 학생들이 학교를 졸업하면서 지식을 반납하듯이 우리 교육의 현실은 교사에게도 비껴가지 않는 듯하다. 자신이 원해서 습득한 것이 아닌 한 지속성은 거의 없다.

기록되거나 보존되지 않은 과거의 교육 유산과 현재의 교육 자원들이 현재도 사용하고 버리는 일회용품처럼 사라지고 있다. 드리븐(Dreeben, 1970)에 따르면 "전통적으로 교직은 다른 전문직에 비해 전문직으로서 필요한 전문적 기술문화(technical culture of teaching)를 형성하려는 집단적인 노력이 부족하다고 한다. 주요 문제와 대안들에 대한 경험들과 실제 지향적인 탐구가 지속적으로 이루어지지도 않았고 가르치고 배우는 일에 대한 단편적인 일이나마 성문화하는 작업을 소홀히 한 결과 가르치고 배우는 일에 대한 교수활동에 대한 기록을 거의 찾아볼 수 없다. 결과적으로 교직에 입문하는 교사들은 다시금 일상적인 교실 수업에 크게 의존하여 초보자들이 되풀이하는 실제적인 문제들에 대하여 이전의 해결방법이나 대안들에 대하여 대부분 알지 못한 채 새롭게 다시 시작하여야 한다(이정선, 최영순, 2009)."

교사에 의한 학교 구성원들의 일상의 기술과 그에 대한 숙고의 필요성이 있다. Robert G. Owens, Thomas C. Valesky(2011)은 '사색적인 현장 전문가'란 용어로 표현하고 있다.

Andy Hargreaves(2003)가 지적하였듯이 "교사가 시간에 쫓길 때 잃게 되는 가장 귀중한 것은 학습하고 생각하는 시간이다. 변화를 수행하려면 변화가 어떤 것들을 포함하고 있으며 무엇을 요구하는지에 대하여 이해하고, 숙고하고, 학습할 시간이 필요하다." 교사가 늘 시간에 쫓기는 근본적인 원인은 일차적으로 잘못된 조직문화 디자인의 문제이고, 다음으로 이를 따를 수밖에 없는 교사 삶의 디자인에 대한 문제이다.

숙고하고 학습할 기회는 교사의 연구 기회이고 이러한 기회를 통해서 교사의 연구 역량이 길러지고 교사들의 이해와 성찰 및 창의성이 높아질 수 있다.

"우리가 어떤 견해를 평가하는 반성, 논의, 토의 과정에 참여하면 할수록 그 견해가 보다 나아질 뿐만 아니라 우리들의 지적 능력도 향상된다(Strike, K. A., Haller, E. J., Soltis J. F., 1988)." 교사의 고립된 생활이 변화에 역행하기 때문에 더욱 협력적 관계를 유지해야 한다는 주장은 많지만 여기에는 하나의 문제가 있다. 성찰과 숙고는 학생, 수업, 동료와의 협력, 학교구성원들과의 만남을 통해서 얻은 결과를 내면화하고 자기화하는 시간이다. 개인적 성찰과 숙고가 없는 협력은 무의미하다. 개인적 의미를 찾지 못한 협력은 편승이나 맹목에 지나지 않는다. 개인의 성장은 어느 정도의 자유를 필요로 한다.

성찰하는 시간에는 공상하는 시간도 포함되어야 한다. "공상이나 몽상에 빠진 시간은 효율성을 떨어뜨리는 아까운 시간이 아니라 자신의 내면의 욕구에 귀를 기울이면서 새로운 아이디어를 창출하는 시간이다. 제프리 페퍼는 창조성을 관리할 생각을 말고 직원들에게 자유를 주어 공식적인 회사일 이외에 자기가 정말 하고 싶은 일을 하도록 하는 것이 중요하다고 주장한다(진형준, 2010)." 한가함과 나태함의 차이는 창조성에서 나타난다. 한가함의 욕구가 충족된 사람만이 진정한 창조자가 될 수 있다. 나태함은 자신이 무엇을 해야 할지를 모르는 것이다. 나태함은 배움과 노동으로부터 일탈을 의미한다. 나태한 일상은 그러한 사람들끼리 모여 험담이나 잡담으로 일관한다. 반면에 창조적인 대화는 서로를 긍정적으로 자극하고 촉진한다. 학교는 교사에게 학생과 수업을 생각할 시간을 허용해야 한다. 이를 통해 새로운 현실을 만드는 실천이 이루어진다.

"규칙을 깨는 혁신을 하려면 논다는 기분, 즉 엄격한 순서에 얽매이지 않겠다는 마음이 필요하다(Neumeier, Marty, 2009)." 엄격한 순서에는 외부적 장벽도 포함되지만 내면의 두려움을 포함한다. 성장의 추구, 효율성의 추구 등의 개인의 시간과 에너지를 의미 있게 활용하지 못하게 하는 내면의 장벽을 인식하여야 한다.

곽영순(2014)은 이를 변환적 교사라는 개념으로 표현한다. "변환적 교사 모델은 반성적 교사와 탐구적 교사 모델의 요소들을 통합한 것으로 이 모델을 규정한 핵심 특징은 실천가 차원을 접목한다. 변환적 교사 패러다임에서는 위기에 대처할 수 없는 과거 대신에 새로운 현실을 만드는 것이 곧 개혁이라고 본다. 기존의 관점은 교사는 학생들에게 지식을 전달하고 학생들을 기존 세계에 준비시킴으로써 사회에 기여하는 사람으로 인식된다. 그러나 변환적 교사 패러다임은 교사의 책무는 교사 스스로 사회변화에 기여할 뿐만 아니라 학생을 사회변화에 기여할 수 있도록 준비시키는 것이다." 숙고와 성찰의 시간에는 세 가지 활동이 이루어진다. 첫째, 교사 연구의 중핵인 수업 연구이다. 둘째, 학생 및 학부모 상담과 기록이다. 셋째, 학교의 일상 기록이다.

"비판이론과 후기포스트모더니즘에서 연구에 대한 관점은 먼저 가정에서 세계는 개인적으로 규정되고 맥락화되어 있고, 결정적이 아니고 확률적이다. 다른 학교와 환경에서 일반화하기 어렵다. 연구는 매우 개인적이고 연구를 수행한 이들에 의해 결정된다. 연구는 주관적이고, 편향적이며, 수행된 조건에서만 적용가능하다. 연구는 매우 역동적이고 변화무쌍한 복잡한 실제 세계의 환경에서 이루어진다. 관찰과 면접을 포함한 더 자연적이고, 인간적이며 질적인 방법이다(B. S. Cooper, L. D. Fusarelli, E. V. Randall, 2004)." 현실이 복잡하고 예측불가능할수록 그리고 학생의 다양성이 증가할수록 만남과 기록을 통한 자기 성찰은 힘을 발휘하게 된다.

첫째, 수업의 기록이다. "교직은 전통적으로 기술문화에 매우 취약한 전통을 가지고 있다(Lortie, 1975)." 교직 고유의 전문적 지식과 기술 체계를 확립하고, 교사로 하여금 이것을 우선적으로 구비하도록 해야 한다. Lieberman, A., Miller, L.(2004)은 새로운 교사 리더십으로 연구자로서의 교사를 제시한다. "거리감 있는 관찰과 해석적 연구방법보다 교사의 직접적인 실행과 반성에서 새로운 지식을 창조하는 연구의 장르에서 유래한 리더십의 형태인 교사연구는 교실 개선방안을 제공하여 학교 전체에 보급할 수 있다. 교사연구와 탐구가 개인의 직무를 명료화하여 학교문화에 영향을 준다"고 한다. 새로운 지식과 정보의 1차적 생산자는 연구자로서의 교사이다. "지역적, 상황적, 직접적인 지식을 창출하기 때문에 일반 교사들이 경험하는 실행의 딜레마에 공명할 수 있다."

성적과 같은 양적 수치로 현상을 설명하고 문제를 해결하는 방법의 한계를 극복하기 위해서 사회과학에서는 질적 연구 방법을 적용하고 있다. 모든 자료는 최초의 질적 자료이다. 연구방법에서 데

이터보다도 스토리를 중요시한다. 수치변화에서는 감동을 느낄 수 없지만 이야기를 통해서는 충분히 가능하다. 교사의 연구는 좀 더 구체적인 학생 개인을 보아야 한다. 특히 학생 개개인만이 가지고 있는 행위와 결과의 관계, 질적 특성을 기술하고 파악해야 할 필요가 있다. 교사의 의무를 넘어서 당연한 관심이다.

학생의 질적 특성을 기록하는 다양한 방법 중에 촬영, 사진, 필기 등은 후에 평가와도 연관된다. 수행평가의 경우 과정을 기록하고 파악한다. 가장 보편적으로 많이 활용되는 평가 방법인 관찰법은 수업의 전 과정 속에서 학생들의 학습 수행 정도를 관찰하는 방법으로, 수업의 내용이나 방법에 따라 기록법이나 체크리스트, 평정 척도와 비디오 녹화에 의한 분석 방법 등을 이용한다. 슬픈 역사는 반복된다. 기록되지 않는 한. 다른 모든 일을 포기하더라도 교사들은 조금씩 기술하는 일과가 필요하다.

둘째, 학교에서 교사는 학생과의 만남, 학부모 상담, 평가나 학습 준비, 행정 등의 다양한 업무를 마무리하고 마지막으로 해야 할 일이 있다. 바로 하루 일상의 숙고 및 반성을 갖는 시간을 가지는 것이다. 교사의 전문가적 역량을 위해서 학생의 학교에서의 일상을 기술하고 그것에 관해 숙고하는 일이다.

대다수 사람들은 매우 창조적이며 자신이 알고 있는 것보다 훨씬 더 능력 있다. "결국 핵심은 삶에 대한 애정이다. 자기의 창조성에 대한 믿음이다. 누구나 그것을 어느 정도 지니고 있다. 다만 매우 미미하거나 또는 파편화되어 있어 힘이 되지 못할 뿐이다. 그래서 중요한 것은 그것을 결집해가는 노력이 필요하다. 그리고 그러기 위해서는 자기와의 대화 시간이 절대 필요하다. 자신과 잘 사귀지 못하는 사람은 타인과의 관계도 원만하지 못하다. 학생들에 대한 불만은 부정적인 자아 개념의 투사(投射)인 경우가 많다. 따라서 긍정적인 자아의 탐색이 절실하게 요구된다. 무엇을 만든다거나 글을 쓰는 작업은 그 구심점으로 모으는 데 도움이 될 수 있다. 거기서 우리는 자신의 두뇌가 얼마나 값지고 놀라운 선물인지를 새삼 발견한다. 그 오묘함의 자각은 기쁨의 에너지를 생성한다. 자기의 창조성을 깨달아가는 교사는 학생들에게 감춰진 보물을 캐낼 수 있다(고병헌 외, 2009)."

숙고하는 일로서 학급경영록을 만들어 학생에 대한 중요한 정보를 기록하여야 한다. "여러 가지 정보를 나누어 기록하는 것보다는 학생 개인별로 생활태도 전반에 관련된 정보를 기록하는 것이 좋다. 추가적인 정보를 기록하기 위해 학생들의 이름 사이에 적절한 공간을 마련해 둔다. 매일의 활동, 숙제, 결석이나 지각 등에 관한 사항들을 기록하는데 사용할 수 있다(E. Emmer, C. Everson, M. Worsham, 2003)." 이러한 기록은 수업에 대한 질적인 평가와 연결하는 것이 바람직하다. 이러한 경영기록은 학부모와 상담 내용을 적어두는 것에도 매우 요긴하다.

셋째, 학교생활에 대한 일기를 적는 교사는 드물다. 하지만 이러한 일기는 매우 질적인 자료이다. 교사의 기록은 생활의 반성을 수반하기에 그 자체가 삶과 환경을 혁신하는 연구로서의 가치를 가진다. 여기서 일상(daily routine)은 작업, 과제, 사항, 사태 등을 포괄하는 일(thing)의 의미를 가진다.

"학교에서 일상적으로 일어나는 일을 기술하는 것은 단순한 문제로 보일 수도 있다. 그러나 오늘의 교육학이 단순하고도 자명한 일상적 교육행위에 대해 너무나 무관심했거나 소홀히 여겼다는 점을 인정하지 않으면 안 된다. 이러한 일상의 경시는 교육현장이 경험 과학적으로 철저히 연구된 현대에도 여전히 극복되지 않고 있다. 이런 이유 하나만으로도 학교의 일상적 현상을 올바르게 인식하는 것, 즉 이를 정확히 기술하고 그 결과에 대해 교육적으로 숙고하는 작업은 정당하다(Jakob Muth, 1967)." '일상성'이라는 주제는 학교생활에서 수업활동을 수월하게 하고 밀도 있게 한다는 것이다. 일상성은 교사 개인이 주인공이 되어 주체성을 회복하게 만든다. 일상적 경험을 양화한다는 것은 통계방법론에 숙달된 전문가의 영역이기에 교육현장과 멀어지게 된다.

최근 교육학의 연구에 내러티브 탐구가 적용되는 이유도 "교사의 경험을 양화시켰기 때문에 그 경험의 풍부함과 표현이 제거된 것을 회복하기 위해서이다(Clandinin, D. J., Connelly, F. M., 2000)." 우리 교육 현장의 변화를 위해서는 양화된 데이터보다 구체적인 경험이 더 절실하다. 그 경험의 생산자와 서술자는 바로 교사인 것이다.

넷째, 이러한 활동들을 통해 생성된 교육적 자원을 다양한 방식으로 나누는 것이다. 이러한 나눔의 활동은 교사들에게는 주로 수업협의회를 통해 활성화될 수 있다. 경험을 사람들과 함께 나누면 같은 경험을 하고 있다는 동질감을 느끼거나 생소한 경험의 경우 대리 경험을 하게 된다. 또한 각종 연구대회나 인터넷 블로그나 소셜미디어를 통해서도 자신의 통찰을 공유할 수 있다.

다섯째, 교사 개인의 노력만큼이나 교사들의 연구 활동을 규정하는 거시적 시스템으로써 교사 연구 제도가 교사들의 연구에 부정적으로 존재한다.

"모든 정책 담론은 독특한 관점 및 쟁점을 표현하는 방식을 가지고 문화적 맥락내에서 이루어간다. 단어는 문화 표시(cultural marker) 또는 지시체(referent)들의 관심을 끌게 된다. 즉 우리가 말하고 쓰는 방식은 우리 사회의 권력 구조를 반영한다. 말조차도 논변 체제, 중요한 영향을 미치는 권력 네트워크의 한 부분이다."

상위 구조는 어떤 것이 사실인가, 중요한가, 적절한가를 결정한다. 교사의 연구 제도를 뒷받침하는 승진체계에서 점수나 성적은 매우 포괄적으로 사용되는 단어이다. 교사의 교육전문가로서 노력을 평정하는 제도로서 '성적'이나 '점수'의 개념은 '실적'의 개념으로 전환되어야 한다. 물론 점수나 실적이나 모두 객관적 수치로 환원되는 것은 마찬가지이지만 점수와 실적의 용어는 각기 가치 지향점이 다르다.

교육공무원법에 따른 임용령에는 경력 평정점 70점, 근무성적 평정점 100점, 연수성적 평정점 30점, 가산점을 규정하고 있다. 여기서 근무성적은 역량평가(performance appraisal)의 근무 기여도 내지는 근무 공헌도[1]로 개선되어야 한다. 마찬가지로 교육공무원 승진규정 제41조 가산점에는 공통가산점과 선택가산점으로 구분하고 있는데 가산점은 가급적 지역사회봉사활동실적의 개념으로 명확히 하여야 할 것이다.

연수성적 평정 아래에 하위항목으로 교육성적평정(만점 27점)과

---

1) 근무공헌도나 근무기여도는 조직이 원하는 일을 한다는 측면에서는 조직충성도와 유사하지만 조직충성도가 조직의 본연에 입각한 보편적 도덕 원리에 근거한 행동이 아니라는 차이를 가진다.

연구실적평정(만점 3점)으로 구분하고 교육성적 평정에 직무연수 성적 + 자격연수 성적, 연구실적 평정에 연구대회입상실적 + 학위 취득실적으로 각기 구분된다. 상위개념이 연수성적이 아니라 교육 성적이 되어야 하고 연수성적이 하위 용어가 되어야 할 것이다. 최근 기존의 '근무성적평정'과 '다면평가'를 성과중심의 '업적평정'으로 변경하는 개정령이 공고된 것은 매우 바람직하다.

평정은 평가하여 결정한다는 의미를 가진다. 교사의 지위와 이익에 그 만큼 영향을 미친다는 것이다. 보다 높은 교육적 이상에 충실할 수 있도록 현실은 교육적 가치에 충실한 개념적 틀로 구축되어야 할 것이다. 무엇이든 많을수록 좋다는 맹목적 성취지향이 아니라 삶의 의미를 재평가하고 자신의 재능과 기술을 인류의 보편적 가치와 인간다운 특성을 개발하는 데 활용할 방안을 디자인하여야 한다.

학교가 학생의 전인적 변화를 가시적 성과로 측정하는 것은 불가능할 수도 있을 것이다. 특히 거의 모든 조직이 성과(output)보다 조직의 규칙이나 관례에 대한 충실함, 현재 체계에 대한 유지성, 민첩성과 단정함, 상사를 대하는 태도, 내부 업무 처리 능력, 동료와 협조성, 성실성 등의 투입물(input)으로 평가를 하게 된다. 학교는 동료평가에서도 이러한 평판에 의존한 평가가 진행된다.

교직생활의 전체 기간 중에 교사로서 보다 바람직한 방향으로 발달해 가기 위해서는 교사의 능력 개발이 요구된다. 훌륭한 교수가 모두 대학 총장이 되는 것은 아닐 것이다. 훌륭한 교사가 훌륭한 교장이 되는 것도 아닐 것이다. 훌륭한 교사는 교육에 대한 자신의 꿈과 열정을 가지고 자기 스스로의 리더가 되는 사람임은 분명하다.

더 노력하고 더 열성을 가진 교사 중에서 능력이 입증된 사람이 리더가 되어야 한다는 것은 분명하다. 단지 그러한 과정을 담고 있는 시스템이나 패키지의 디자인은 보다 교육적 의미를 담은 단어를 사용하고 있는지를 면밀히 검토할 시기가 온 것이다.

교육의 변화가 모두 교사에게 달린 것은 아니지만 교사의 변화가 중요한 요인인 것은 분명하다. 현재의 자신을 돌이켜 보고 현실의 문제를 찾고 선학들의 가르침을 탐색하여 자신이 실천하는 길만이 유일한 길이다. 근학(勤學)하는 교사가 미래의 비전이고 교육의 희망이다.

교육을 포함한 우리 사회의 모든 문제의 근원은 자신의 삶에 대한 디자인의 부족으로부터 기인한다.

"독일에서는 중견·중소기업의 기술 명장이 대졸자보다 훨씬 많은 돈을 받는다. 한국이 히든 챔피언[2]을 키우려면 이처럼 수십 년간 한 분야에 종사한 장인들이 존중받는 문화를 만들 필요가 있다(강준만, 2015)."

장인은 자신의 길만을 고집스럽게 걷는 사람을 일컫는다. 우리의 기본적인 풍토는 80%이상이 대학을 진학하고 우수한 인재들이 대기업만을 선호하고, 어떤 제품의 시장규모가 커지는 조짐이 보이면 벌떼가 몰리듯이 4~50개 업체가 집중적으로 몰려들어 잠재적 히든 챔피언을 죽인다는 것이다.

---

[2] 히든 챔피언(hidden champion)은 세계 시장 점유율 1-3위이면서 잘 알려지지 않은 매출액 40억 달러 이하의 우량기업을 말한다. 강소기업과 유사하게 사용된다.

수업을 잘하는 길은 교사 자신의 수업에 대해서 우직하게 연구하고 고민하는 자세가 먼저 선행되어야 가능한 일이다. 교사 또한 교사의 연구를 방해하는 외부적 요인에 지나치게 함몰되어서도 안 될 것이며 그것을 탓하고 있다면 변화는 아득히 먼 일이 될 것이다.

자신의 삶을 디자인하듯이 교사는 자신의 관심 있는 연구 분야와 스타일도 디자인해야 할 것이다. 더 중요한 것은 바람직한 방향과 관심으로 학생을 둘러싼 현실에 대한 연구를 게을리 하지 말아야 한다는 점이다. 연구라는 것은 현실의 문제를 파악하고 개선하고자 하는 의지의 표현이다. 변화의 흐름을 따르지 말고 스스로 변화의 흐름이 되는 것이 학교디자인 리서치이고 연구디자인이다. 교사의 최대 복지는 교육적 영역에서 자기계발을 위한 시간적 여유를 찾는 일이다.

항상 문제가 되는 것은 1%의 여유를 가지지 못하는 것이다. 대부분 사람들이 그렇게 하는 방향으로 흘러가 버리고 매몰되어 자신의 1% 창의성을 소멸시키는 것에 사회와 교육 전체가 획일화된다. 이것이 최선인지와 이것이 나의 것인지를 확인하는 것이 1%의 디자인이다.

6. 학습디자인

◎ 학습과 학생

학교에서 학습이 디자인되어야 하는 가장 큰 이유는 변화가 급물살을 타는 시대에 무엇을 배우는가 보다 어떻게 배우는가가 훨씬 더 중요해졌기 때문이다. 이것은 '지식'에서 '배움'으로 학교 교육의 중심축이 이동하는 것을 의미한다. 또한 가르치는 기관은 끊임없이 배우는 기관이 되어야 한다는 점을 의미한다.

"학교가 할 수 있는 최선의 방법은 모든 사람들이 그룹으로 실험하고, 배우고, 성장할 기회를 갖도록 디자인의 원리에 대한 공통된 이해를 이끌어내는 것이다(Neumeier, Marty, 2009)."

학습디자인은 가르치는 쪽(teaching)에서 배우는 쪽(learning)으로 중심의 이동을 의미한다. 이는 생산 중심에서 소비 중심으로 이동하는 것이나 학습자 내면에서 지식을 수용하는 입장이 아니라 지식을 생산할 수 있는 것을 의미한다.

지식의 생산은 물론 최초에는 지식의 수용을 통해서 가능한 일이다. 무에서 유가 창조될 수는 없다. 학습이란 삶을 배우는 것이다. 그래서 학생(學生)의 의미는 배운 데로 살아간다는 것이다.

행동경제학은 비합리적 결정을 같은 방식으로 설명한다. 인간은 본능적으로 합리적인 결정을 내리는 존재이지만, 잘못된 결정 뒤에 참고하는 주변 정보들이 잘못 되었다는 것이다. 결정을 내리기 위해 보고 듣고 참고하는 것들, 즉 개인이 접하는 자료와 주변 환경이 잘못되었다는 것이다.

영유아기에는 양육자를 모방하고 청소년기에는 또래집단을 모방하며, 자신의 정체성을 키운다. 어린 시절 행동의 학습은 거의 모두가 모방이다. 사소한 습관조차도 반복을 통한 학습이 되면 매우 바꾸기 어렵다.

"교양을 쌓는다는 것, 그것은 잠에서 깨어나는 것과 같다. 문화적 구조는 처음 우리가 삶을 시작할 때 우연히 우리에게 닥쳐와서 영향을 주고, 거부하거나 어찌해볼 겨를도 없이 우리에게 깊은 흔적을 남긴다. 습득의 과정과 단계를 밟으면서부터 우리는 조금씩 깨어간다. 자신에게 주어진 문화의 문법에 대해 말하는 법을 배우고 그것을 더 큰 문맥에서 이해하고 나면 그 문화가 복수의 가능성 가운데 하나임을 알게 된다(Peter Bieri, 2014)."

배움은 절대적인 수용성이다. 피타고라스학파에서 제자가 되기 위해서는 5년 동안 침묵을 지켜야했다. 후보자는 단 한마디도 하지 않고 5년을 보내고 나서야 비로소 피타고라스의 제자가 될 수 있었다.

자아가 성장하면서 선택적 모방으로 방향이 전환되고, 지식의 수용으로 전환되는 모습을 띠지만 근본적으로는 수용성이 바탕이 된다. 수용성은 생존에서 매우 자발적이고 자율적 특성을 가진다.

이항대립의 기호체계 현실에서 이것이냐 저것이냐의 선택은 끊임없는 동어반복을 지속한다. "학생 편중의 리버럴 교육이 극에 치달아 교실붕괴의 위기에 처하면 다시 교육은 학생보다는 가르치는 쪽에 중점을 두어야 한다는 주장이 일어난다(이어령, 2015)."

학습디자인의 핵심에는 가르치는 것과 배우는 것의 대립이나 수용과 생산의 대립을 넘어서 근본적으로 자율성의 부활이 있다.

◎ 학습과 경험디자인

삼성은 디자인 역량을 키우기 위해 막대한 투자가 진행 중이다. "21세기는 지적 자산이 기업의 가치를 결정하는 시대이고, 기업도 단순히 제품을 파는 시대를 지나 기업 철학과 문화를 파는 시대를 맞이하였다." 이러한 기업의 움직임에는 디자인이 창의·융합적 혁신의 또 다른 표현이라는 점을 이야기한다. 철학과 문화는 기업이 전달할 수 있는 일종의 경험체계이다.

디자인이 교육과 가장 크게 접목될 수 있는 부분이 경험디자인이다. 교육에서 학습자 중심이란 디자인에서 사용자 경험(UX) 디자인을 의미한다.

"디자인적 사고라는 개념은 디자이너들이 쓰는 여러 가지 방법론이라든지 풀킷 들을 활용하여 문제를 풀어가는 것이다. 이러한 이슈는 경험이라고 하는 것인데, 이 경험이라는 키워드가 마케팅하는 사람들을 통해 언급되었지만 결과는 미미했다. 최근 그 경험의 바람이 다시 디자인 쪽으로 흘러 들어오면서, 모바일 UX디자인, 서비스 디자인이라는 이름으로 새로운 전성기를 맞고 있다(나건 외, 2014)."

"사람의 경험은 직접 디자인할 수도 없고 해서도 안 된다. 경험은 그 경험의 주체에 의해 자율적으로 그리고 주관적으로 만들어지기 때문이다. 경험디자인에서 다루는 것은 사람의 경험을 디자인하는 방법이 아니라 그보다 사람의 경험을 위한 디자인을 하는 방법을 다루는 것이다. 사용할수록 사용자의 인생의 의미를 충만하게 해줄 수 있는 제품이나 서비스를 디자인하는 원리이다(김진우, 2014)."

학생들이 교육 장면에서 스마트폰의 기능을 익히고 그 기능을 활용하듯이 능동적 학습자가 된다면 학습의 문제는 일정 부분 해결될 수 있을 것이다. 디자인 이후의 몫은 분명코 사용자의 몫이다.

"아무리 디자인이 좋아도 사용자는 주어진 몫을 다해야 한다. 인간의 기억력은 변덕스럽고 한계가 있어서 스스로 기표를 만들고, 스티커를 붙이고 체크리스트를 사용하여야 한다. 휴대폰을 활용하여 스케줄을 관리하고 메모하고, 막히면 고객센터나 매뉴얼을 이용하여야 한다. 우리가 사용하는 기술의 구조와 개념적 모형을 배우려면 우리도 사용자로서 제 몫을 해내야 한다. 기술을 터득하려면 시간이 걸린다. 우리는 이해를 통해 복잡한 시스템을 간단하고 의미 있는 것으로 만들어야 한다(Donald, A. Noman, 2011)."

기술과 함께 산다는 것은 끊임없는 도전이지만 꼭 필요한 과정이기도 하다. 기술을 길들이려면 디자이너와 사용하는 사람 사이의 협력이 필요하다. 디자이너는 구조, 효과적인 커뮤니케이션, 그리고 배우기 쉽고 친화적인 상호작용을 제공해야 한다. 그 결과물을 이용하는 우리는 기꺼이 시간을 들여서 원칙과 기반구조를 배우고 필요한 기술을 익혀야 한다. 사용자 학생은 교사 디자이너와 협력관계에 있다.

디자인 경험이 전혀 없거나 시행착오를 통한 경험조차 없는 사용자도 공동 디자이너가 될 수 있는 사용자 친화적 인터페이스가 필요하며 이와 같은 다차원적 디자인 공간을 디자인하는 메타 디자인 역시 필요하다.

또한 학습은 사용자경험(UX) 즉, 당사자가 얻는 주관적 가치에 집중해야 한다. 우리는 스스로 '공부 잘하는 방법'이 아니라 '왜 공부하는가'에 대해 끊임없이 질문을 던지는 것이 필요하다.

학습은 가시적인 보이는 결과만이 최고라는 가치로 인해 비가시적인 가치를 무시하게 된다. "보험과 같이 무형의 서비스에 대한 대가를 지불하는데 인색하다. 물건이 아닌 무형의 서비스는 가치가 없다고 생각한다. 좋은 물건을 만드는 능력은 있지만 그 물건을 왜 만들어야 하는지, 인간에게 어떤 경험과 느낌을 제공해 줄 것인가에 대한 이해는 부족하게 된다(백강녕, 안상희, 강동철, 2015)."

학습디자인의 관점에서 교육의 기능은 날이 갈수록 쇠퇴하고 있다. 학교는 스스로 공부하는 진정한 학습이 일어나는 공간으로 탈바꿈해야 한다. 진정한 학습은 측정될 수 없다.

이는 학교디자인에서 고가의 좋은 사물과 공간환경을 갖추는 것이 아니라 가시화된 어떤 사물과 환경이 왜 이렇게 되었는지 물음을 던지는 것과 같다. 무심하게 넘기는 사소한 일상에서도 교육적 의미를 찾아 부여하는 것이다. 애정을 가지고 주변을 천천히 돌아보자는 것이다. 근본적인 물음 없이 앞으로 나아가는 것은 불가능하고 설령 나아갈 수 있더라도 모래성일 뿐이다.

✿ 지식의 풍요 속에 배움의 빈곤

사회는 변하고 있다는 점은 분명하고 그에 따라 삶의 방식이 변화되고 더불어 우리의 사고방식과 기존 인식의 틀이 새로이 재편성되어야 한다. 사실 이 부분은 경쟁 속에서 생존하기 보다 더 힘든 변화가 된다. 우리는 기술의 변화 보다 상상력의 변화에 더 큰 파장을 맞추어야 하고 이는 기술에 대한 적응보다 더 큰 변화의 스트레스를 감수해야한다. 하지만 상상력의 변화에 따른 스트레스는 긍정적일 것이다.

"한국은 서구의 발명품인 근대 국가 모델을 '수입'해야 했다. 그 수입의 과정은 자발적인 것과는 거리가 멀었다. 서구의 근대 국가들이 백 년 이상의 오랜 과정을 거쳐 이러한 제도들을 정착시킨 데 비해, 한국은 단시일에 근대 국가를 건설한 것이다. 또한 앞서 언급했듯이 개발 국가로서 급속한 경제 성장을 이루었으나 그 과정은 권위주의적이고 억압적이었다(김준석, 2011)."

"전통적 교육에서는 '주전자와 찻잔'으로 비유된다. 교사는 지성적이고 사실적인 지식을 소유한 주전자이고, 학생은 수동적인 찻잔이 되어 지식을 받는 수령인이 되게 한다는 것이다(Carl Rogers, H. J. Freiberg, 1994)."

자율성의 박탈은 배움으로부터 아이들은 도주하게 한다. 많은 부모들은 아이들이 경쟁에 뒤처지지 않도록 학교나 학원이 오랜 시간을 잡아두기를 원할지 모른다. 아이들은 그러한 시간이 증가할수록 배움으로부터 도주하려고 한다. 강제성은 일탈과 반항을 포함하고 있다.

이 부분에서 또 하나의 탁월한 의견은 '소비자주의'로 대변되는 자주성의 하락이다. "예전에는 부모들은 함께 만든다는 자세로 임했는데, 요즘 부모들은 소비자 같은 모습을 띤다(강수돌, 2015)."

애초에 의무교육은 평등한 교육접근을 위해 초·중등교육은 물론 고등교육에서도 학생이 직접 부담하는 수업료를 없애거나 최소화해 왔다. 모든 사람이 의무교육으로 학교에 다닐 수 있다는 것만으로 교육의 기회가 모든 사람들에게 동등한 제공된 것에 강조점을 두고 있다. 의무교육은 부모 등 보호자에게 자녀를 강제로 취학시킬 의무를 부과하고 국가 및 지방자치단체에 대해서는 교육시설, 교사배치 등의 책무성을 강제하고 있다. 의무의 주체를 보호자와 국가와 자치단체에 두는 것이다.

무상교육은 그러한 교육에 필요한 비용을 법률이 정하는 범위안에서 공적 자금으로 충당하는 것을 의미한다. 세금을 통해 교육에 필요한 비용을 국가가 지불하는 방식으로 운영된다.

모든 의무교육은 무상교육이지만, 모든 무상교육이 의무교육은 아니다. 무상의무교육은 일종의 강제적 성격을 띠고 있기 때문에 애초에 획일성의 한계를 포함하고 있다. 배움을 원하는 사람에게는 긍정적이지만 거부하는 사람에게는 하나의 또 다른 족쇄가 된다. 대다수의 학생이 학교에 재학하는 경우 학업중단학생에게는 대안적 배움의 기회를 사회가 제공하기 어렵다. 여기는 두 가지 선택의 가능성을 가진다. 하나는 무상의무교육의 수레바퀴아래서 깔려죽지 않고 자신을 온전히 유지하면서 졸업하는 것을 기다리는 것이다. 다음으로 댓가를 지불하지 않는 배움을 쉽게 포기하고 자신만의 길을 선택하는 것이다. '공부로부터의 도피' 또는 '교육받을 권리'를 마치 무가치한 것처럼 방기하는 것이다. 풍요로운 환경속에서 타율적으로 자라 너무나 많은 학습량을 감당하기를 강요당하는 상황은 자살과 같이 공교육의 심각한 위협 세력으로 등장한다.

갈수록 더 많이 일해야 하고 더 많이 벌어야 하는 '풍요 속의 빈곤'을 경험하고 있다. 이것은 진정한 풍요가 아니라 강박관념에 사로잡힌 삶일 뿐이다. 진정으로 '지속 가능한 삶'과는 거리가 멀다.

불편함의 학습은 필요성에 대한 인식이다. 풍요는 결코 학생들에게 필요성을 인식하게 할 수 없다. 때로 동기는 결핍으로부터 나온다.

"주어진 환경에서 아이가 자신의 삶을 위해 온갖 역경이나 장애를 극복하는 가운데 두뇌발달이 결정적으로 이루어진다는 것이다. 아이가 자신의 삶에서 특별히 중요하게 생각하거나 흥미진진하게 생각하는 것과 부단히 씨름하는 가운데 일정한 방향으로 두뇌발달이 이루어진다(Spiegel, 2011)."

풍족함은 소중함을 잊게 한다. 과거에는 대학의 비싼 학비로 인해 막혀 있던 경제적 진입 장벽조차 학자금 융자를 통해서 예전보다는 수월해진 편이다. 단지 남들이 선망하는 학과나 자신이 원하는 수준의 학과인지가 관건이다. 주변에 널려 있는 것이 배움의 기회이다. 이전 세대처럼 경제적 이유로 배움으로부터 배제당하지 않는다. 배움은 더 이상 희소자본이 아니다.

"지식의 접근성 문제는 이미 인터넷 시대에 들어와 문제가 되지 않는다. 오래전에 전문가의 시대는 거의 종말로 치닫고 있다. 미래가 요구하는 것은 높은 유연성과 탁월한 문제 해결력이다. 끊임없이 새로운 도전들에 대해 신속하고 깊이 있게 대처할 수 있는 능력이 중요하다(Spiegel, 2011)."

오늘날 세상에는 더 많은 선택권이 주어졌지만 모순되게 만족도는 줄어들었다. 선택지는 5개에서 7개 정도가 가장 적당하다. 그 이상은 사람을 불행하게 만든다. 우리에게 환경적 조건으로서 디자인이 중요한 이유이다.

사회에서 정치와 종교적 배경이 다른 사람들이 어울려 살아가기 위해서는 어떤 공통분모적 심성을 형성할 필요가 있다. 그러기 위해서는 지적인 특성과 도덕적인 특성을 기를 필요가 있고, 민족과 자유민주주의에 대한 정치적 심성과 역량이 필요한 것도 필연적이다(심상욱, 김미영, 2015).

하지만 교육의 중립성이란 민주시민으로서 소양을 가진 존재를 기르는 가치를 담은 교육과정을 통해 정치적 세력으로부터 수단시되지 않도록 '탈정치'해야 하는 것이다. 결국 공교육은 '시민교육'의 정체성을 가져야 한다. 책임과 참여를 통해 사회를 지속적으로 유지하는 것이 대단히 중요하다.

"스웨덴과 같은 북유럽 복지국가조차 단순히 제도적으로 복지 체계를 잘 갖췄기에 잘 돌아가는 것이 아니다. 오히려 우리 눈에는 잘 보이지 않지만 4000개 이상의 지역발전 그룹들, 15만 개 이상의 NGO(비정부 단체)/NPO(비영리 단체) 그룹들, 30만 개 이상의 학습 동아리들이 그 밑바탕에 있다는 사실을 알아야 한다(강수돌, 2003)." 외면은 소외를 낳고 관심과 참여는 변화를 낳는다.

이제 더 이상 한국사회 젊은 세대가 사회적으로 자립하지 못하여 세대 독립이 지체된다면, 이는 사회적 재앙으로 다가올 가능성이 많다. 이는 글로벌한 문제이다. 결혼하는 사람이 점점 줄고 시기도 늦어진다. 덩달아 아이를 갖는 시기도 늦어져 중년이 되어서야 첫 아이를 낳는 경우가 늘고 있다. 젊은 세대가 독립하여 부담하여야 할 사회적 의무 지체는 물론 세대 미형성으로 인한 저출산, 부모세대의 과잉 부담으로 인한 노후 대비 부재 등으로 악순환의 고리를 만들어낼 수 있다. 더욱이 젊은 세대의 지체된 독립을 위한 준비를 기간을 현재와 같은 상태로 놓아둘 경우 이 또한 커다란 사회적 재앙으로 다가올 수 있다. 경쟁력의 원천으로 사람 논리가 중시되는 지식정보화 사회에서 지식의 강요는 아프지 않게 거위털을 뽑는 교육기계의 톱니바퀴이다.

의무는 크게 Duty와 Obliagtion으로 나뉘는데, 전자는 마땅히 해야 하는 것으로 어느 정도의 자율성이 전제되는 것이고, 후자는 행하지 않을 수 없는 복종을 전제로 하는 것이다.

국가는 교육에 대해 후자의 의미에서 의무를 수행해야 하지만, 학생은 전자의 의미에서 배움이 지속되어야 한다.

"인간중심 교육의 정치적 의미는 '누가 기본적인 권한과 통제를 가지고 있는가?'에서 학습자 혹은 촉진자이면서 학습자인 교사를 포함하는 집단으로서의 학습자들이다. 학생은 자신의 학습절차와 삶에 대한 통제력을 얻는 과정이며, 촉진자인 교사는 남들에 대한 통제를 포기하고 자기 자신에 대한 통제권을 가진다(Carl Rogers, H. J. Freiberg, 1994)."

"촉진적 조건은 교육기관의 권력관계에 중대한 변화를 일으킨다. 학생을 존중하고 아끼는 일, 학교에서의 경험이 학생에게 어떤 의미가 있는지 이해하는 것, 그리고 학생과의 관계에서 인간으로서 진실해지는 것은 학교가 전통적, 권위주의적 입장에서 멀리 떠나야 한다는 것을 의미한다(Carl Rogers, H. J. Freiberg, 1994)."

개인의 삶에 대한 통제권을 개인에게 돌려주는 것, 그들이 자신의 삶을 변화시킬 기회를 부여하는 것, 그로인하여 자신의 역량을 재인식하는 것, 다시 그들이 사회의 참여자가 되는 것이 풍요속에서 배움의 빈곤을 극복하는 길이다.

◎ 디자인 사고와 학습

학습디자인에서 말하는 좌뇌와 우뇌가 함께 작동하는 상황과 같다. 어느 쪽 두뇌도 혼자서는 해결하지 못하는 일을 제 3의 두뇌인 전뇌가 해결하는 것이다. 교육에는 튼튼한 날개가 붙어 있을 단단한 몸통이 필요하다. 논리와 직관의 완벽한 균형을 Roger Matin(2009)은 디자인 사고(Design thinking)라고 표현하고 있다.

디자인 사고에서 말하는 다름은 "근거 있는 차이를 인정하라, 공감하라, 자신의 언어가 아니라 상대방의 언어로 의사소통하라, 상대방에게 익숙한 도구를 사용하라, 자신이 편안한 영역에서 머무르지 말고 상대방의 영역으로 이동하라 등으로 디자인 사고는 끊임없는 균형을 추구한다(Roger Matin, 2009)."

디자인 사고는 비즈니스에서 가치를 창조하는 다양한 방식뿐만 아니라 자신의 삶의 의미 또한 새롭게 창조한다.

학생들이 무거운 책가방을 벗고 디지털 교과서가 담긴 태블릿을

들고 다닌다고 교육이 바뀌지 않는다.

스마트에는 디자인 사고가 숨겨져 있다. 점차 지식을 저장하는 능력보다 지식을 검색하여 자기식으로 편집하고 가공하여 적용하는 능력이 더 중요해지고 있다. 창조는 곧 콘텐츠의 편집이다.

"가장 혁신적인 디자이너는 선택사항이 들어 있는 규격화된 상자를 거부하고 '다르게 생각하고 싶다'는 욕구를 키운다(Neumeier, Marty, 2009)." 다르게 생각하기는 다르게 살기라는 삶의 실천력과 연결된다. 자신의 삶을 색다르게 꾸미는 능력이 곧 디자인력이다.

"대체로 우리는 지식을 암기하거나 주입하는 것만 배웠지 제대로 학습하는 방법, 즉 자기가 배운 지식을 스스로 현실로 만들어 내는 방법을 배우지 못했다. 그렇게 고통스럽게 주입식 공부만 하거나 그런 방식을 당연시한다(Spiegel, 2011)."

문제는 이미지 조작이 용이해지는 시대는 문자 대신 이미지라는 언어만을 편식하는 청소년이나 젊은 층의 정보 편향성을 의도적으로 왜곡하거나 강화시킬 수 있다는 점이다. 이미지에 대한 리터러시(literacy) 교육이 필요한 대목이다. 이미지는 단순히 보고 즐기는 것이 아니라 읽고 해석해야 하는 대상으로 재인식되어야 한다(오정호, 2015).

교육은 삶을 위한 교육이 되어야 한다. 교육이 우리의 물질세계를 풍요롭게 하는 것과 동시에 우리의 정신세계도 풍요롭게 하는 것에 중점을 두어야 한다. 이 양자는 항상 균형을 잃어버리지 않아야 한다. 삶을 위한 교육은 우리를 비판적으로 들여다 볼 것을 이야기 한다. "비판적 물음을 통해서 익숙하던 생각의 패턴에서 한 발짝 거리를 두고 검증 과정을 통해 생각의 주인 자리를 찾게 된다(Peter Bieri, 2014)."

"삶을 위한 교육에서 교수학습은 현실과 연관시키고, 소극적으로 권위적 지식을 받아들이기보다는 적극적으로 지식을 구성해가야 하며, 지적인 면과 감성적인 면과 기술적인 면으로서 지식, 능력, 감수성을 개발시킬 것을 주장한다. 삶을 위한 교육은 자신과 타인에 대하여 무엇인가를 이해하면서, 개인적으로 성장하고 사회발전에 기여하고 지구촌 사회를 인지하도록 하는 것이다(Anderson & Milbrandt, 2007)."

사회의 아픔에 침묵하는 사람은 사회로부터 보호받을 수 없다. 아인슈타인은 사악함보다 타인의 아픔에 대해 외면하고 방관하는 것이 더욱 사악한 인간의 모습이라고 한다. 더욱 문제가 되는 것은 이러한 선과 악에서 우리는 선택할 수 있는 존재라는 점이다. 교육이 혼자 살아남기를 배우는 장으로 전락하고, 디자인은 소비를 조장하고 기업의 이윤독식만을 위한 도구로 타락하는 것을 막는 것도 인간의 선택이다. 그것이 반드시 타인들과의 협력이란 모습으로 나타나는 것은 아니다. 그러한 마음가짐은 히말라야의 오지에서도 실천이 가능한 일이다. 그러나 대부분 우리의 도움을 필요로 하는 사람들은 보다 풍요로운 사람들과 밀접한 접촉을 필요로 한다. 물질과 기술의 기회평등을 보장한다면 한 세대의 시간이 요구된다.

우리는 학습 즉 배우는 것을 통해서 혁신할 수 있다고 생각한다. 그러나 모든 학습이 새로운 창조로 이어지는 것은 아니다. 진정한 혁신은 내적인 창조자가 자리 잡는 것이고 이것이 디자인 사고이다.

◎ 전체의 변화를 위한 개인

글로벌 기업은 그들이 경제활동을 하고 있는 나라의 정부에 규제철폐를 요구한다. 법인세율을 낮추고, 노동자 임금을 낮추고, 공해 규제를 완화하고, 원자력 발전으로 전력을 저렴하게 공급하고, 사회적 인프라를 위해 국비를 지출하도록 한다. 그리고 그 요구가 받아들여지지 않으면 생산거점을 해외로 옮기겠다며 협박한다. 그리 되면 고용이 줄고 소비가 얼어붙고 지역경제가 붕괴하고 법인세수가 격감해 국민국가를 꾸려나갈 수가 없다. 어쩔 수 없이 정부는 그 요구에 굴복한다(우치다 마츠루, 2007).

그 결과 국민국가에 대한 귀속의식이 없는 기업일수록 국민국가로 부터 많은 서비스를 기대할 수 있다는 도착된 법칙이 성립하게 되었다. 그리고 현재 그 도착된 법칙은 '세계 표준'이 되어가고 있다. 국부를 사유재산으로 바꾸는 데 열심인 사람, 공공의 복리보다 사적이익을 우선하는 사람을 국가가 전력을 다해 지원한다. 그것이 지금 우리에게 일어나고 있는 실상이다(우치다 마츠루, 2007).

비단 글로벌 기업만이 그러한 것은 아니다. 기업은 항상 기업 자체만의 이윤을 추구하는 유혹이 있어 왔고 그러한 욕망을 가장 잘 보여주는 것이 글로벌 기업이다. 기업의 이윤추구와 학교의 성과추구는 동일한 가치이다. 문제는 그것이 시스템의 문제로만 국한해서 생각하는 편협성이다. 더 큰 문제는 인간의 내면의 욕망이다.

교육과 디자인은 그러한 단기적 이익에 저항하고 극복할 수 있는 사람을 기르는 것이 목적이다. 글로벌 기업의 논리가 사회를 변화시킨 것은 아닐 것이다. 사회가 점차 이기적인 방향으로 변화되고 그에 편승하는 것이 글로벌 기업일 것이다.

글로벌 인재는 우리의 욕망일 뿐이다. 교육과 디자인에는 글로벌 인재가 아니라 글로벌한 문제만이 남아 있다.

한국의 사이비 자유시장주의자들은 정부가 허가해주는 독과점 혜택을 누려왔고, 막대한 규모의 정부 계약을 따내고 국민의 혈세로 제공되는 전기 사용료 등의 보조금을 받으면서도 사회에 기여하라는 요구에는 사회주의 운운하며 불평을 늘어놓는다. '나 먼저'라는 믿음 외에는 별다른 철학이 없다(Daniel Tudor, 2014).

한국 역사상 어느 정부도 '대기업 밀어주기' 원칙에 반기를 든 적이 없다. 한 대기업의 오너도 '한명의 천재가 10만 명을 먹여 살린다'란 표현을 한다. 물론 지나친 평등주의는 경계해야 한다는 맥락에서 나온 이야기이지만 '선택과 집중'에 따른 트리클 다운 trickle down[3])의 논리여서는 안 된다. 소수의 이익 때문에 공동의 복리가 희생당하는 일은 없어야 할 것이다.

평등성과 공정성은 사회를 유지하는 근간이고 게임의 룰을 관리하는 심판이다. 경쟁은 항상 일탈을 통한 단기적 이익으로 유혹한다. 공정성이 훼손되면 더 많은 게임의 일탈자가 생겨나고 사회와 기업은 붕괴된다. 이제는 이러한 평등성과 공정성은 인간주의의 근간이 되어 전지구적 인류에 적용을 필요로 한다.

---

3) 트리클 다운trickle down은 '선택과 집중'에 의해 국제경쟁력이 높은 부문에 국민적 자원을 집중하면, 국가 지원을 받은 기업은 글로벌 경쟁에서 이겨 큰 수익을 올린다. 그 수익의 일부가 언젠가는 '가난한 사람들'에게도 돌아간다는 것이다.

성장 없는 복지는 있을 수 없는 일이고 복지 없는 성장도 있을 수 없는 일이다.

복지에 대한 궁극적 메시지는 '복지는 정부가 여러분에게 투자하는 것입니다. 투자를 통해 여러분이 꿈을 이룰 수 있도록 지원하겠습니다. 나중에 세금을 많이 낼 수 있을 만큼 성공해서 돌려주십시오'라고 전달되어야 한다. 지위 상승에 대한 열망이 강한 한국에서 특히 효과적인 방법이다. 그런데 한국에서는 반값 등록금, 무상급식 등 '무상' '반값'의 복지는 상금이 걸린 촌스러운 퀴즈쇼처럼 사회적 약자에 대한 시혜로 비칠 뿐이다. 게다가 복지를 반대하는 사람들이 "복지는 사람들이 공짜를 바라게 만든다"고 주장하도록 도와주는 좋은 구실이 된다. '사회가 지금 여러분을 도울 테니, 나중에 여러분이 성공하면 사회를 도와야 합니다'라는 암묵적 합의가 복지정책에 내포되어야 한다. 복지는 고수익 투자다(Daniel Tudor, 2014). 이런 관점에서 복지는 보다 큰 사회경제적 이득을 낳는 토대로 작동된다,

수많은 안전판이 사회에 가동되고 있음에도 가난한 사람들의 문제가 회복되지 않고 더 많은 중산층들이 몰락하는 것은 미국을 비롯한 세계적인 현상이다. 결국 세계적으로 복지 정책들은 실패를 경험하고 있다.

"가난한 사람은 남이 주는 것을 받기만 하는 존재가 아니며, 가난하지만 자존감 있는 삶을 위해서는 스스로 일하고 그것을 함께 나누어야 한다(홍세화 외, 2008)." 복지의 근간에는 인간의 존엄성과 자존감이 바탕으로 존재해야 한다. 자신의 삶은 타인이 규정하는 데로 성립되는 것이 아니라 교육의 인문학적 소양을 통해서 가

능하다는 사실을 깨달아야 한다. 또 그러한 극복의 경험을 제공하는 것이 교육과 사회적 디자인의 역할이다.

유누스는 말한다. "가난한 사람들에게 책임감을 돌려주고 그들이 자기 자신의 삶을 스스로 끌고 나갈 수 있는 환경을 창조할 수 있게 해야 한다. 그것은 가능한 일이다(Bornstein, 2008)."

그라민은행은 1976년 고리대금업자의 횡포 때문에 빚의 악순환에서 벗어나지 못하는 마을 여성 수피야 카툰의 사정을 알게 된 유누스가, 비슷한 처지에 놓인 마을 사람들에게 사재로 27달러를 빌려준 것이 시발점이 되었다. 유누스는 빌린 돈은 제 날짜에 꼭 갚게 하고, 땅이 없는 사람들에게만 돈을 빌려주며, 될 수 있으면 여성들과 함께 일한다는 3가지 원칙 아래 그라민은행을 발전시켜 나갔다(Bornstein, 2008).

이후로 빈곤층과 여성 등 사회적 약자의 경제적·사회적 발전을 이끌어낸 그라민은행은 조직에 물들어 부패하지 않은 젊은 남녀들 중에 '가난'을 감성적으로 바라보지 않는 가난한 집안 출신의 지원자들을 직원으로 뽑았다. 그렇게 그라민은행의 도약은 주변으로 빙빙 돌고 사람들을 피해 다니는 방글라데시 여성들이 먼저 인사하며 동네 한가운데를 걸어 다닐 수 있도록 만들었다.

현재까지 그라민은행에서 대출받은 780만 명의 빈민들 가운데 60%를 상회하는 자들이 빈곤에서 벗어났다고 한다. 또한 대출금은 외부의 지원이나 기부금에 일절 의존하지 않고 100% 은행 회원들의 예금으로 충당하는데, 상환율이 98%에 이른다(Bornstein, 2008).

우리는 자신의 상황을 극복해본 경험을 필요로 한다. 단 한번만 극복하면 다시 경험하는 것은 어렵지 않다. 그라민은행은 삶의 학교이다. 아직도 저개발 국가에서 교육은 가난을 극복하는 가장 강력한 도구이다. 이들에게 글을 읽고 셈을 하고 외국어를 배우는 교육은 꿈과 희망이다.

"군중은 사회 질서에 위협이 되면서도 그만큼 긍정적인 변화를 끌어낼 수도 있다. 지난 사반세기 동안 군중은 부당한 세금제도를 철폐하고, 소중한 자연환경의 파괴를 저지하고, 독재자를 끌어내리고, 세계 모든 지역에서 정치와 경제의 변화를 이끌었다. 레이처는 "군중은 늘 저항의 가능성을 불러온다. 군중은 무서운 만행을 저지를 수도 있지만 힘없는 사람들이 목소리를 내는 도구이기도 하다. 군중은 변화로 통하는 길이라고 말한다(Michael Shaw, 2014)." 정확한 표현은 군중이 이기적 욕망에 헌신하지 않고 모두의 삶의 관심을 가지고 참여하는 것이며, 이때 군중은 스스로의 삶을 개척하는 리더가 된다. 교육과 사회적 디자인이 바라는 목표이기도 하다.

"우리는 구세주가 필요하지 않다. 스스로의 목소리를 찾을 때이다(Daniel Tudor, 2014)."

ò

3장. 학교조직문화디자인

1. 조직문화와 혁신

최근 십년간 OECD와 선진국에서는 학교의 질적 향상과 학습부진 학생의 성과 제고를 위한 다양한 교육개혁을 추진해왔다. 이들 교육개혁에는 교사 훈련 프로그램의 증대, 신기술의 공급과 사용, 학교에 더 많은 자율성을 부여하기 위한 교육과정 변화와 시스템 구조 조정 등이 포함된다. 이밖에 학급 규모 감축과 교사 자질 개선, 시설과 장비 확충에도 많은 자원이 투입된 바 있다. 그러나 이러한 자원을 투자하여 교육의 질을 개선하려는 개혁 방식은 이제 한계에 달했다는 반성적 시각이 제기되고 있다. 다시 말해, 교육개혁을 지속하면서 학교의 표면적인 구조와 조직에는 변화가 되고 있으나 실제 교실에서 학습과 관련된 핵심 활동들에는 깊은 영향을 주지 못했다는 것이다. 또한 교실 환경을 바꾸는 기초는 제공할 수 있어도 학습의 본질과 역량을 지원하는 매커니즘과 학교 문화와 분위기를 무형 요소까지 다루지는 못했다는 것이다(교육정책네트워크 연구실역편, 2011).

교육은 미래 사회에 적합한 인재상을 구현함으로써 현실을 미래에 적응하도록 혁신하는 것을 염두에 둔다. 우리 모두는 혁신을 이야기 한다. 교육에서는 개혁으로 표현하고 기업에서는 혁신으로 표현하기도 한다.

교사의 입장에서는 학교와 제도가 혁신되어야 한다고 이야기한다. 교장의 입장에서는 교사의 수업이 혁신되어야 한다고 말한다. 상대가 변하기를 기다리다 자신이 변할 기회를 놓치고 만다. 외부의 제도적인 문제로 인하여 나의 상황이 이러하기 때문에 외부의 조건이 바뀌거나 외부에서 홀연히 문제가 해결할 답이 주어질 것이라는 기대는 '난 결코 바뀌지 않을 것'이라는 말과 다를 바 없다.

"디자인은 사람들에게 유용한 것을 만들고자 하는 노력이다. 디자인은 비합리적이기 보다는 합리적이고 낙관적이며, 또한 체념적, 회의적 그리고 무심하기보다는 미래지향적인 것이다. 디자인은 회피하거나 포기하는 것보다는 확고하고 진보적임을 의미한다. 바깥 세상이 자연스러운 것으로부터 멀어지고 점점 인위적이고 상업적인 것으로 변모해 가는 시대 흐름 안에서, 디자인의 가치는 증가하고 있다. 디자이너의 작업을 통한 성과물은 미래의 좀 더 사람다운 삶의 영위에 더욱 구체적으로 그리고 효과적으로 기여할 수 있다 (Dieter Rams, 1984)."

"디자이너는 누군가 필요로 하는 것에 꼭 들어맞는 무엇을 만들려는 열정을 지녔다. 일시적인 해결책을 제시하는 것이 아니라 이미 존재하는 것들을 보완하려 하기 보다는 기존의 것들을 초월하려는 꿈을 갖고 있다. 디자이너는 보다 더 심오한 상황 혹은 사회의 맥락에 꼭 들어맞는 해결책을 제공하고자 한다(Kelley David, 1996)."

이제 디자인은 조직의 혁신을 이야기한다. 최근 '형태는 마케팅을 따른다'는 명제는 디자인에서 어떠한 '가치'들이 기능을 대신하여 중요시되는지를 보여준다. 이제 디자인은 창의성을 혁신적 결과로 실현시키는 활동으로 넓게 정의되고 있다. 창의를 중시하는 기업은 직원들이 자주 마주칠 수 있도록 공간을 디자인한다. 대화를 촉진하여 창의적 의사소통이 가능하도록 협력하는 조직문화를 형성하는 것이다.

디자인은 개혁, 혁신, 변화에 대한 철학과 방법에 대한 이야기이다. 디자이너는 외부 환경의 요구에 맞추어 철학과 방법을 스위스 군용 칼처럼 사용하는 주체이다. 마찬가지로 학교도 과거 대신에 새로운 현실을 만드는 개혁을 이야기 한다.

교육개혁이란 학교조직문화의 변화이다. 학교조직의 변화는 조직문화의 변화와 교사의 변화를 포함한다.

문화를 한 사회 내에서 우세하게 발현하는 가치, 태도, 신념, 지향점 그리고 전제 조건 등이라고 정의할 때, 친경제적이고 자율적인 사고방식이 전근대적인 체계를 개혁하고 근대화 작업에 집중하는 데 엔진이 되어준다. 앵글로-프로테스탄티즘이라고 통칭할 수 있는 이런 가치관은 국가의 생산성을 높이는 데 무엇보다 중요하다. 경제 발전의 핵심은 빠르고 지속적인 생산성 성장의 조건들을 어떻게 만들어낼 것인가로 귀결되는데, 이 성장의 조건들은 자유로운 경쟁 사회에서 더 큰 효과를 발휘한다. 즉 회사의 운영 방침과 경쟁 전략이 공정하고 자유롭게 사회에 수용되어야만 회사의 생산성, 더 나아가 국가의 경쟁력이 높아진다(Huntington, Samuel P. 2013).

생산성의 극대화는 각 구성원이 내면화한 사회의 가치관과 도덕·윤리에 의해 결정된다. 합리성과 효율성을 권장하고 개인의 가치 표현과 성장을 자극하고 이끄는 사회 시스템과 합리적인 국가 운영 방침이 높은 경제 실적을 만들어내는 것이다. 라틴아메리카의 지식인 사회를 오랫동안 지배해왔던 종속이론, 아프리카에 뿌리내린 권력 간의 유착관계, 비경제적 관념, 전체주의적인 관습 등이 이런 문화 요소와 대척점에 있다고 볼 수 있는데, 경제 발전을 저해하는 이런 문화 요소들을 개혁하고 개선하기 위해서는 교육의 재정비, 가치관의 전환이 무엇보다 중요하다고 한다(Huntington, Samuel P. 2013).

중독조직으로서는 학교는 기업과 거의 동일한 조직문화를 가지고 있다. 효율과 결과만 중시되고 개인의 감정은 무시된다. 사회, 가족, 회사가 다 명령과 복종이라는 거부할 수 없는 힘에 익숙해져있다. 위계적이고 군사적이다. 리더에 대한 맹목적 충성심이 조직에 대한 충성으로 오인되고 의전이 실적보다 우선된다. 명확한 목표의식과 높은 추진력은 있으나, 더불어 상대에 맞추어 협업하는 능력은 떨어진다. 기업조차도 현지 문화의 적응성이 낮다. 문제는 이러한 문화가 글로벌 리더의 양성에는 백전백패한다는 것이다.

이러한 과거의 패러다임에서 우려되는 것은 한국 경제의 미래다. "현재 아동 빈곤율이 60퍼센트에 육박하는 미국 디트로이트도 1960년대에는 제조업 덕분에 당시 미국에서 가장 높은 1인당 소득을 자랑했다. 영국의 항구 도시 뉴캐슬과 글래스고도 전 세계가 부러워하는 선박을 건조하면서 한때 부자 도시로 등극했다. 하지만 이들 도시는 시간이 지나면서 일본과 한국에 자리를 내줬다. 울산이 부상하면서 디트로이트와 글래스고는 저물었다. 한국인들에게는 여기까지가 이야기의 끝이다. 하지만 산업기지를 신흥 국가에 내준 영국과 미국에는 대규모 실업, 범죄, 사회 분열, 잠재력 있는 인재의 낭비 등 암울한 이야기가 이어진다(Daniel Tudor, 2014)."

1960년대 가나와 한국은 거의 비슷한 경제 상황이었으나 현재 가나의 1인당 국민총생산은 한국의 15분의 1수준이다. 여러 가지 요인이 작용하지만 문화가 결정적인 요인이다. 한국은 근면, 교육, 조직 등을 하나의 가치로 생각하였다(Huntington, Samuel P. 2013).

'바보야, 문제는 경제야!'는 '바보야, 문제는 교육이야!'라는 말로 전환되었다. 페터 슈피겔(2011)은 이러한 프레임도 흑백논리를 벗어난 세밀한 사고를 불가능하게 하는 군사적 프레임에 갇힌 것이라고 한다. 경제야말로 유일하게 중요한 현실적 영역이라는 사고방식이 당연시된다. 경제 중심주의나 교육중심주의에서 벗어나 문화를 중심으로 경제와 교육은 리디자인되어야 한다. '바보야, 문제는 문화야!' 문화야말로 경제와 교육의 실체이자 양자를 담을 수 그릇이다.

조직문화는 조직 구성원이 공유하는 기본적 가정과 신념이다. 조직문화를 행동규범을 만드는 한 조직의 사람들, 조직 구조, 통제체제와 상호작용하는 공유된 가치들, 신념들의 체계로 정의된다. 대부분의 조직 문화는 공통된 언어, 용어, 그리고 복종과 품행에 관련된 의식과 의례의 사용, 작업 집단 행위의 규범, 조직의 주요 가치 공유, 고객에 대한 조직의 신념, 인간관계의 규칙, 조직의 분위기 등과 같은 특징을 포함하고 있다(오영재, 2009).

조직문화는 특정 조직을 다른 조직과 구분할 수 있도록 해주는 구성원들이 공유하는 의미체계이다.

"학교에서 변화를 계획하고 관리하거나 개혁해야 할 필요가 있을 때, 조직으로서의 학교와 그 학교에서 일하고 있는 사람들의 행동에 대하여 우리가 아는 능동적인 방법을 전부 동원하여 모든 것들을 검토해야 한다. 근본적인 이슈는 학교의 조직 문화에 중요한 변화를 가져올 필요가 있다는 것이다(Robert G. Owens, Thomas C. Valesky, 2011)."

모두가 공유하는 신념과 가치로써 문화는 핵심가치와 밀접한 관련을 가진다. "핵심가치란 조직의 근본적이고 영원한 신념, 믿음을 뜻한다. 핵심가치란 조직이 절체절명의 위기를 맞이한다 해도 지키고자 하는 가치를 의미한다. 바른 교육을 하지 않는다면 차라리 학교 문을 닫는 것이 낫다는 가치관과 철학을 일관되게 지켜온 거창고등학교의 사례는 핵심가치가 무엇이며, 어떻게 살아 움직여야 하는지를 보여주는 귀중한 사례라고 할 수 있다(허욱, 2013)."

조직문화는 표면적이고 제도화된 조직구조와 시스템에 비해 내면적이다. 사회가 복잡해질수록 실정법과 국민의 정서적 법감정과의 괴리가 심해지듯이 조직이 복잡해질수록 표면적 시스템과 내면적 조직문화는 괴리가 심해진다. "조직문화에서 조직의 기반을 이루는 구성원들에 대해 오랜 시간 동안 안이하게 생각해왔다. 이에 반해 기술, 재정, 조직 구조, 규칙과 규정, 정책 결정은 인간이 측정할 수 있고 계량화할 수 있어 명백한 것으로 여겨졌다. 조직 내의 인간, 가치, 신념, 문화 및 행동 규범은 목적 달성에 있어 상대적으로 덜 명백한 것으로 여겨져 왔다(Robert G. Owens, Thomas C. Valesky, 2011)."

"문화란 조직 구성원, 조직 구조 및 행동 규범을 설정하는 통제 체제와 상호작용하는 공유된 가치 및 신념 체계이다. 실제에서 공유된 가치는 '어떠한 것이 중요한지'를 의미하고, 신념은 우리가

'어떠한 것을 옳다고 생각하는지'를 의미하며, 신념은 우리가 '어떠한 것을 옳다고 생각하는지'를 의미하며, 행동 규범은 '여기서 우리가 어떻게 행동하는지'를 의미한다. 이러한 개념들을 잘 이해하고 활용하는 기업들이 성공하게 된다(Robert G. Owens, Thomas C. Valesky, 2011)." 성공적인 회사들은 절차나 통제 체계보다 기업의 가치와 문화의 힘을 더 강조한다. 이러한 힘들은 구성원들을 하나로 통합하게 하고, 공동의 임무에 헌신하게 하며, 구성원들에게 창의력과 활기를 불러일으킨다.

변화는 정체성을 굳건히 해야 그 토양에 다양한 생명을 잉태시킬 수 있다. 전통과 정체성은 거인의 어깨이다. 우리는 그 어깨위에서만 미래를 창조할 수 있다.

문화는 인간이 자기 자신이나 타인과 어떠한 형태와 방식으로 관계를 맺고 있는가, 그리고 이 관계를 어떻게 경험하는가에 대한 것이기도 하다. 우리는 삶의 대부분 동안 타인의 시선을 받으며 살아가는데, 자신이 누구인가 하는 것은 우리가 이 시선을 어떻게 경험하는가, 또 어떤 식으로 대면하는가 하는 것과 연관되어 있다(Peter Bieri, 2014).

자신의 뿌리에 대한 깊이 있는 정체성은 "냉철한 자기 인식이다. 자신이 어떤 사람인지, 나아가 어떤 사람이 아닌지 객관적이고 명확하게 직시해야만 한다. 타인의 시선이나 사회적인 압박을 걷어내고 오직 나 자신의 눈으로 진정한 자기 자신을 발견하는 것이다. 자기 인식에서 비롯된 자기 결정의 삶은 문화적 정체성을 가꾸는 과정으로 이어진다. 상황에 휩쓸리거나 타인에 휘둘리지 않고 모든 삶의 변곡점에서 어떻게 살아갈지 스스로 결정할 때만이 진정으로 행복할 수 있다(Peter Bieri, 2014)."

'옷이 날개'이다. 국가의 경쟁력은 자본이 아니라 문화에서 온다. 문화는 상상력이다. 신기술이 세상을 바꾸는 것이 아니라 상상력이 세상을 바꾼다. 국가는 문화라는 옷을 입어야 날개를 달 수 있다. 학교도 마찬가지이다. 상상력을 억압하는 구조는 진보든 보수이든 반교육적이라고 할 수 있다.

◎ 조직 구조의 혁신

세상의 모든 조직들은 그 기능과 목적에 따라서 각기 다른 구조를 가진다. "조직 구조는 조직의 목표 달성을 위해 구성원들의 역할과 권위가 배분되고 연계되어 있는 조직 운용의 상호작용 틀이다. 조직 구성원들이 어떤 일을 어떤 방식으로 누구와 수행할 것인지에 대한 청사진이며, 조직을 집에 비유하면 구조는 집의 설계도와 같다. 위계적, 수평적, 임시 구조, 매트릭스 구조 등의 다양한 구조가 있고 학교조직은 행정 과업은 위계적 계층구조인데 수업활동은 느슨한 전문조직 구조의 이중구조를 가진다. 조직문제는 일반적으로 적절하지 않은 구조를 반영하는 것이며, 그 문제는 재구조화와 재조직화를 통해 해결할 수 있다는 조직 구조주의 접근이 취하는 가정 중에 하나이다(오영재, 2007)."

구조는 크게 넓은 구조와 깊은 구조로 구분된다. 넓은 구조는 아이스크림 가게의 메뉴나 네이버의 초기화면과 같이 복잡하지만 꼬리에 꼬리를 무는 방식은 아니다. 깊은 구조는 구글 화면과 같이 초기에는 단순하지만 내려갈수록 복잡하게 얽히게 된다. 넓은 구조와 깊은 구조는 복잡한 구조와 단순한 구조로 대응된다.

교수학습상의 변화를 효과적으로 집행하기 위해 우리는 낡은 위계적 구조, 깊게 뿌리박힌 조직 구성, 그리고 전통적 권력관계를 분석하고 변화시킬 필요가 있다. 학습과 의사소통을 촉진하는 조직 문화를 필요로 한다. "미국의 상황에서도 정책이 학교에 착근할 수 없는 중요한 이유는 이런 대화와 조직 학습을 촉진하는 상황이 조성되지 않는다는 것이다. 학교는 여러 수준에 걸쳐 다양하며, 경쟁하는 갈등관계에 있는 이해관계와 구성원, 불명확한 기술, 구성원들의 유동적인 참여, 외부 환경의 큰 영향력을 특징으로 하는 이완 구조의 특성을 가진다(B. S. Cooper, L. D. Fusarelli, E. V. Randall, 2004)."

조직 구조의 혁신을 위해서는 먼저 불필요한 것을 없애는 디자인이 필요하다. 혁신을 개념적으로 구분하면 학교혁신과 수업혁신으로 구분할 수 있다. 이 양자는 동전의 양면과 같아서 학교혁신은 교육리더의 몫이고 수업혁신은 교사의 몫이라고만 볼 수는 없다. 업무의 혁신 측면에서 보면 하지 않아야 할 일이 무엇인지를 구분하여 그것을 하지 않는 것이 중요하다. 이것이 업무와 조직의 간소화이다.

영양보조제를 먹는 것이 먹지 않는 것보다 좋다는 믿음이 우리 삶을 지배하고 있다. 그것이 무엇에 좋은지는 묻지도 따지지도 않는다. 막연히 없는 것보다 있는 것이 좋다는 식이다. 학교도 마찬가지로 업무나 사업을 하지 않는 것보다 하는 것이 좋고 한 번보다는 두 번이 좋다는 식이다. 과연 그것이 필요한지와 무엇에 좋은 지에 대한 깊은 고민과 반성은 부족하다. 수학여행은 오래전부터 일상적으로 다닌 것이고, 남들도 다 다녀오는 것이고, 학생들에게 좋은 추억을 제공할 것이라는 이유에서 그야말로 일상적으로 다녀온다. 과연 그 변함없는 수학여행은 과거에 먹고 살기 힘들어 여행 다니기가 어려웠던 시절과 같은 의미를 가지고 있으며, 학교가 미래형으로 변해야 한다는 시점에서 우리에게 적합한 형식과 내용, 방향과 추진력을 갖추고 있는지에 대한 의문은 제외 되어 있다.

우리의 주변의 무감각한 일상에 대해 그렇게 진행되고는 있지만 그것이 과연 바람직한 것인지에 대한 의문은 지속되어야 한다. 일상은 무감각하게 버려지는 것이 아니라 철저하게 음미되어야 한다. 한국인은 평생 쓰는 의료비 가운데 절반을 죽기 전 한 달 동안 쏟아 붓는다고 한다. 죽기 전 3일 동안 전체 의료비의 25%를 쓴다고 한다. 소수의 학부모가 학교로 초청되는 행사를 위해 행사 시간보다 더 많은 시간을 연습해야 하는 학교의 일상도 그리 녹록하지는 않다. 일상적인 식사는 대충하고 영양제로 때우는 식의 삶은 교육에서 학교수업은 등한시하고 사교육에 매달리는 우리의 교육풍토와 다를 바가 없다. 학교에서의 일상적인 식사는 당연히 교육과정에 따른 수업이다.

"교사들의 바쁨은 분주함에 가깝다. 이 일 저 일을 좌충우돌로 처리하다 보면 근무시간이 다 가게 된다. 정작 교사의 정체성이 살리는 일들은 오히려 소외되어 있다. 수업을 준비하거나, 수업을 위해 교재를 연구하거나 학생들을 상담하면서 대책을 논의하는 등의 일은 근무시간에서 밀려나 있다(엄기호, 2014)."

학교는 사회가 합의한 교육과정에 따라 학생에게 의미 있는 수업을 중심으로 디자인되어야 한다. '사회가 추구하는 인간상을 기른다'는 수업의 목적에 충실하게 수업 활동을 활발히 일으키는 학교야말로 혁신된 학교라고 볼 수 있다. 학교는 수업을 위한 공간이고 이러한 목적에 충실한 것이 기본이고 혁신이다. 이러한 수업과 수업에 대한 준비와 연구를 저해하는 어떠한 요소를 제거하는 과정을 혁신이라고 할 수 있다. 균형 잡힌 규칙적인 식사를 하고 영양제를 빼는 것이다. 혁신은 위대하거나 거창하거나 저 멀리 있는 것이 아니라 지금 여기에서 자기 수업에 충실한 것이다.

교직수행에서는 일정한 책무와 그에 따른 활동의 영역이 있다. "교사의 직무수행 행동 영역의 가장 대표적인 것은 수업, 학생지도, 교무, 연구, 대외관계이다(정범모 외, 2007)."

교사의 직무는 교과지도, 특별활동지도, 생활지도, 학급경영, 학부모 관계, 전문성 개발, 학교경영참여이다. 학교경영참여는 직원회의 참여, 각종 위원회 참여, 담당 교무분장 업무처리, 학교행사 참여 등을 포함한다.

학교경영참여 중에서 "교무란 교사가 학급과 학교 운영에 응당하게 관여해야 할 책무를 말한다. 계획을 기안하고 검토하고 운영에 관한 각종 회의에 참여하는 교무 참여는 한편으로는 책임이지만 한편으로는 권한이기도 하다. 운영을 도와야 함은 책임이고, 운영에 의견을 반영해야 함은 권한이다(정범모 외, 2007)"

문제는 이 위임된 권한에 대한 지나친 헌신에서 유발된다. 학교는 외형적 운영은 행정으로 유지되기에 '잘 가르치는 교사'보다 '잘 기능하는 조직구성원'이나 '조직 내 주요 역할을 수행할 핵심 인물'이 학교가 요구하는 유능한 교사로 인정받았던 점이 있다. 더욱이 이러한 규범이 교사에게 내면화되는 교직사회화는 재생산되는 경향을 가진다.

"교사는 수업이나 학급운영을 통해 학생을 가르치는 일 뿐만 아니라 학교조직에서 요구되는 교무업무 등 각종 학교 행정업무도 함께 담당한다. 또한 한국의 교사에게 승진한다는 것은 가르치는 일을 줄이고 학교 행정업무에 보다 많은 비중을 둔다는 것, 나아가서 가르치는 일을 떠나 학교행정가로 진출한다는 것을 의미하기도 한다(김정원, 2012)."

'행정에서 교수학습 중심으로 전환'이 어려운 것은 승진제도와 연계되어 있기에 매우 뿌리 깊은 역사를 가진다.

수업에 중심을 두기 위한 노력으로 업무의 간소화와 재배치는 교수력을 신장시키는 방안이 될 수 있다. 사실 학교 조직은 업무를 단위로 구성되어서는 안 된다. 수업을 중심으로 구성되는 것이 타당하다.

"상탑초등학교는 교무실, 교감실, 행정실을 통합하여 3개의 실을 모아 교육지원실을 운영하여 동선을 최적화하였다. 교사가 수업에 집중하지 못하게 하는 원인을 찾아내고 제거하는 일로 교수의욕을 떨어뜨리는 교육과 무관한 과중한 업무를 덜어주고 그 에너지를 교육활동에 집중할 수 있도록 환경을 조성하고자 하였다. 기존의 직원회의는 폐지하고 교육지원을 위하여 교사를 뺀 인력들로만 주1회 교육지원협의회를 운영하고, 교사의 주역할을 수업, 평가, 생활지도, 상담으로 규정하고, 학생을 동반하는 교육활동은 교사가 계획 추진하도록 하였다(천재교육 매거진부, 2012)."

많은 것을 하는 학교보다 학교로서 본질적 기능을 하는 학교로 바뀐 사례이다. 불필요한 것을 없애는 디자인이다. 불필요한 것을 제거하면 중요한 것이 부각된다.

이것은 Victor Papanek(1984)이 제안한 공동체적 공유와 연관된다. 적게 소유하고 많이 소비하는 것은 조직디자인의 가장 큰 미덕이다. 조직구성면에서도 적게 소유하는 것이 많이, 자주 활용할 수 있다.

"가장 중요한 디자인 원칙들 중 하나는 중요한 부분을 강조하기 위해 중요하지 않은 부분들을 생략하는 것이다. 우리 환경을 새롭게 발견하고 단순한 기본의 형태로 돌아가야 할 시기가 도래하였다. 좋은 디자인은 가능한 최소의 디자인을 뜻한다(Dieter Rams, 1984)." 수업이 제자리를 찾는 것이 혁신이다. 학교가 본연의 교육활동을 회복할 수 있도록 학교조직을 리디자인하는 것은 매우 중요하다.

학교는 기업과 같은 생태환경에 있지도 않고 학교의 학생이나 교사가 사원도 아니지만 사회 환경의 변화에 맞추어 사회를 바람직한 변화의 방향으로 혁신해야 하는 점에서 기업의 혁신을 연관성을 가진다. 학교는 이러한 측면에서 교육과정을 상시개정체제로 운영한지 오래이다.

"크리스텐슨은 기존 제품의 품질을 업그레이드하는 존속적 혁신, 생산·인건비 등을 절감하는 효율적 혁신, 진공관 라디오를 트랜지스터 라디오로 교체하는 파괴적 혁신으로 구분한다. 점차 파괴적으로 변해가는 곳에 그대로 있다는 것은 이디서나 구입이 가능한 범용성을 띠는 일상재가 된다. 이는 다른 상품과 차별성을 전제로 한 혁신재와 다르다(강준만, 2015, 재인용)." 학교는 교육과정이나 행정적 측면에서 이러한 혁신이 가능한 조직이다. 학생이 배울 지식이 시대에 따라서 변하는 것은 아니지만 교육과정의 강조점과 교육과정을 싣고 있는 내용구성체계의 변화는 존속적 혁신이 가능하고, 업무 체제와 조직 구성에서는 효율적 혁신이 가능한 부분이 있다.

"획기적 기술들을 시장에 내놓기 위해서는 가볍고 민첩한 차세대 기업들이 유리하며, 또한 대기업들은 새로운 기술을 재빨리 상업화할 만큼 충분히 빠르지 못하다(강준만, 2015)." 과거의 권위적 조직은 변화에 기민하지 못하다.

교직에서 교무가 잡무로 취급되는 이유는 학교, 학급경영과는 거의 관련 없는 답신을 요구하는 공문처리 등이 포함되기 때문이다. 이런 행정적 문서 처리와 사무적 일처리는 교사가 아닌 누구나 할 수 있지만 수업은 나만이 가능하기에 누구도 할 수 없는 일이다. 그러나 중요한 사실은 업무조직과 구성원들의 동선은 상호관계 속에 있다는 점을 학교환경디자인에서는 강조되어야 할 것이다. 수업 중심의 업무조직 자체가 교사에게 지금 무엇을 해야 하는지를 가리키는 나침반이 된다.

교사가 교육청과 학교를 위해 무엇을 할 것인가가 아니고 교육청과 학교가 학생들의 수업을 위해 교사에게 무엇을 해줄 것인가 하는 관점으로의 전환이고, 교사가 교장에게 무엇을 도울 것인가가 아니라 교장이 교사의 수업을 위해 무엇을 지원할 것인지의 전환이 바로 행정 중심에서 교수학습 중심으로의 전환이며 개혁인 것이다.

마지막으로 목표지향적 조직에서 시스템지향적 조직으로 전환되는 것이 혁신이다. 시스템지향적 조직은 기본에 충실한 조직이다. 더 많이 가기보다 천천히 가더라도 바람직하게 가기를 권한다. 열정에 차서 좌충우돌하기보다 에너지를 관리하고 고갈되지 않기를 권한다.

열정을 버리고 기본에 충실하기는 '시스템 구축'과 연관된다. '조직화'는 사람이 변하기를 기대하기 보다는 조직문화와 관행을 바꿔 이를 시스템으로 정립하는 일이다. 하나에서 열까지 매뉴얼을 만들고 이를 전체적으로 공유하고 동일하게 일관성을 유지하도록 하는 것이다. 매뉴얼에 의존하는 수동적 문화가 정착되는 것을 막기 위해 매뉴얼을 끊임없이 보완한다. 느닷없는 의식 개혁은 큰 변화를 가져오기 불가능하다. 모델을 수정하고 그에 맞는 구조를 만든 뒤, 그 구조를 납득하고 실행하는 가운데 비로소 사람의 의식이 자연스럽게 변하는 것이다. 형태는 가치를 따른다.

❂ 경력교사의 문제

교육 경력이 20여년을 넘어서는 교사들은 교사생애발달에서 매우 독특한 측면을 가진다. 이들은 저경력 교사에게 모델로서 영향력이 있는 반면에 그들이 가진 전반적인 문화자본과 전문가로서 자본은 매우 빈약한 측면이 있다. 교직 문화 전반에서 긍정적 기여보다 부정적 악영향을 줄 수 있다.

"학교에서 중견 교사이기 때문에 경력이 상대적으로 적은 교사에 비해 업무량이 많다. 그로 인해 교수·학습 관련 연구할 시간이 부족하며, 더욱이 정보 능력도 부족하여 선배 교사로서의 존재감 약화를 초래하고 있다고 본다(박영숙, 2012)."

학교조직에서 20년차 이상의 고경력 교사는 부장의 역할을 수행한다. 대개의 학교조직은 업무를 한 교무, 연구, 학생 등의 부서와 과학, 윤리, 체육 등의 교과 부서 등으로 구분된다. "학교경영자는 관련 업무 처리 능력이 뛰어난 교사, 학교 실적을 높일 수 있는 교사를 필요로 한다. 교장의 요구를 충족할 수 있는 부장이 능력 있는 교사가 되는 셈이다(박영숙 외, 2012)." 승진이라는 제도가 교감, 교장의 근평에 좌우되기 때문에 자신의 이익 보다 전체를 위해 공정한 판단을 하고 교장, 교감을 보좌하는 핵심 부장의 부재가 학교별로 심각하다.

부장에게는 행정 업무와 함께 교사들과 협력관계를 유지하면서 교사들의 리더가 되기를 요구받는다. 즉 폭넓은 능력과 경험을 갖추고 효과적인 인간관계 기술과 인성적인 소유자이기를 요구받는다. 부장들은 대부분 행정적, 조직적인 일에 상당한 경험이 있기 때문에 교육과정에 대한 이해와 리더십을 수행하면서 동료와 협력적 관계를 형성하기 위하여 노력하게 된다. 부장은 교장과 동료교사에게 허락을 얻어내고 다양한 하위집단의 의사소통을 촉진하기 위해서 여러 가지 기술을 필요로 한다.

부장의 긍정적 기능은 중간 리더이다. 변화하는 환경에 대응하기 위해 항상 높은 곳을 보며 멀리 날줄 알아야 한다. 구성원들과 이러한 목표를 공유하려면 중간리더를 육성해야 한다. 서로의 관점과 이상이 다르면 학교는 무너진다. 긍정적 기능은 곧 부정적 기능으로 변질될 수 있다.

외국의 한 연구에서는 학교의 특수한 구조로 인하여 교사가 진정한 리더가 되는 것은 어렵다는 결론을 내리고 있다. "교사가 가르치는 일과 동료를 지도하는 일을 동시에 수행하기를 기대하는 역할의 요구는 교사의 사생활과 직업 생활에서 많은 것을 잃게 만든다. 교사가 리더십에 대한 의지와 지원은 있으나, 조직 구조와 시간, 업무 배정 등은 그렇지 못하다. 또 다른 경우 양쪽 역할의 긴장으로 인하여 교직 생활을 방해받는다(Lieberman, A., Miller, L., 2004)." 대부분은 부장은 교장과 교사 사이의 회색 지대에 끼인 샌드위치와 같은 신세가 되고 만다. 양쪽을 이어야 하는 조율은 기능을 멈추고 자신의 정체성을 상실한 채 양쪽 모두로부터 외면당한다.

'휴버먼의 역설(Huberman Paradox)'은 평온하고 만족스러운 교직생활을 하는 교사와 환멸과 고통으로 교직생활을 하는 교사의 차이는 전자는 슬슬 가르치며 시간을 보냈고 후자는 학교와 지역의 문제에 관여하면서 시간을 보냈다는 점이다. 후자의 경우 학교개혁과 리더십 참여에 의해서 고무되는 반면에 그 직무가 소진, 무관심, 직업적 갈등 그리고 실망까지 초래한다.

이러한 승진을 매개로 잠재력을 가진 소수의 리더 후보를 키우는 조직문화는 헌신에 대한 보상으로도 나타날 수 있지만 두 마리의 토끼를 쫓기를 포기하고 자신에 이익이 되는 역할에 충실하게 만들 수도 있다.

◎ 사회적 압력과 착오

조직문화와 디자인의 관계에는 '사회적 압력과 착오'가 숨겨져 있다. "많은 경우 참혹한 사고에서 눈에 띄는 미묘한 문제가 사회적 압력이다. 사회적 압력은 처음에는 디자인과 아무 관련이 없는 것으로 보이지만, 그것은 일상 행동에 강한 영향을 미친다. 조종사가 항공기의 경고 시스템을 무시하도록 하는 사회적 압력은 디자인이 잘못된 것이다. 틀린 프로그램을 설정하게끔 하거나 계기를 잘못 읽게 하거나 혹은 상황을 착오하게 하는 디자인이 잘못된 것이다. 날씨가 나쁠 때 이륙을 해도 대부분은 별 문제가 없고, 그래서 위험을 무릅쓰게 된다. 그러나 그렇게 해서 종종 참사가 일어난다. 시간적 압력과 경제적 압력이 동시에 작용하는 경우 항공사는 조종사들에게 안전한 절차를 따르는 것에 대한 처벌할 것이라고 압력을 넣는다(Donald A. Norman, 1988)."

비단 항공기 사고에만 이러한 사회적 압력이 존재하는 것은 아니다. 학교와 학생의 현실에 대한 비판이 증가한다는 것은 학교에 작용하는 사회적 압력으로써 디자인이 잘못되었다는 것을 의미한다. 나태하고 무사 안일한 교사문화나 승진지향적인 교직문화, 제왕적 리더십의 문화 등은 개별 교사에게 승객인 학생의 안전을 먼저 고려하는 것이 아니라 항공사의 경제적 이익을 먼저 고려하도록 하는 착오를 조장한다. 최근에는 혁신을 위한 혁신의 압력이 교직문화의 또 다른 압력으로 작용하고 있어 교사는 학생을 위한 변화가 아니라 변화를 위한 변화를 준비하게 된다.

◎ 혁신효능감의 회복

스스로 혁신할 수 있고, 세상을 변화시킬 수 있다는 효능감의 회복이다. 학생들과 마찬가지로 학교 또한 테스트와 표준화로 교육을 규격화시킨다. 이를 일러 '영혼없는 표준화'라고 한다. 교육의 표준은 자율을 침해할 수 있다. 기준(Standards)은 개혁에 있어서 아주 중요한 것으로 여겨진다.

'기술만능적·경제적 교육모형'과 '인간주의적·미학적 교육모형'을 비교하며 인간도 '자원'이라는 관점으로 접근하는 현대 사회 교육적 경향을 비판하고 있다. 현대의 교육이 겨냥하는 가치, 즉 '기술만능적·경제적 교육모형'을 보여준다고 말한다. 아이들이 스스로 자기 자신의 길을 발견할 수 있도록 다양한 분야에서 포괄적인 교육을 해야 한다고 말하는 '인간주의적 교육'과 대비된다. '인적 자원', '효율성', '학교 아웃풋', '표준', '계량 가능성', '테스트', '기술' 등 기술적이고 경제적인 기준들이 '지배'적 영향을 발휘하면 치명적이다(Christian Rittelmeyer, 2006).

"교육개혁이 융통성 있고 다양한 수업 운영을 장려한다는 선전에도 불구하고, 많은 교사들이 학업성취도 평가의 압박 속에서 문제 풀이 수업으로 시간을 보내는 것이 사실이다. 교사가 많은 시간을 들여 준비한 활동 중심의 수업이나 토론 위주의 수업은 단기적인 성과를 기대하는 학교 행정가들의 호응을 얻지 못하고 사라진다. 그 과정에서 교사들이 탈기술화(deskilling)되고, 정서적 소진(emotional exhaustion) 현상을 경험하며, 더 나아가 탈전문화(deprofessionalization)된다(김용, 2013)."

기계화와 상업화의 세속적 논리가 교육적 논리를 침범하는 경우는 노동의 모듈화에서도 같이 나타난다. 학교에 넘쳐나는 매뉴얼은 학교의 무능에 대해서 교사가 치르는 대가다. 우수한 교사도 기계의 부품처럼 작동하게 만든다.

"모듈화는 비용절감을 위한 방법 중 하나이다. 모듈이 정해져 있는 작은 작업 단위로 다양한 업무를 나누고 그것을 다시 나누어서 분담하는 것이다. 어떤 사업부서는 통째로 본체와 분리하여 외주로 내보내는 경우도 있다. 그러면 본사에서는 그 부서의 종업원을 고용할 필요가 없어진다. 인건비를 줄이며 정규직을 줄이고 비정규직을 늘이는 것도 같은 발상이다. 모듈화를 통해 정규직에게는 고부가 가치의 일을 할당할 수 있다. 모듈화의 위험성은 각각의 작업 내용이 블랙박스화 된다. 전체적으로 보고 이해하는 사람이 점점 줄어든다. 어떤 작업이 어떤 업무인지 그 내용을 모르게 된다. 이는 모듈화와 관련된다. 비정규 일은 모듈화된 일이다. 매뉴얼대로 하면 누구나 할 수 있다고 가정되며, 지시된 일 외에는 재량권이 없다. 내 일에 대해서는 내가 책임을 지고 타인의 일에는 책임을 지지 않는다. 모듈화한 일을 선택하고 누구에게도 간섭받지 않을 자유를 얻는 대가로 다른 사람의 일에 간섭할 권리를 내리는 것이다(우치다 타츠루, 2008)."

교육현장에서 모듈화의 일례는 방과후 교실을 외부 업체와 계약으로 하청을 주는 형태로 나타난다. "방과후학교 정책에 가장 부정적인 입장을 표명하고 있는 이해당사자는 학원관계자들이다. 방과후학교 정책을 법으로 규정하고 있는 것은 학교의 학원화를 초래하여 학교교육의 파행을 부추기고 오히려 전체 사교육비 부담을 증가시킬 것이라고 주장한다. 이중에서도 학원관계자들이 가장 민감하게 받아들이는 내용은 외부기관이 학교 내부로 진입할 수 있도록 법적 근거를 마련해 두고 있는 비영리단체 및 비영리법인에의 위탁 및 운영 관련 조항이었다(대통령자문정책기획위원회, 2007, 재인용, 한국교육정치학회 편, 2014)."

외형적인 조직만이 아니라 이러한 모듈화는 교육과정을 통해서도 드러난다. "미국에서는 학교의 질에 대해 걱정하는 것을 경감시키기 위하여 설계되어진 기술적 합리성을 받아들이는 경향이 있다. 우리의 기대를 정확한 용어로 기술하고 관련된 절차와 내용을 처방하고 그 결과를 측정하고 모니터라는 것이다. 여기에 내재되어 있는 암묵적인 관점은 효율적인 시스템을 창조하는 것이다. 이 시스템은 우리가 추구하는 목적을 달성하도록 돕는다는 것이다. 효율성이란 주로 우리가 하고 싶지 않은 과제를 하는 미덕이다. 효율성에 대한 지배적인 헌신으로 설계되어진 학교 시스템은 지속적인 교육의 질을 가지지 못하는 결과를 초래할지도 모른다(Eisner, 2002)."

배우지 않는 교사들이 스스로를 탈전문화시키고 변화하지 않는 학교는 스스로 모듈화시킨다. "교육정책이 교사들의 탈전문화를 촉진하기도 하고, 교사들이 탈전문화를 초래하기도 한다. 표준화된 학업 성취도 평가는 교사들의 교육활동을 표준화하며, 수능 시험을 EBS방송교재와 연계시키는 정책, 교사들이 종종 활용하는 아이스크림은 교사를 탈 전문화 시킨다(김용, 2013)."

탈전문화의 결과 "Etzioni(1968)의 지적과 같이 교육자가 진정한 전문직이 아닌 준전문직으로 더욱 고착된다. 의학이나 법과 같은 전문직에 비해 교사의 양성기간을 짧고, 지위도 덜 합법적이며, 특권적 의사소통의 권한도 덜 확립되어 있으며, 특별한 전문지식 체계도 부족하다. 전문직에 비해 감독으로부터 자율권도 부족하다

(B. S. Cooper, L. D. Fusarelli, E. V. Randall, 2004, 재인용)."

탈전문화 또는 준전문직화의 근간에는 첫째, 변하지 않는 학교와 둘째, 배우지 않는 교사에 대한 불신이 숨겨있다.

우리의 노력이 공적 자금 사용처럼 교육개선을 의미하는지에 관한 네 가지 사고방식이 존재한다. "첫째, 우리는 너무 적게 지출하고 있다. 요구도 상당하고 더 많은 예산이 필요하다. 부유층에 더 유리하고 교육을 받지 못하는 등의 교육 불평등이 존재하고 소외된 아동들은 제대로 된 교육을 받지 못하고 있다는 것이다. 실제로 이러한 관점에 의해 더 많은 예산이 투입되고 있다. 둘째, 우리는 점점 더 많이 지출하고 있다. 그러나 얻는 것은 점점 더 줄고 있다. 실제 학습하고 혜택을 보는 것에 비해 충분한 또는 지나치게 많은 돈을 학교에 지출하고 있다는 것이다. 자원의 효율적인 사용, 성취도에 따른 인센티브 제공, 계속적인 학습과 적용 등을 통해 학교의 성취도를 향상시킬 수 있다. 셋째, 우리는 더 많은 돈을 사용하고 있지만 올바른 곳에 쓰지 못하고 있다. 넷째, 우리는 더 많은 돈을 사용하고 있지만 이는 학습과 관련이 없다(B. S. Cooper, L. D. Fusarelli, E. V. Randall, 2004, 재인용)." 네 가지 사고방식 모두 불신이 깔려 있다. 외부의 시민만이 학교와 교사를 불신하는 것이 아니다. 교육의 내부에서도 이러한 불신을 동일하게 작용한다.

"군대를 제대할 때 배운 것을 반납하듯이 부모와 교사들은 학교를 졸업함으로써 학업을 면제받았다고 확신하며 자녀들과 학생들에게는 공부하라고 닦달하지만 정작 자신들은 책읽기와 글쓰기를 아주 소홀히 한다(오욱환, 2015)." 그러나 스스로 배우지 않는 사람은 가르칠 자격이 없다. 지식을 전달하지만 늘 그것은 내면의 피동적인 존재에서 나오는 생기 없는 것일 뿐이다.

대학원으로 가서 최신의 이론을 습득하는 것이 교사들의 교실 내의 활동을 향상시키지는 않는 듯하다. 학교에서 초청된 강사에 의해 진행되는 연수 또한 교과내용, 수업 기술 또는 공학적 측면에서 능력이 부족한 교사들의 요구를 충족시켜줄 수 없을 것이다. 극단적으로 교사를 자극시킬 수는 있지만 교사를 변화시키는 것에는 실패하게 된다. 교사의 배움에서 외부적인 지식의 습득은 교사의 변화를 위한 수단이 될 수는 있어도 동기를 제공할 수는 없다. 항상 동기는 내면으로부터 온다.

표면적으로 가장 혁신적인 사람은 항상 혁신해야 한다고 말로만 떠드는 사람이다. 그들은 이노베이션하기보다는 이노베이션하겠다고 말로만 주장하는 사람들이다. 학교에서는 혁신에 대한 연수를 듣고 열심히 혁신에 대한 자료를 모으고 혁신에 대한 토론에 참여하지만 현실에서 실천은 부족하다. 유행에 도태되지 않으려고 할 뿐 스스로 혁신할 줄 모르고 혁신을 모방하기에 항상 바쁘다.

행사에 바쁜 학교는 퇴근 후에도 교사를 무기력하게 만든다. 교사에게 생각할 시간과 여유를 주지 않는다. 바쁜 학교는 업무가 과중하여 동료교사에게 도움을 요청해야하거나, 초과근무를 하는 경우가 많으며 일과시간 중 자신의 전문성을 위해 투자할 시간이 전혀 없는 경우도 많다. 학교조직문화는 관계지향문화와 과제지향문화의 적절한 균형을 유지하는 것이 가장 건전한 문화적 지향이다.

학교는 결코 변하지 않는다. "극단적인 경우에 조직은 혁신하거나 변화를 집행하지 않는다. 개인이 그렇게 한다(B. S. Cooper,

L. D. Fusarelli, E. V. Randall, 2004)." 학교를 변화시키기 위해서는 교사가 변화되어야 하며, 교사는 스스로 변화할 수 있다. 스스로 변한 교사가 학교와 조직을 변화시킨다. 다른 누군가를 변화시킬 수는 없다. 사람들은 스스로의 선택으로 변화해야 한다.

문제는 사람들이 변화를 싫어한다는 것이다. "사람들이 사랑하는 것은 일관성이다. 이를 현상유지편향(status quo bias)이라 한다. 이는 상대적으로 계속 같은 상태를 유지하는 것을 선호하고, 현 상황에서 어떤 변화라도 발생하면 이를 손실로 인식하는 편향성이다. 사람들은 현재 상황에 실제보다 더 큰 가치를 부여하는 경향을 가진다. 이러한 행동들이 결합하면 현재 주어진 상황만 고집하는 일이 벌어진다. 더욱이 내집단(in-group)의 논리는 타인이 같은 집단 내에 속하는 구성원이라고 판단될 때 그를 특별히 대우하려는 사람들의 경향성을 내집단 편향이라고 하며, 이로 인해 외집단의 구성원들을 일반화, 정형화하는 현상이 벌어진다. 자신이 속한 내집단의 일부로서 사람들이 내리는 결정은 집단을 이루는 구성원 각자가 내리는 결정보다 더 충실히 하려는 경향이 있으며, 집단 구성원의 믿음 역시 내집단의 규범에 부합하는 방향으로 향한다(Chris Nodder, 2013)." 우리는 항상 그 잘못된 믿음에 현실이 부합되도록 자신의 논리를 생성하고 꾸민다. 내집단의 이기적 논리도 때로는 매우 창의적일 수 있다. 단지 그 방향이 자신과 기업이라는 내집단의 이윤 창출에만 목적으로 두는 '사악한 디자인'이라는 것이다. 그 반대의 방향에는 '나누고 베푸는 디자인'이 존재한다. 결국 창의적 사람들이 모여 창의적 집단을 구성하고 창의적 집단은 창의적인 사람을 낳는 선순환의 고리를 나로부터 형성하는 것이 문제이

다. 그러기 위해서는 나와 신념이 같은 내집단 보다 나와 신념이
다른 사람들의 목소리에도 귀를 기울여야 한다.

2. 학교와 교사의 관계

◎ 조화의 회복

학교조직문화는 학생문화, 교사문화, 학교행정가문화, 학부모문화 등 다양한 하위개념이 포함되는 하나의 구인이다. 그러나 학교조직문화의 중핵문화는 교사문화이다.

학교와 교사의 관계에서 필요한 것은 조화의 회복이다. 학교와 교사의 관계는 집단과 개인의 관계 그 이상이다. 건축적 사유로 볼 때는 집이나 공원 등은 지역이나 도시의 정체성과 연결되어 있으며 자신만의 개성을 발휘하여야 하고 건축가는 언제든지 건물의 외형에 약간의 상상력과 아이디어를 심어줄 수 있다. 그것이 사회전체를 변화시킬 수 있는지는 별개의 문제이다. 전체에서 부분은 "좋은 건축에서와 같이 건물 하나 하나가 두드러져야 하는 것은 아니다. 도시의 정체성을 따르되 원칙만 곧이곧대로 따른 건물이 아니라 우리에게 필요한 것은 굉장히 다양하고 다른 분위기를 제공하는 건물이다. 건물은 다양한 면을 지닐수록 좋다(Rauterberg, 2008)."

"건축가 대다수 공통으로 느끼는 사실은 개별 건물 하나하나는 선진 도시에 못지않지만 전체적으로 봐서는 부조화를 이룬다. 흔히 유럽 건축물이 그림 같은 이유는 스토리가 있기 때문이다. 한마디로 서울 건축다운 정체성을 갖는 것이 시급하다고 할 수 있다(김지훈, 2014)."

하나의 집을 만들 때는 항상 최고의 부분과 부분이 합쳐져 전체를 구성하여야 훌륭하게 완성된다. 전체는 부분과 부분의 결합을 조화로운 비례로 디자인되어야 한다. 그러한 측면에서 전체와 부분은 공생적 관계이다. 부분으로서는 결코 이룰 수 없는 큰 밑그림을 전체는 그리고 있고 오히려 부분은 그 전체의 밑그림에 적합하도록 자신의 부분을 맞추는 것이다. "기울어진 모양에 화려함으로 치장한 외관으로 평범함을 감춘 건물은 많다(Rauterberg, 2008)." 전체는 단순히 부분의 합이 아니다. 개체는 전체의 단순한 일부가 아니다. 전체와 부분은 유기적 관련성 아래 서로의 돌아가는 방식과 규칙이 있으며 이 규칙들은 서로 개선되고 서로 영감을 주고 받는 것이다.

"성공적인 혁신가들은 대체로 자신이 몸담은 조직을 존중하지만 숭배하지는 않는 공통점을 갖고 있다. 자신의 일을 더 잘하기를 바라지만 동시에 현상에 만족한다. 애증 같은 심리가 작용하는 것이다. 사랑이 지나치면 순종적이 되고, 증오가 지나치면 고독을 즐기는 사람이 된다(Kingdon, Matt, 2012)." 탄력적이고 조화로운 학교조직은 전체를 따르되 주관을 가진 교사의 각기 주체적인 공존이 필요하다.

타성에 젖지 않고 균형과 조화를 간직한 조직을 구태여 혁신이나 선진화란 명목으로, 또는 단지 오래된 것이라는 이유만으로 차가운 거리로 내몰 이유는 없을 것이다. 이제는 경쟁이든 안주든 모두가 좌초할 위기에 놓여 있다. 일례로 정부는 기업이 임금이 낮은 외국으로 떠나는 것을 막고 고용을 늘이고자 하나 기업은 인재가 적합하지 않다는 이유는 내세운다. 취업률은 대학이 고민할 문제가 아니라 기업가들이 일자리를 만들어내야 하는 문제이다. 그 이면에는 기업은 노사갈등으로 막대한 손실을 입는 경우가 점차 심해지고 정규직의 진입을 꺼리는 구조가 형성되었다. 최근에 범죄조차도 낮은 취업률에 기인한다는 결과론적 해석이 난무한다.

현실은 자연계와 같이 항상 질서에서 무질서로 엔트로피가 높아지려는 성향을 가지기에 질서를 유지하기 위해서는 항상 많은 에너지와 시간이 필요하다. 우리는 때로 그 에너지를 관심과 사랑으로 표현하기도 한다. 혁신은 무질서에서 질서로 가려는 전환을 의미하지만 또한 모든 새로운 디자인의 시도는 불확실성과 위험을 내포한다. 질서를 획일화하여서도, 동일시하여서도 안 되지만 자유를 게으름이나 나태로 착각해서도 안 된다.

아날로그의 감성과 디지털의 투명한 명백성은 공존해야 한다. 로터리는 아날로그 방식의 대표적인 예이다. 교통량이 많거나 양보가 존재하지 않으면 로터리라 불리는 회전교차로는 오히려 더 많은 고통을 안겨준다. 브레이크의 작동방식도 아날로그적이다. 아날로그도 때로는 효율적인데 아무도 없는 횡단보도를 점멸신호방식으로 적용한 경우 운전자와 보행자는 지체 없이 지나갈 수 있다. 멈춤과 주행이 극명하지 않다. 높은 속도에서 급정지는 사고를 의미한다. 표면적으로는 무질서 해보이지만 그 자체로 효용을 가진다. 0과 1의 디지털적 흑백은 회색지대가 필요하다.

환경 속에서 청결이라는 덕목으로 가장 큰 피해를 입는 건 자가면역질환이다. 청결로 인해서 유해한 세균과 더불어 유익한 세균도 우리 주변에 자취를 감추고, 유해한 세균을 통해 신체의 면역을 기를 기회를 상실하게 된다.

무질서와 복잡성은 통제의 원인이 되기보다는 진화와 창조의 기회가 되고 리더십과 통찰력을 발휘할 기회라는 긍정적인 측면을 제공하고 있다. 기계론적 세계관이 질서정연하고 예측가능한 균형과 안정을 추구하고 선형적이며 결정적인 인과관계를 강조했다면, 카오스패러다임은 복수의 합리성과 모순을 허용하고 비선형적이고 비가역적인 생성적 관계와 혼돈과 무질서를 강조하고 있다.

무질서는 조직의 기능을 마비시키고 결과적으로 붕괴시키는 것이 아니라 조직업무와 서비스를 개선시킬 가능성을 창출하도록 사람과 조직을 해방시키는 '창조적 무질서'(creative disorder)를 의미한다. 본질적으로 조직문화는 항상성과 균형성을 띠며, 요동, 불안정, 변화의 징조들을 금지하고 조직변화를 억제한다. 긍정적 변화를 억제하는 문화적 폐쇄성 때문에 창조적 변화에 필요한 다양성과 요동이 제약된다. 무질서나 위기는 보다 나은 미래를 위한 변화가 어떤 것들을 포함하고 있으며 무엇을 요구하는지에 대하여 이해하고, 숙고하고, 학습할 기회이다. "혼돈에서 질서로 이행은 신념과 발상의 전환이 필요하다(김동준, 2013)."

질서 속에 자유, 자유 속에 질서는 포기할 수 없는 가치이다. 질서정연하지만 단조로운 삶과 무질서하지만 생기 있는 삶 중의 하나를 선택할 필요가 없다. 이 양자의 균형과 조화를 선택해야 한다.

◎ 교사공동체의 회복

교사공동체는 아이들을 함께 돌보는 마을과 같다. 교사공동체의 가장 큰 역할은 아이들의 정보가 교류되고 가르치는 일을 논의하는 장이 되는 것이다. "학교 활력의 원천은 교원들의 집단적 전문성이고, 이것을 함양하기 위해서는 교사들이 자발적으로 전문성을 교류, 공유, 축적, 활용하는 일이 이루어져야 한다. 교사들의 이러한 활동과 운동이 바로 학교컨설팅이다. 학교컨설팅을 통해 함양하려는 것은 교사들의 집단적 지식, 기술, 기법과 '지혜'인데, 전문적 자본 중에서 의사결정적 자본은 바로 오랜 경험과 반성적 사고를 통해 습득할 수 있는 지혜에 해당한다(Andy Hargreaves, Michael Fullan, 2012)."

이러한 전문적 자본의 상속이 불가능한 것은 교사 각 개인이 각자의 방에 틀어 박혀 대화가 단절되는 것에 원인이 있는 것이 아니라 오히려 핵심 가치의 상실에 원인을 찾을 수 있다.

보여주기 위한 위선적 가치에 매몰 될수록 학교는 가식적 분주함으로 바쁘다. 학교가 과연 보여줄 것이 무엇이 있는가?

교사공동체는 이미 우리의 전통 사회에 존재하고 있었다. 교사공동체의 역할은 좋은 일은 서로 권장하는 덕업상권(德業相勸), 잘못한 일은 서로 꾸짖는 과실상규(過失相規), 올바른 예의는 서로 나누는 예속상교(禮俗相交), 재난과 어려움은 서로 돕는 환난상휼(患難相恤)과 같은 향약의 전통을 넘어설 수 없다.

현재에도 교사 상호간 학교컨설팅이 이루어지는 "전문가 공동체(professional community)는 학교에서 교과부서(department)를 통해 실제로 존재한다. 각각 혼자서 일하는 느슨한 교사집단과는 대조적으로 이 공동체의 교사들은 자기가 안고 있는 문제와 학생에 대한 이야기를 공개적으로 토로하고, 변경이 가능한 교육방법을 함께 토의하며, 상이한 전략과 실행을 서로 가르치고, 협력자인 동료들과 함께 집단 토론과 행동에 참여한다(Lieberman, A., Miller, L., 2004)."

결코 나의 의도대로 상대의 행동을 통제하려는 마음 없이 가장 소중한 가치를 중심에 두고 만나야 한다. 학예회의 무대에 정돈된 모습을 위해 수업조차 빼는 방식 속에서는 전문가적 공동체는 기대하기 어렵다.

전문가 공동체의 부재와 소통의 단절은 나의 의도가 가시화된 형태로 상대에게 선명하게 전달하는 일이거나, 서로가 자신의 주장을 낮추어 상대에게로 서로 다가가는 것을 통해 극복하는 것이다. 그래서 상대와 더 많은 대화를 하는 것이 필요한 일이다.

그러나 많은 경우 전문가 공동체의 부재와 소통의 단절은 내 자신의 이기심과 욕심에 기인한다. 나만을 위한 이기심 그리고 더 많이를 향한 욕심은 소통의 단절에 근본적 원인이다. 사실 소통은 그리 많은 의사소통 기술을 필요로 하지 않는다. 많은 의사소통기술들은 상대를 나의 의도로 환원시키려는 것이지만 그것은 그렇게 진정성을 가지지 못하기에 오래가지 못한다.

◎ 교사의 내면 지향성

학교와 교사의 지향성의 전환이다. 대부분의 교사는 강박적으로 학교를 위하여 자신이 무엇을 해야 할지를 찾는다. 교육청이나 학교의 일들이 재정적인 부분들을 제외한다면 대개가 교실현장을 지원하는 일들이다. 즉 교육청이나 학교는 학급에서 학습이 원활하게 일어나도록 지원하는 역할을 하는 기관들이다. 교육청과 학교는 학습이 원활하게 일어나도록 교사의 활동도 지원하는 경우도 있다. 그런데 교사의 입장에서 학교와 교육청을 도우려는 경향은 부분이 전체를 생각하는 것과 같다. 부분은 전체를 파악할 수 없다. 멸사봉공(滅私奉公)은 공직자가 국민을 염두하고 개인적인 이익을 추구하지 않아야 한다는 것이지 개인이 해야 할 일을 제쳐두고 국가의 일에 매달리라는 의미는 아닐 것이다. 사사로운 명리와 이익은 멀리해야 한다. 이타심은 궁극적으로 자리이타(自利利他)이다.

"의사소통에는 기본적으로 정서를 공유하는 과정이 전제가 된다. 우리나라의 경우 의사소통에 엄청난 문제를 안고 있다. 정서 공유의 과정이 생략되어 국민이 정서를 공유할 바탕이 없다. 집단에서는 전체가 모여야만 정서를 공유할 수 있는 것으로 착각하는 문화가 형성되어 있다. 사람과 사람이 마주치면 미소를 보내는 것이 일상적 문화가 되어야 정서를 공유한다고 할 수 있는데 우리는 눈조차 마주칠까봐 피해버린다. 우리가 회복해야 할 것은 문화적 다양성이다. 각자 행복하고 재미있게 사는 방법을 찾아내면 그것이 문화적 다양성으로 자연스럽게 연결된다. 나와 다른 것에 관용이 생기고 이해의 폭이 넓어지고 의사소통의 핵심이 된다(김정운, 2012)." '우리'로 위장된 일체감을 추구하고 유지하려는 자세는 위험요소 혹은 함정이다. 엄밀한 의미에서 공감과 동조를 구분해야 한다. 공감은 자신의 주체성을 버리는 것이 아니지만 동조는 자신의 주체성을 버리고 타인을 모방하거나 맹목적으로 추종하는 것이다. 동조는 비위맞추기에 어울린다. 그것은 계산적 이해관계의 연장일 뿐이다.

개인에게 강요하는 집단에게 미래는 없다. 강요는 폭력의 또 다른 이름이다. 획일화된 문화 속에서 창의성은 나타날 수 없다. 집단은 개인에게 '할 수 있다'를 넘어 '하고 싶다'라는 욕망을 가지도록 유도하는 경우도 있다. 집단과 부모의 욕망을 나의 욕망으로 착각하게 한다. 개인은 집단 속에서 길을 잃을 수 있고 집단 속에 매몰될 수 있다. 특히 학연, 지연, 혈연 등의 서로의 동질성을 확인하려는 경향이 강한 우리 사회에서는 더욱 이러한 경향이 강하다. "어빙 제니스의 유명한 집단 사고(groupthink)의 희생자로 전락할 수 있다. 집단사고에서 집단은 확고부동한 집단 마인드를 갖게 되고 구성원 개개인은 그것에 무조건 따른다. 알프레드 비온에 의하면 집단 사고는 앞장 서는 지도자를 찾는 의존성, 투쟁-도주(공격 혹은 회피), 짝짓기(하부 집단들로 분리하기) 등이다. 집단 사고는 '모든 사람들이 그렇게 한다'라는 구실로 불합리한 행동을 허용하고 무사안일하게 지낸다(Andy Hargreaves, Michael Fullan, 2012)."

적당히 어우러져 있는 집단은 말하자면 일종의 담합 상태다. '이 정도의 나에게 만족한다'는 안도감이 생겨 서로에게 '좋아' '괜찮아'라고 하면서 스스로에 대한 입찰 가격을 낮게 책정한 채 마음을 놓는다. 흥미롭게도 재능이 많은 사람일수록 혼자일 때 자신이 이루어야 할 세계에 대해 생각한다. 즉, 혼자만의 시간에 깊이 생각한다는 것은 재능의 증거이기도 하다(사이토 다카시, 2014).

생산판매자의 입장에서는 감정이입을 통해 다른 사람이 실제로 무엇을 필요로 하는지 파악하는 것이 결국 가장 중요한 혁신으로 이어진다. 그러나 일반적으로 우리의 의식은 항상 타인에게로 쏠려 있다. 타인이 어떻게 사는지에 관심을 가진다. 그러나 그 관심은 자신과 비교를 위한 피상적 관심이지 타인이 잘 되기를 희망하는 관심은 결코 아니다. 이러한 관심을 인터넷으로 충족시키고 다시 인터넷의 이야기를 다른 사람들에게 옮긴다. 예전에는 소문에 불과 하던 것이 인터넷 시대에서는 뉴스가 되고, 그 뉴스의 생산자가 과 거에는 주요 언론사였으나 지금은 개인이 되었다. 특히 인터넷을 등에 업은 개인은 네티즌이라는 세력으로 재등장하였다. 타인의 삶 에 관심이 높은 데 반해 자신이 진정으로 무엇을 원하는지에 무지 하다. 의식이 자신의 내면으로 향하지 않게끔 진화되어 있기에 자 신이 무엇을 원하는지를 발견하는 것이야 말로 진정한 혁신이 된 다.

교사들이 흔히 오류를 범하는 것 중에 하나가 주요 학사 운영 등에 대한 소모적 비판이나 비난적 관여를 마치 학교에 대한 관심 이나 교육에 대한 관심과 애정으로 착각하는 것이다. 부정적이고 소모적인 피드백에 깊숙이 매몰되어 비판받는 대상이나 비판하는 당사자 모두가 제3의 길을 찾지 못하고 긍정 아니면 부정의 순환 속에서 표류하게 된다. 자기의 작품을 만들 일이 아니라 자신을 하 나의 작품으로 만들어야 한다. 자신이 신고 있는 신발을 볼 일이 아니라 자신의 신발을 신고 걸어갈 길을 보는 지혜로 학교와 교사 는 지향점을 전환해야 한다. 혁신은 지금 여기서 자신이 하는 일로 부터 시작된다. 자신에 의해 세상이나 상황이 바뀔 수 있는 능력 (creative confidence)이 있다는 것을 믿는 일이다.

또 하나의 문제는 개인의 존재 이유가 '회사'와 '일'에 있는 것처럼 일하는 사회의 모습과 같이, 학교의 구성원 역시 존재 이유가 '학교'와 '일'에 있다고 생각하면서 상실되어버린 인간의 전체성이다. 이 반대쪽 극단에는 지나친 개인주의와 이기심이 존재할 것이다. 집단이 이기적인 가치에 종속될 때 집단은 나를 구속하는 '우리'로 변질된다. 나의 이기적 가치에만 집중하는 개인도 '무인도'와 같이 고립된다.

건축은 교사들이 교실에 틀어박히는 개인주의화에 대한 이유로 언급된다. 개별학교의 건축, 달걀판과 같이 분리된 교실, 고립된 이동식 교실 등은 교사들이 함께 일하기 어렵게 만든다. 그러나 장애물은 열린 교실에서도 쉽게 다시 생겨날 수 있다. 교실 문은 열린 뒤에도 쉽게 닫힐 수 있다. 고립과 개인주의는 벽돌과 회반죽 문제를 넘어서는 것이다. 그것은 교사직의 습관과 문화에 깊이 뿌리박혀 있다(Andy Hargreaves, Michael Fullan, 2012).

일반적으로 사람들과 더 많이 연결되고 소통하면서 타인에게 좋은 영향을 끼치고 싶은 욕망과, 타인을 의식하며 살아가는 현실에 피로를 느끼고 혼자가 되고 싶은 욕망, 우리는 항상 그 사이에서 위치한다.

"사람들이 추구하는 관계는 서로 긴밀히 연결되어 있으면서 자유로움을 느끼게 하는 관계이다. 이 두 측면(연결과 자유)의 기본 욕구가 충족되어야만 어떤 아이나 어른도 다양한 사물 사이의 복잡한 연관성을 이해하는데 자신의 두뇌를 제대로 쓸 수 있게 된다 (Spiegel, 2011)."

"제대로 된 학습공동체는 평생학습이 활기차게 이루어지는데 필요한 두 가지 요소를 다 채워 준다. 우리가 다른 사람이나 다른 세상과 연결되었다는 느낌, 다른 한편으로는 우리 스스로 자유롭다는 느낌이다. 자유로워야만 다른 사람과 함께 새로운 것을 만들어 낼 수 있다(Spiegel, 2011)." 유대감과 자유로움은 서로 촉진작용을 일으킨다. '화이부동(和而不同)'의 디자인이 조직문화디자인의 정수이다.

그러나 중독조직이나 중독사회는 두 가지 큰 특징을 가진다. 결코 혼자의 판단과 선택이 존재하지 않는다. 그리고 경쟁도 혼자서 한다. 경쟁이 내면화되고 스스로 늘 부족하다는 느낌에 시달리게 된다. 중독조직은 '일중독'과 병행한다. 일중독이란 하나의 질병으로 과도할 정도로 일에 몰두하며 일을 통해 자아 정체성을 확인받고자 하는 병적인 상태를 말한다. 열심히 사는 것과 일중독은 다르다.

전문직에 종사하며 높은 자기 성취욕과 일에 대한 열정을 가지지만 높은 구매력이 말하듯이 공허함을 물질로 교환하게 된다. 섀프와 패설은 "생존을 최고의 가치로 내세우는 신조가 미국 사회에 자리 잡는 것을 우려의 눈으로 바라보았다. 이 새로운 시대의 가치가 사기, 기만, 협잡, 그리고 무책임이나 극단적인 자기중심성 같은 중독 조직의 증상을 더욱 심화시키리라 예상했기 때문이다. 중독이 우리의 감각을 서서히 마비시켜 오로지 한 방의 해결책인 중독물을 얻는 데에만 온 신경을 쏟게 하듯, 사회 전체가 이윤만을 좇아 끝없는 생존 경쟁에 뛰어들고 있기 때문이다. 여기서 마비되는 것은 우리의 윤리적 감각이다(A. W. Schaef & D. Fassel, 2013)."

중독조직이 무서운 이유는 조직의 붕괴 이전에 개인의 몰락이다. "조직이라는 이름 아래 이들의 도덕성과 양심은 자취를 감추고 만다. 평범한 개인이라도 조직 안에 들어가면 이상 행동을 보이는 사례들. 현실에서도 부지기수다. 군대 내 가혹행위, 과잉 충성이 빚어내는 폭력성이 대표적이다(윤성환, 2015)."

중독조직은 방어적 침묵이나 체념적 침묵 등의 조직침묵을 조장한다. "우리 사회에 중독 과정이 규범처럼 수용되는 이상, 사회 구성원이라면 누구든 이 중독 과정에 어떤 방식으로든 동참할 수밖에 없다. 구성원이 죽은 것도 산 것도 아닌 좀비 같은 상태로 남아 있길 바라는 사회가 다름 아닌 중독 사회라면, 중독 조직은 그 사회와 개인을 연결하는 접착제 역할을 한다(A. W. Schaef & D. Fassel, 2013)."

조직으로부터의 인정이 자신의 진정한 모습은 아니다. 조직의 인정을 바라고 조직의 필요와 욕구를 자신의 필요와 욕구로 수용하거나 착각하는 것은 학생을 첫 번째 우선 순위로 두어야 하는 교사로서는 착오이다. 교장은 교사와 학부모가 아니라 학생을 보아야하고 교사는 교장이나 학부모나 동료가 아니라 학생을 먼저 보아야한다. 조직의 필요와 욕구를 따를 것인가 학생의 욕구를 따를 것인지의 양자 간의 선택이 아니라 조직의 필요와 욕구가 학생들의 교육에 적합한 것인가를 판단하는 현명함이 필요하다. 교사의 눈은 항상 자신의 내면에 대한 반성과 학생을 향해 아래로 향해야 한다.

◎ 한계의 인정

교사는 도덕적이나 교육적으로 완벽해야 한다는 강박관념을 가지고 있을 수 있다. 학교생활에서 학생들에 대한 잘못된 훈육을 은폐하려는 일들이 있어 왔고, 그러한 시도들이 교육계 전체의 신뢰를 추락시키는 원인이 되어 왔다. 교사도 실수를 하는 인간적 존재이지 완벽한 존재가 될 수 없다. 이러한 완벽성을 기대하는 것은 사회의 강압이다.

"교실에서는 실수나 통제 문제의 여지를 절대 남기지 않아야 했다. 학교 과외활동에도 자발적으로 참여해서 완벽하게 수행하려 노력했다. 아마도 이 선생님이 학교의 보배라고 생각할지 모르겠다. 자신의 불합리한 기준을 학생에게 투사하는 동시에 이로 인해 심한 심리적 압박감에 시달렸다. 매일 아침 출근하기 전에 그날 일을 두려워하고 걱정하느라 몸이 정말 아프기까지 했다. '내가 잘할 수 있을까? 준비한 수업내용을 모두 기억할 수 있을까? 학급을 제대로 통제할 수 있을까? 동료 선생님과 교장의 인정을 받을 수 있을까?' 불안감이 고조되면서 혈압이 치솟았고 위장이 꼬였다. 물론 그는 아무도 알아차리지 못하게 이런 취약점을 철저하게 가렸다(Tony Humphreys, 1996)."

더 잘해야겠다는 생각은 개인을 철저히 자신으로부터 소외시킨다. 의식은 항상 타인을 지향한다. 교사의 완벽성과 같이 학교 조직도 완벽성을 추구하려는 강박증에 걸려 있다. 학교는 다른 조직에 비해 매우 높은 도덕성을 요구받으며, 다른 분야보다 더 철저하게 공정성을 요구받는다.

오직 자신의 능력과 성과를 통해서 주체로서의 존재감을 확인하려는 자아는 피로해지고, 스스로 설정한 요구에 부응하지 못하는 좌절감은 우울증을 낳는다. 이러한 사회적 변화는 "규율사회의 부정성은 광인과 범죄자를 낳는다. 반면 성과사회는 우울증 환자와 낙오자를 만들어낸다." 한병철(2012)은 성과사회는 자본주의 시스템의 진화가 낳은 결과로 해석한다. 더 큰 성과를 올려서 더 큰 성공을 거두고자 하는 개개인의 욕망을 부추김으로써 자본주의는 전체적인 생산성을 극대화해간다는 것이다. 자본주의의 착취는 이렇게 해서 자발적인 착취의 양상을 띤다. 성과주체는 자기 자신을 착취한다. 그는 가해자인 동시에 피해자이다. 성과주체는 자기 자신의 노동수용소를 짊어지고 있다. "우리는 바로 우리 자신의 경영자"라고 말할 때, 그것은 "우리는 바로 우리 자신의 착취자"라고 한다.

성과를 추구하는 것 자체가 문제가 아니라 성과에 빠져 과정에서 만족감을 느끼지 못하거나 과정을 충실하게 유지하지 못하고 오로지 결과에만 매달리는 것이 문제이다. 결과를 위해서라면 수단과 방법을 가리지 않는 것은 성과주의의 폐단이다. 과정에 충실하여 좋은 결과를 기대하는 것은 결코 성과주의가 아니다. 오히려 바라던 결과를 반복적으로 얻지 못하는 것에서 학습된 무력감을 얻게 되고 좌절하게 된다.

"오히려 열정 때문에 성취의 근간이 되는 시스템을 무시하고 목표에만 매몰될 가능성이 크기 때문에 실패하기 쉽다고 이야기한다 (S. Adams, 2014)." 목표에 매몰돼 열정을 쏟아 부으면 금세 자신의 에너지를 소진하고 지쳐서 나가떨어지게 된다. 지속가능한 시스템을 만들어서 충실하면 훨씬 효율적이고 순조롭게 원하던 바를 이루게 된다. 지속가능한 시스템은 결국 기본에 충실한 것이고 본분에 헌신하는 것이다. 뿌리 깊은 나무는 가뭄과 바람에 어려움을 겪지 않는다.

"한 가지를 탁월하게 잘하는 것보다 두 가지를 적당히 잘하는 편이 훨씬 더 낫다. 여러 개의 평범한 기술들과 다양한 경험들이 모이자 부분들의 단순한 총합을 넘어서게 된 것이다. 재능과 탁월함에 대한 맹목적인 추종이 성공으로 나아가는 유일한 길은 아니며 그 길은 가장 어려운 길이다. 기술과 관련해서는 종종 양이 질을 압도한다(S. Adams, 2014)."

디자인력은 살아가는 힘이다. 곤란한 상황에 부딪혀도 쓰러지지 않고 신념을 굽히지 않으며 시스템에 맹목적으로 순응하지 않고 자기 삶의 방식과 사고방식을 관철시켜 나가는 힘이다.

'남들을 따라가기 위해', '남들 보다 앞서기 위해', '남들만큼은 해야 겠다'는 내재화된 비교의식은 성취주의나 완벽주의와 결합하면 광적이고 비현실적인 충동으로 최악의 상황이 된다. 교사에게 가르치는 것이 즐거움이 아니라 고통으로 변하는 역연금술이 된다. 이 순간 무엇인가를 하지 않는 교사에게는 항상 죄책감을 느끼게 한다. 외부적 통제는 내면적 통제로 완벽히 전환되었다.

자신의 실수를 반성하고 솔직하게 밝히는 태도를 함양할 필요가 있다. 그럼으로써 교사는 자신의 한계를 분명히 알고 대처하여 행복해 질 수 있다. 선생님이 행복하면 학생들도 행복해진다. 그러나 결코 교사의 이기적 만족이 교사를 행복으로 인도하지는 못할 것이다.

집단과 개인과의 관계는 불교식으로 비유하자면 승가(僧家)와 승려(僧侶)와 관계와 같다. 이 승가는 서구적 기원은 피타고라스학파와 같은 공동체이다. 명상의 에너지를 가진 많은 승려들이 모여 하나의 고요하고 침묵으로 이끄는 명상적 에너지 장(場)을 형성한다. 승가는 승려들의 이러한 에너지 장을 의미한다. 그 에너지 장에서는 자연스럽게 침묵 속으로 녹아들어간다. 그 에너지 장을 강하게 만드는 것이 개개 승려들이다. 집단으로서 승가는 승려의 에너지를 이끌어 당겨 자연스럽게 명상을 증폭시키는 역할을 하게 된다. 승가는 승려에게 도구적인 역할을 하게 된다. 집단과 개인은 서로 상승작용을 한다. 항상 전체는 부분의 합 이상이다. 승가는 승려 모두의 합과 에너지 장을 포함하게 된다. 이는 모든 조직과 조직의 구성원의 본래적인 관계이다. 이를 관계성의 회복이라고 할 수 있다. 결국 조직은 구성원을 돌보는 역할을 통해 우리라는 관계성을 회복할 수 있고 조직이 추구하는 목적을 성취할 수 있다. 구성원 각자는 언제 어른이 되는가? 사회는 언제 성숙한 사회가 되는가? "어른을 키우는 사회가 선진국이다(김찬호, 2009)." 학생을 키우듯이 교사도 키워야 하며 학교는 이를 중심으로 디자인되어야 한다.

어지럽고 통일성이 없는 공간과 조직문화는 인간의 휴식과 창조를 방해한다. 이처럼 바쁜 학교는 통일감이 떨어지는 시각 환경처럼 에너지를 어디에 집중해야 할지 모른다. 각자 통일성 없이 분주하다. 학교디자인과 학교경영디자인, 수업디자인은 별개의 독립된 영역이 아니다. 이 세 가지가 통일성 있게 상호유기적으로 호응하여야 전체의 에너지를 학생들에게로 모을 수 있다. 각종 외부 강연, 각종 대회 참가 등 교육적으로 위장된 제도는 학교에서 유기적 통일성을 방해하는 요소들이다.

3. 교육윤리디자인

◎ 윤리와 부패

학교윤리 혹은 교육윤리는 학교조직문화디자인에서 가장 중요한 요소이다. 교육에 관한 문제들이 윤리학적인 질문을 제기한다는 것은 논리적으로 자명하다. 교육이라는 의미에는 인간의 바람직한 성장이 포함되어 있고 사회적 가치를 전달한다는 뜻이 들어 있다. 그러므로 교육이 모종의 윤리학적 가치를 지니고 있어야 한다는 것은 논리적인 필연이다.

"일반적으로 교육윤리에는 가르치는 일의 윤리, 성적 평가의 윤리, 학생지도의 윤리, 체벌의 윤리 등이 큰 비중을 치자하고, 집단별로는 학생의 윤리, 학부모의 윤리, 교육행정가의 윤리, 교원단체의 윤리, 사학의 윤리 등을 들 수 있다(김병주 외, 2007)."

"윤리는 동기에 초점을 둔다면, 부패는 결과에 더 초점을 둔다. 윤리의 문제는 교육이 더 강조되며, 부패의 문제는 적발과 처벌이 강조된다. 교육분야의 부패는 규모는 작지만 국민의 체감도가 높다. 교육의 본질에 비추어 높은 도덕성이 요구되며, 사람들이 교육분야 종사자들에게 상대적으로 더 높은 청렴도와 투명성을 요구하기 때문이다. 따라서 교육분야의 부패는 일반부패에 비하여 해당분야 자체에 미치는 영향이 훨씬 더 치명적이다. 일반 사회가 도덕성을 존립기반으로 하고 있다고 볼 수는 없지만, 교육은 도덕성을 그 존립기반으로 하고 있기 때문이다(김병주 외, 2007)."

학교는 도덕과 윤리를 직접적으로 가르치는 교수학습활동을 하는 조직이며, 성장하는 학생들에게 영향을 지속적으로 미칠 수 있다는 점에서 매우 치명적인 취약성을 가진다. 사회 전체의 정서는 보호받아야 할 학생을 대상으로 저지른 범죄에 대해서 관용을 베풀려 하지 않는다.

기업은 법의 허점을 이용하여 최대한 이윤을 극대화하려 한다. 기업은 기업윤리와 평판 자본이 기업이윤 창출에 도움이 된다는 사실을 직시하지 않는다. 기업의 브랜드 신뢰는 기업의 단기적 이윤을 넘어선다. 기업이 기업구성원이나 사회의 것이라는 믿음을 붕괴시킨다. 반기업이나 친기업이란 용어는 허구적 개념이다.

기업의 부패는 사회의 존립을 위태롭게 한다. 친기업 또는 경제를 살린다는 이름으로 경제범죄에 둔감해져서는 안 될 것이다.

폴크스바겐 배출가스 조작 파문은 미국 환경보호청(EPA)이 일부 폴크스바겐 디젤 승용차가 미국에서 배출가스 검사 회피 기능을 가진 채 판매돼 왔다며 미국서 팔린 48만 대에 대한 리콜 명령을 내린 것을 계기로 불거졌다. 최대 180억 달러(약 21조원)의 벌금까지 부과될 수 있다는 전망에 폴크스바겐은 시가총액이 250억 유로(약 33조원)나 바닥나고, 파장이 확산되며 다른 자동차주의 주가도 급락했다. 그러나 이러한 배출가스 눈속임 차단장치 소프트웨어를 누가, 왜 차량에 탑재했는지는 아직 해명하지 않고 있다. CEO 빈터코른은 현 시점에서는 자신도 모든 질문에 대한 답을 갖고 있지 않다고 한다. 폴크스바겐은 블랙박스화되었다.

사회는 기업이나 조직, 개인의 통상적 윤리 범위를 벗어난 행위에 관용을 베풀지 않는다. 이제 학교를 포함한 사회의 모든 기득권 조직은 과거와는 다르게 SNS(social media)의 시선 아래 위치해 있다. 평판 자본 위험 관리에서 기업의 경우 종업원과 고객은 무엇이 잘못되었는지 항상 알고 있다는 가정이 깔려 있다.

절대 가치의 시대에서는 점차 상품의 고정불변한 절대적 가치가 아니라 소비자가 제품을 사용할 때 경험하게 되는 품질 또는 가치가 중요시된다. "정보를 쉽게 얻을 수 있는 상황에서는 과거의 경험이 선택에 큰 역할을 하지 못한다. 이는 소비자들이 같은 브랜드의 다른 상품에 대한 좋은 경험이 있다 하더라도 새로운 구매 결정은 상품의 실제 성능을 기준으로 매번 다르게 내린다는 의미다. 다시 말해 미래에 상품을 사용할 경우 실제 경험에 더 가까이 다가갈 수 있는 소비자의 능력이 신장된 것이다. 전문가들만 제품의 절대 가치를 판단할 수 있는 시대는 끝나고 가치의 시대가 온 것이다(Itamar Simonson, 2014)."

이러한 사실은 정보네트워크의 격차가 경험의 격차를 대체하고 있다는 점이다. 이제 이러한 정보는 대중과 네티즌이 주체적으로 생산하고 있는 시대로 접어들었다. 가치 평가는 외부에서 규정된 대로 받아들이는 것이 아니라 개인들에 의해 재구성된다. 개인들은 생산하는 주체이고 소비하는 주체로서 프로슈머(prosumer)가 된다.

비윤리적 행동은 평판 자본과 경제적 가치를 위험에 노출시키는 것이다. 윤리적으로 행동한다는 세상의 평이 확고하고 종업원이나 고객, 지역 시민 등 이해관계자가 호의를 품고 있으면 그 자체가 경제적 가치를 가진다(Newton, Englehardt, Prichard, 2012).

우리는 윤리의 문제와 부패 즉, 청렴의 문제를 구분해야 한다. 교육윤리의 큰 범주에 교육행정의 부패가 포함되지만, 교사의 도덕적 판단의 교육윤리 문제와 공직자로서 의무 또는 학생들이 사용할 재원을 중심으로 한 부패의 교육행정윤리를 구분해야 한다.

문화는 한 사회 내에서 우세하게 발현하는 가치, 태도, 신념, 지향 점 그리고 전제 조건 등이다.

가치는 우리가 '윤리'라고 부르는 문화의 영역에 포함된다. 처음에는 강요되었으나 나중에는 개인의 내면적 명령으로 수용된 개인행동을 '도덕'이라고 한다. 이런 본질적 가치에 따라 행동하는 사람은 도덕적이다.

윤리는 디자인될 문제는 아니다. 하지만 근본에서 바로 서는 것이 혁신이고 디자인이다. 집도 낡으면 새로 고쳐야 한다. 디자인의 변혁성은 때로 체제 불복종의 형태로 나타나지만 현실의 왜곡이 심할수록 바로잡을 수 있는 혁신효능감으로써 작용하기도 한다.

대학의 기업화는 교육철학의 실종과 건학이념의 실종, 인문학의 표류, 최후로는 윤리도덕의 실종과 연관된다. 특히, 다양한 교육장면에서 윤리의 실종은 학교가 인간다운 삶을 위한 사색의 기회를 박탈하는 것으로 연결된다. 대학의 경우 국가가 요구하는 지표를 개선하기 위해 경쟁적인 잣대를 들이댄다. 이 잣대에는 부실경영에 대한 사회적 책무와 나태와 안일에 대한 추궁이 포함되어 있기는 하지만 대학이 그저 기업이 요구하는 노동인력을 양산하는 곳이라면 그곳은 학교가 아닌 기술학원이다.

비윤리적 행동은 학교 조직 전체뿐만 아니라 전체 교육계 이미지에 즉각적인 영향을 미친다. 신뢰가 높으면 부패는 사라진다. 부패는 조직내에서 불투명성이나 소통과 교류되지 않는 것에서 출발한다. 윤리와 부패의 핵심은 신뢰이다. 공직자가 국민의 신뢰를 저버리는 게 부패다. 학교가 학생을 잊어버리는 것이 윤리와 도덕 상실의 근원이다. 기업의 경우 '윤리와 도덕성'은 도덕성을 높여 소비자의 인식을 우호적으로 만들고, 기업 내부적으로도 신뢰와 협동심을 키우게 한다. 자신이나 조직이 윤리적이지 않다고 생각하는 사람은 자신이 처한 현실에 최선을 다할 수 없다.

윤리가 애초부터 상실된 것은 아니다. "공정한 관찰자란 인간의 상상 속 인물로, 스미스에 따르면 인간의 행동은 이 공정한 관찰자와의 상호작용에 의해 이루어진다. 공정한 관찰자는 우리와 대화를 나누며 우리의 행동이 도덕적인지 확인해주는 공정하고 객관적인 인물이다(Russell Roberts, 2014)." 공정한 관찰자란 우리의 양심을 이르는 말이다. 국회의원은 국회법 24조에 따라 국가이익을 우선으로 하여 국회의원의 직무를 양심에 따라 성실히 수행할 것을 선서를 한다. 개인적인 이익에 우선하여 다수의 이익에 헌신할 수 있는 힘은 부단한 자기 노력을 통해서 가능하다. "우리 내면의 인간다움을 유지하고 마음속 비열한 생쥐를 짓눌러야 한다. 인생은 경주가 아니라 음미하고 즐기는 기나긴 여정이다. 더 많은 것을 가지려는 끈질긴 욕구, 즉 야심이 우리를 삼켜버릴 수 있다(Russell Roberts, 2014)."

양심은 확인할 수는 없지만 분명 인간다움의 본질과 연관된다. 인간인 한에서는 양심으로써 도덕과 윤리는 잃어버린 적이 없다. 교육과 디자인의 길이 모두의 자유와 복리의 증진이란 사실은 매우 분명하다.

이러한 선순환이 유지되기 위해서는 범죄예방디자인과 같이 폐쇄되고 음울하게 어둠이 드리워진 공간을 밝게 하는 내면의 디자인이 필요한 일이다. 서로는 서로를 비추는 거울이자 빛이 된다.

다시 한번 학교와 기업은 사회적 디자인의 개념을 상기하여야 한다. 그리고 학교는 공교육의 공공성과 사회적 책임을 인식해야 한다. 사회적 기업의 경우 기업이 걸어가야 할 길이고 추구해야할 모습이다. 공멸의 길을 걸을 것인지 공존의 길을 걸을 것인지는 선택의 사항이 아니다.

◎ 교육리더의 윤리

교육리더란 학교경영자만을 의미하는 것은 아니다. 장래의 잠재적 리더를 포함한 개념이며 학급의 학생들에 대해 자발성과 꿈을 심어 주는 측면에서 교사를 포함한 개념이다. 먼저 교육리더의 윤리적 측면을 살펴본다면, 첫째, 교육리더의 경우 교육윤리와 교육행정윤리의 양자에 모두 해당한다. 과거 교육리더는 군사모델과 경영모델을 이용하여 훈련을 받았고, 상사를 따르는 동시에 부하를 지휘하고 책임질 필요성, 그리고 위계의 중요성을 배웠다. 그들은 규칙, 정책, 기준에 따라 운용되는 절차, 정보체계 또는 비공식적인 기술을 개발함으로써 지도력을 발휘했다. 이런 기술과 규칙은 리더가 도덕적 결정을 하는 우선적인 기초가 정의, 권리, 법의 윤리였을 때는 좋은 효과를 나타내지만 리더가 윤리적 판단 과정에서 다양한 목소리를 고려하도록 요구받는 상황에서는 부적절하다.

특별히 교육에 영향을 미치는 "일반적 리더십 및 교육 리더십 분야의 다양한 전통에서 유래한 세 가지 윤리는 정의 윤리, 비판 윤리, 돌봄 윤리이다. 정의 윤리는 어떤 사례와 관련하여 법, 권리, 정책이 있는지 그리고 있다면 강제해야 하는지와 만일 없다면 무엇이 있어야 하는지의 질문과 관련된다. 비판 윤리는 누가 법을 만드는가? 누가 법, 규칙, 정책으로 인하여 이익을 얻는가? 누가 권력을 가지고 있는가? 누가 침묵하는 목소리인가와 같은 난제에 대처하도록 요구한다. 돌봄 윤리는 감성을 다루기 때문에 복잡한 측면이 있다. 이 윤리는 결정을 통해서 누가 이익을 보는가? 누가 상처를 받는가? 결정의 장기적 효과는 무엇인가? 누군가에게 도움을 받는다면 미래에 무엇을 갚아야 하는가? 이 패러다임은 충성과 신뢰와 같은 가치에 고심한다. 마지막으로 전문직 윤리에서 교육리더는 성실, 공정, 윤리적 태도를 갖추고 학생의 성공을 촉진한다. 전문직으로서 도덕적 책임은 '학생을 위한 최선의 이익'을 위해 봉사하는 일이라고 믿는다. 교육행정가는 학생들의 복리를 모든 의사결정과 활동의 기본적인 중요 가치로 삼아야 한다(J. P. Shapiro & J. A. Stefkovich, 2011)."

돌봄 윤리는 교육리더가 도덕적 결정을 하기 위한 위계적 모델인 하향식 대신에 관계와 연결을 강조하는 리더십 스타일에 관심을 기울이는 일이 중요하다고 강조한다. 학교가 첫 번째로 해야 할 일은 학생을 돌보는 것이다. 성취를 최우선 과제로 삼고자 하는 사람들에게 맞지 않다. 행정가는 교사, 직원, 학생이 개인 간의 상호작용을 촉진하고, 경쟁을 덜 강조하고, 소속감을 강화하고, 서로에게 배우면서 개인의 역량을 증대하기 위해 협력적으로 노력하도록 장려할 필요가 있다.

교육리더는 가장 솔선하는 학습자가 될 수 있다. 중요한 도덕적 결정을 내릴 때 다른 이들의 말에 귀를 기울이기를 바라는 뛰어난 리더이자 학습자를 만드는 것이다. 그리고 훌륭한 리더이자 학습자의 자질을 갖추려면 어떻게 타인의 말을 듣고, 관찰하고, 반응할지를 특별히 강조하고 문화와 다양성에 대한 지식에 더 많은 초점을 두어야 한다. 돌보기의 세 가지 종류는 주의집중과 지지, 훈육, 그리고 함께 머물기 또는 오랫동안 계속해서 자극을 주는 프로딩(prodding)을 제시한다. 숙제를 하도록 지속적으로 닦달하는 프로딩은 어떤 사람이 자신을 염려하는 표시로 받아들인다. 교육적 리더는 모든 학생의 성공을 촉진한다. 스테코비치는 개인의 권리를 통합하고, 자신의 행동에 대한 책임을 지라고 학생에게 가르치고, 학생을 존중하는 것이 바로 학생을 위한 최선의 이익과 관련한 결정을 하는 것이라고 개념화한다. 이것이 권리, 책임, 존중의 3R's이다.

최근 교육에서 의사결정과 관련하여 윤리에 대한 관심이 증대되고 있다. 많은 사람들이 장래의 행정가에게 윤리를 훈련시키는 일이 중요하다고 생각한다. 그린필드는 이러한 준비교육은 장래 교장이나 교육감에게 도덕적 추론과 관련이 있는 태도, 신념, 지식, 기술을 개발할 수 있게 한다고 지적한다.

둘째, 학생들이 사용할 재원의 횡령 또는 배임의 교육행정윤리는 부패, 청렴과 연관된다. 부패corruption의 영어 어원은 함께cor 파멸하다rupt를 의미한다. 교육행정분야의 부패는 2000년에 절반

이상이 시설공사, 예산회계관리, 물품구매에 집중되어 주로 금전거래와 관련이 있는 부분이며, 그만큼 부패 연루 가능성이 크다는 점을 반증한다.

"교육행정분야 비윤리 혹은 부패의 사례는 크게 계약 물품 구매, 시설 공사, 인사비리로 제시된다. 그에 따른 원인으로 특정업자와 유착과 수의계약, 구매담당자의 전문성 부족, 구매 및 계약과정의 비공개, 교육청 감사체계의 문제를 언급하고 있다. 이에 따른 극복방안으로 물품구매, 각종 계약, 업체 선정과 관련된 정보 공개, 인사 관련 정보의 공개, 관련 기관의 감사체계 점검, 이익충돌 방지를 제시하고 있다(김병주 외, 2007)."

최근, 부정청탁 및 금품 등 수수의 금지에 관한 법률의 제정은 교육계 내부의 문제만이 아니라 더 넓은 범위에서 사회 전체의 도덕과 윤리의 문제라는 것을 의미한다.

◎ 교사의 윤리

교사의 윤리가 교육리더의 윤리에 비해 더욱 치명적인 이유는 학생들에게 직접적인 영향을 미치기 때문이다. 학교 내 비리는 촌지, 불법찬조금, 수학여행, 급식업체, 방과후강사, 시설공사의 금전의 문제와 인사, 임용, 승진, 전보, 공모 등의 사람의 문제로 구분된다. 교육자, 교육관계자, 교육행정가, 학부모를 포함하여 다양한 집단의 부정과 비리가 있고, 이러한 부정과 비리에는 촌지, 성적조작, 비정상적인 교육과정운영, 학교폭력 등의 폭넓은 범위의 학교

붕괴현상 모두를 포함하여야 할 것이다. 교실붕괴라는 괴물은 학교 윤리의 붕괴가 낳은 결과이다.

일반적으로 교사의 4대 비위는 금품향응수수, 성폭행, 학생폭력, 성적조작으로 제시된다. 특히, 금품수수에 따른 교육계 내부의 대안으로서 청렴결의대회는 교사들 내면적 자긍심을 손상시키고 형식주의를 만연시킨다. 일부의 부패는 전체가 같이 보살펴야 한다는 논리는 일부의 부패는 전체가 같이 책임지고 반성해야 한다는 논리로 변질되어 버린다. 전체가 잠재적 부패집단일 수는 없다. 한 학생의 잘못을 학급 전체의 잘못으로 연대책임을 묻는 일을 없어야 한다.

학교사회의 윤리에 대한 노력은 청렴이란 개념으로 접근하고 있다. 청렴은 성품과 행실이 고결하고 탐욕이 없다는 의미로 유교사회로부터 비롯된 오래된 전통과 기원을 가진다. 청렴은 청백리가 은유하듯이 관리에게 매우 강조되는 덕목이다.

교육현장에서 공무원 행동 강령을 두고도 따로이 청렴 강령이 필요한 이유가 있을 것이다. 그러나 분명한 사실은 교직은 윤리성이 강조되어야 하고 교육행정은 청렴으로서 반부패가 강조되어야 한다는 점이다.

청렴결의대회를 하고 체크리스트에 점수를 부여하는 식의 성과는 서류가 실제의 청렴을 대체하며 의미 있는 행동을 하기 보다는 상급 행정 기관에 보고 하기 위해 사진을 찍는 목적으로 하는 경우이다. "교사들이 부도덕한 일을 자행하는 주인공으로 보이지만, 다른 한 편에서는 이 과정에서 교사들이 열의를 읽고 무기력하게 변화하게 되는 측면이 훨씬 강하다(김용, 2013)."

정기적인 감사만으로 부패를 차단할 수 없을 정도의 타당한 이유가 존재하는 한 국가 기관에 대한 청렴도 평가는 지속되어야 할 것이다. 그러나 우리가 최종 평가 점수에 대한 비합리적 신념을 가지고 있지 않은지는 검토해보아야 할 것이다. 최하점을 받은 교육청은 그 차상점은 받은 교육청에 비해 더 부패한 조직인 것이고, 최상점을 받은 교육청은 부패와 전혀 관련 없이 청렴한 것인가? 최하점을 받은 교육청을 부패한 조직으로 낙인찍고 나머지 교육청은 청렴하다고 다소 안심하는 것은 아닌가? 정도의 차이는 있지만 부패는 국가적인 문제이고 제도적인 개선을 통해서 노력해야할 문제이다. 전체의 도덕적 해이는 부정부패를 가져오고 이어서 범죄로 나타난다.

학생들이 타는 학교버스에까지 학교가 청렴에 솔선하겠다는 현수막을 달게 하는 것은 생각을 해야 할 일이다. 학교버스가 부패를 막지 못한 교직원들의 버스인가 아니면 학생들의 버스인가? 학생들은 그런 문장을 보고 무엇을 배울 것인가? 과연 그러한 결의와 자성을 위한 노력들이 부패의 문제를 일으킨 구성원들에게 조금이라도 영향을 줄 수 있는가? 일부의 부도덕한 구성원의 문제가 결의대회를 하고 자정 노력이 적힌 문장을 버스에 달고 학교에 게시하는 행위로 근절될 수 있다면, 최하점을 받은 교육청의 옆 교육청도 같이 반성해야 할 문제이고 국가 전체가 모두 동참해야 할 문제이다. 또한 이유도 모르고 회의시간에 청렴 선서를 하는 것은 젊은 신규교사들에게 교직에 대한 자부심을 심어줄 수 없을 것이다. 그러한 도덕적 해이는 모든 구성원들의 눈감아주기식의 용인(容認)에서 비롯되었다는 발상은 신규교사들에게 적용될 수는 없을 것이다.

또 그렇게 용인하였다는 근거는 어디에 있는 것인지 의문스럽다. 개인의 부도덕한 문제인가? 교직사회의 문제인가? 교육행정의 문제인가? 개인의 부도덕을 시스템 탓으로 돌리는 것이라면 결코 부정부패는 해결될 수 없을 것이다.

경제적 차원에서도 그러한 현수막 제작 비용 조차 학생들의 교육을 위해서 사용되어야 할 것이다. 부패로 인하여 교육재정과 이미지에 손실을 입고, 다시 결의하기 위해 학생들에게 사용되어야 할 재정을 낭비한다. 거의 모든 비리는 권력을 가진 자들의 문제이다. 원인에 대한 정확한 처방을 필요로 하는 것이지 소수의 범법자를 두고 다수가 같이 반성하는 방식이라면 우리 사회 전체는 끝도 없는 연대 반성의 시간을 가져야 할 것이다.

모든 조직에서 소수에 의한 부정부패가 근절되지 않는 이유는 성과주의 사회에서 윤리가 성과를 위한 능력에 비해 부수적인 위치에 있었기 때문이다. 이기적 집단주의 의식에서는 항상 제 식구 감싸기의 솜방망이 처벌이 문제가 되고 있다. 바쁜 시간에 원인도 모를 죄책감에 휩싸인 교직원 모두를 모아 보여주기식의 결의대회를 하는 것보다는 교육청 홈페이지에 구체적인 비리를 명백하게 공개하는 자정 노력이 교직원 전체를 같은 비리의 온상으로 느끼게 하는 홍보보다 훨씬 나을 것이다.

불행히도 교직사회는 "거의 학습된 무기력 증세를 보인다. 사실을 말하자면 그들은 그렇게 어려운 사태를 감당할 능력이 없다. 더 솔직한 고백을 하자면 그럴 때 어떻게 해야 한다는 것을 양성과정에서 배워 본 적도 없고 또 그런 일까지 교사가 해야하는지도 모르고 교사의 길을 시작했다(천세영, 남미정, 2004)."

현실적으로 등장하는 "교육 윤리 문제에는 개인의 권리 대 공동체의 규범, 전통적 교육과정 대 잠재적 교육과정, 개인윤리강령 대 전문직윤리강령, 종교 대 문화, 평등성 대 형평성, 책무성 대 책임성, 프라이버시 대 학교 안전(J. P. Shapiro & J. A. Stefkovich, 2011)" 등이 있다. 이러한 예기치 않은 각종 학교 내의 사안들에 대해서 고려되어야 할 점은 모든 예비교사와 예비 교육행정전문직에게 윤리 리더십에 대한 교육을 제도화 하여야 한다는 것이다. 불행히도 교육행정전문직은 이러한 교육행정윤리 2학점을 필수로 하지는 않고 있다. 복잡한 상황의 다양한 사례를 중심으로 실제 교육윤리적 판단을 내리고 근거를 제시하는 학습에 익숙하지 않다. 먼저 교사들부터 솔로몬의 지혜를 갖추어야 한다.

더 나아가서 교직과정에 필수로 교직윤리를 이수할 필요가 있다. 요즘 사회는 학교를 둘러싼 다양한 이해집단의 가치갈등 사회이기에 교직에서 교사의 윤리관은 갈수록 중요시되고 있다. 진정 바로 선 윤리만이 교육의 브랜드라 할 수 있다. 교육윤리가 바로 서야 나라가 산다.

교직윤리는 학교현장의 중심이자 기준이 되어야 한다. 교직윤리는 결국 학생윤리와 연관된다. 이상적으로 보이는 학생인권조례는 한 편에서 타당한 접근법으로 보인다. 학생을 포함한 국민의 절반은 교도소 비슷한 학교를 원하지 않는다. 또 다른 한편에서는 학교에서 발견되고 증가하는 폭력과 갈등의 해결책으로 처벌과 통제를 주장하는 움직임이 보인다. 학생윤리는 가정과 사회윤리의 반영이며 이러한 관점에서 원인과 처방을 고려해 보아야 할 문제이다. 자유, 질서, 그리고 학습은 상호배타적인 가치가 아니다.

디자인 사고에서는 "가장 먼저 진짜 문제가 무엇인지를 규정하는 것이다. 이를 두고 클라이언트가 해결해달라고 하는 문제는 절대로 해결하지 말라고 한다. 클라이언트는 증상에만 반응하기 때문이다 (Donald A. Norman, 2011)." 교육은 대증적 처방이 아니다. 교육은 근원적 처방이다. 문제를 알면 답은 저절로 드러난다. 도덕과 윤리를 통한 '비판적 사고'는 올바른 의사결정을 도와주고, 미래에 다가올 위험을 피할 수 있게 한다.

마지막으로 윤리적 조직문화의 중요성은 위기 대응과 신뢰 자본과 깊은 관련을 가진다. "존슨앤드존슨사의 타이레놀 독극물 사건이 발생하자 미국 전역의 구성원들은 경영진에서 발표가 나오기 전에 모든 매장에서 해당약물을 수거하였다. 어느 누구도 이들에게 이러한 상황에서 올바른 행동이 무엇이라고 요구하지 않았지만, 직원들은 회사가 어떻게 하기를 바라는지를 이미 알고 있었던 것이다. 자칫 회사를 위기에 빠뜨릴 사건이었음에도 불구하고, 타이레놀 신제품은 더욱 많이 팔렸다. 급속한 수익 증가를 요구하는 핵심 가치 속에서 구성원들은 윤리적 의지를 상실하고 결국 회사는 파산하게 되었다(이인석, 2015)."

질서는 명확해야 하고 자유는 질서위에서 돋보여야 한다. 우리는 두 가지 가치 중 어느 하나를 포기해야 하는 것이 아니라 두 가치를 교육윤리를 중심으로 헌신시켜야 할 일이다.

4. 갈등관리와 위기대응

◎ 학교 갈등의 관리

본질적으로 학교로 통칭되는 "교육조직이 존재하는 이유는 사람들이 협동하는 노력을 장려하고 개인이 혼자서 달성하기 어려운 목표를 함께 이루기 위한 것이다(Robert G. Owens, Thomas C. Valesky, 2011)."

우리의 서당이나 인도의 아슈라마(asrama)와 같은 인도 고유의 교육 체계는 한 스승 아래 나이 차이를 가진 다수의 제자가 다수의 학생을 수준별로 지도하는 방식이나 젊은 바라문이 유행하면서 소정의 수업료를 받고 공부를 가르치는 방식처럼 오랜 전통적 방식들에서 보다 전문화되고 분업화된 구성원들이 일정한 시설과 교육 과정과 행정을 갖추는 것이 분명 더 효율적인 측면을 가진다. 하지만 이러한 관료화된 조직은 전통 사회의 서당이나 아슈라마와 같은 가족적 형태보다는 다양한 개인이나 이해 집단 간의 갈등 또한 증폭한다.

"우리는 불평등, 배제, 이질성 같은 잠재적 갈등 소지는 비교적 적지만 갈등을 해결할 수 있는 시스템인 복지, 민주, 공정성은 크게 부족하다. 복지와 안전망, 인적 자본 투자. 정치 참여, 사회적 응집성 등 네 가지가 모두 충족돼야 선순환 구조가 마련된다. 어느 한 고리가 끊어지면 분노 사회, 불신 사회로 변할 수 밖에 없다(백강녕, 안상희, 김동철, 2015)."

학교는 선순환의 고리가 끊어진 사회의 영향을 직접적으로 체감한다.

전통적 관점에서 갈등은 경영 계획의 부재나 충분한 통제의 불능으로 보는 경향이 강하다. 갈등의 결과로 인해서 조직 구성원의 불안, 혼란, 스트레스, 과업 미수행, 분쟁 등이 발생한다.

"조직 안에서 사람들의 관계하는 모습은 사람들이 조직의 규범과 질서를 존중하며 서로 협동하는 가운데 공동의 이익을 도모하려는 합의와 조화의 양상이고, 다른 하나는 서로 간에 이견을 드러내고 경쟁하거나 대립하는 불일치와 부조화의 양상이다. 후자를 갈등적 현상으로 부르며, 일반적으로 갈등이란 행위주체 간의 대립적 내지 적대적 상호작용을 의미하거나 둘 이상의 당사자가 다른 사람이나 집단과의 상호작용 결과로 때문에 인식된 상대적 손실의 결과로서 대립과 적대관계에 있을 때 발생하는 행동의 유형을 지칭한다(오영재, 2007)."

갈등의 대표적 유형으로 교사 대 학생, 교사 대 학부모, 교사 대 교육행정기관, 교직원 간 갈등 등이 있다. 이를 크게 조직 내 갈등과 외부 갈등으로 구분하여 살펴보고자 한다.

첫째, 조직 내 갈등이다. 학교조직내 갈등의 특징으로 주목할 것은 비교육 전문직업적 성격이다. "교사들이 갈등을 시작하는 출발점이 그들의 전문직업적 자질을 발휘하거나 연구수업이나 장학협의를 통해서 개인적인 성장을 도모하려는 데 있지 않다는 것이다. 장학시 수업공개에 대한 불만은 수업준비 등을 고려할 때 공평하지 않은 점이 있지만 교사들이 수업공개를 통한 수업개선과 같은 자기 개발의 기회로 보지 않고 있다(오영재, 2007)." 학교갈등은 새로운 방향을 탐색하거나 교수학습활동의 개선을 추진하는 데 따른 갈등이기 보다는 수업 부담의 경감, 많은 재원확보를 위한 작은 조직 이기주의, 승진을 위한 경쟁, 사무행정의 기피, 학생지도의 주도권 확보, 학생지도에 대한 책임 회피 등과 같이 상황이 자신에게 보다 유리하게 전개되지 않은 것에서 비롯한 갈등이 많다. 잘해봐야 본전이라는 식의 대처 방식의 근시안적 안이함이 두드러진다.

다음으로 역기능적 성격이다. "교육에서 정치는 통제와 선택하는 일과 관련이 있다. 정치는 권한과 의사결정권을 얻거나 사용하거나, 그것을 포기하거나 함께 사용하는 과정이다. 정치란 권한과 의사결정권이 개인과 개인, 개인과 집단, 집단과 집단관계에서 작용하는 효과 및 복잡한 상호작용의 과정이다. 전통적 교육의 정치에서 결정은 윗사람들이 한다(Carl Rogers, H. J. Freiberg, 1994)."

전통적으로 행정가의 갈등 처리 방식이 권위주의 혹은 획일주의적으로 갈등문제에 대해서 대부분 지위권한을 이용하여 일방적으로 접근하려 한다. 이는 마음으로부터 수용보다는 마지못해 따르는 수동성을 조장한다(오영재, 2007). 결국 불리한 처지라고 인식한 교사는 억울하면 출세하라는 식의 관점을 조장하게 된다.

갈등이 유발된 근본적인 원인에 대해 필요한 사후 대책을 강구하지 않는다. 갈등은 원인은 운영과정 혹은 구조적인 요인에 비롯된 것이지만 업무를 명료화하거나 불합리한 구조적 관계를 조정하거나, 지나치게 독단적인 의사결정 패턴을 개선하려는 노력은 보이지 않는다(오영재, 2007).

교사들의 문화가 학교조직 내의 갈등을 '흔히 볼 수 있는 것', '시도해 보아야 결국 해결되지 않을 것', '다 그렇고 그런 일들'과 같은 것으로 본다. 이 부분은 조직 문화의 결과로서 형성된 태도인지 그러한 자포자기적 태도가 이러한 갈등의 역기능적 성격을 키우는 것인지는 명확하지 않다. 하지만 오영재(2007)의 지적과 같이 "자신들의 삶의 터전을 보다 활기차고 합리적인 곳으로 변화시켜 보려는 의지와 노력이 부족한 것"은 사실이다.

위기는 막을 수 없어도 갈등은 사전에 차단하는 것이 가장 중요하다. 갈등이 불거져 위기를 초래하기도 하기 때문이다. "갈등현상이 보다 합리적인 행동을 선택하게 하고 공동체 의식을 강화시키는 순기능도 하지만 구성원들 간에 대립과 반목을 가져와 결과적으로 목적달성에 역기능을 가져오기도 한다(오영재, 2007)." 갈등은 새로운 방향으로 재정립되는 기회로 삼지 않는 이상 개인들의 심리적 상처를 초래한다.

둘째, 외부 갈등이다. 조직외 갈등 역시 거래지향성이 갈등의 본질적 요소이다.

일반적으로 갈등은 사람들과 사회 구성원들 안이나 집단 간에 발생하며 개인 간의 갈등, 집단 간의 갈등, 국가 간의 갈등이 대표적이다. 이전에는 조직 내 갈등이 갈등관리의 핵심이 되었지만 근래로 접어들면서 외부 갈등이 증폭되고 있는 현실이다.

조직 내 갈등이나 외부 갈등 모두 실질적인 것에서 비롯되지만 감정적인 것으로 변하기 쉽다. 이러한 정서적 개입은 갈등의 중요한 특징이다. 거의 모든 갈등이 희소자원 분배를 통한 경쟁에서 발생한다. 특히 리더에 의한 희소 자원의 배분에서 공정성의 실패는 적대감을 유발한다.

또 갈등은 편견에 기초한다. "우리는 자신의 확신이나 신념을 소중히 여기지만 우리와 갈등을 빚는 사람의 확신이나 신념은 편견이나 고집으로 여기는 경향이 있다. 확신은 소통의 적이다(강준만, 2015)."

"개별적인 사회갈등에 대한 논의는 무수히 많지만, 불행히도 그러한 갈등들 간의 관계를 전체적으로 파악하는 사회철학적 시선은 거의 없었던 것이 사실이다. 그나마 주로 논의되어 온 것 역시 좌우를 막론하고 경제 환원론적 분석에 불과했다(김원식, 2015)."

디자인은 눈에 보이지 않는 개념뿐 아니라 창조적인 정신을 바탕으로 일어나는 인간 행위를 포함한다. 이는 디자인을 '창조와 혁신의 매개체'로 보는 관점이다.

Roger Martin(2007)은 갈등 해결에 통합적 사고를 제안한다. 상반되는 생각은 나머지 네 손가락을 마주 볼 수 있는 엄지와 마찬가지로 리더가 '통합적 사고'로 문제에 따르는 긴장을 이해하고 해결하는 방식이다. 대립되는 두 가지 선택지 중에서 하나를 선택하지 않고 새로운 차원에서 두 안의 장점을 모두 통합해내는 사고를 말한다.

상황이 복잡할수록 우리에게 필요한 것은 유연한 사고이다. 어떤 사회에서든 사람들 사이의 고통과 무질서는 불가피하다. 사람들이 갈등을 경험하면서 성숙하도록 만들기 위해서는 사소한 갈등이나 사소한 불편함이 디자인에 의도적으로 포함되어야 한다. 그래야만 도시의 지역과 학교 환경에서 다양성이 생겨나고 갖가지 마주침과 갈등에 강해질 수 있다는 것이다. 아울러 문제나 갈등은 직접 해결하게 하고, 통제가 없도록 해야 한다고 말한다. 갈등을 해결하는 것에서 더 큰 성취와 힘을 얻는다. 자신을 둘러싼 차이를 바로 볼 줄 알아야만 사람들은 비로소 타인에게도 관심을 기울이며 성숙한 어른으로 살아갈 수 있다.

◎ 학교 위기의 등장

우리에게 불어 닥치는 변화는 우리가 적응하기도 전에 다른 변화가 다가오는 식이다. 갈등은 급속한 변화에 기초한다. 변화의 측면에서 갈등은 변화의 흐름을 따라가기에 급급한 과부하의 상태이다.

'학교는 변화에 편승할 수 있는가?'라는 질문은 '학교는 왜 혁신해야 하는가?'라는 질문으로 변질된다. 학교는 과거의 권위와 신뢰 자본을 상실하고 있다. 정확히는 지식이 과거의 권위를 상실하고 있다. 더 이상 학교가 변화를 주도하는 인재를 기르지 못한다면 파괴적 신기술의 변화에 밀려 그에 상응하는 대가를 치러야 할 것이다.

학교는 위기에 매우 취약한 관습적[4] 조직이다. 모든 관습적 조직이 위기에 취약한 것은 아니나 급격하게 변화하는 환경으로부터

---

4) 조직의 성향을 개인의 유형과 유사하게 파악한다면 현실적, 탐구적, 예술적, 사회적, 진취적, 관습적 조직으로 구분된다.

기인하는 위기에 대한 적응력은 취약하게 된다. 학교의 교육이 본질적으로 윤리적 기반위에서 움직이는 것이기 때문에 학교는 이러한 윤리에서 벗어난 사안들에 대해서 면역력이 전혀 없다. 외부에서 엄격한 도덕성을 요구하는 만큼 윤리적 기반이 강하지 않은 것도 사실이다.

학교가 위기에 대응할 수 있도록 혁신해야 하는 가장 큰 이유 중에 하나는 현재 매스컴을 통해 들려오는 다양한 교내외 갈등과 위기상황과 관련된다. 학교는 매우 보수적 조직으로 50년대의 의욕은 상실하고 기득권과 권위는 그대로 가지고자 한다. 학교는 SNS의 등장으로 의사소통과 위기대응에서 가장 큰 변화를 맞이하고 있다.

"모바일과 소셜 미디어 시대는 관계의 시대이자 연결의 시대다. 지금은 모바일과 소셜 미디어 혁명의 시기다. 모바일이 세상의 모든 것을 혁명적으로 바꾸고 있다. 이는 위기이기도 하지만 한편으로는 기회이기도 하다. 모바일 혁명은 새로운 사업 기회를 속속 등장시키고 있다. 모바일과 소셜 미디어가 가져오는 변화는 우리가 피하고 싶다고 해서 피할 수 있는 것이 아니다(이민주, 2015)." 과거의 기계적인 PR이나 홍보는 이제 더 이상 먹히지 않는다. 소비자들은 자신들에게 친밀하게, 그리고 인간적으로 다가오는 기업에 반응한다.

그러나 정보와 관계도 개인에 따라 허용되는 한계치가 존재하고, 개인은 점차 더 예민해져간다.

"소외감과 외로움을 SNS라는 푹신푹신한 꽃신으로 막다 보니 어느새 마음의 발바닥이 말랑말랑해졌다. 그래서 어쩔 수 없이 맞닥

뜨리게 되는 작은 갈등과 인간관계에서 느끼게 되는 외로움이 예전보다 더한 아픔을 준다. 새롭게 등장한 다양한 소통 수단들은 소통이 늘어나는 만큼 일상적인 갈등, 사람과 사람 사이에 오고가는 작은 변화에도 과도하게 예민해지게 만든다. 관계에 예민해져 쉽게 지칠수록 익명의 가상공간으로 더욱 빠져든다. 타인과의 접촉 빈도는 많아지지만, 서로에 대한 깊은 관심이나 뜨거운 열정은 점차 옅어진다. 또 이전 세대라면 아무렇지 않던 일조차 어렵고 민감한 문제가 된다. 루트가 늘어나도 헛헛함만 더 늘어난다(하지현, 2014)."

또한, 소셜미디어의 파격성은 "인터넷이 기관 또는 조직 중심으로 관료제적 구조를 형성하여 정보를 유통했다면, 소셜미디어는 개별 사용자, 보다 정확히는 개별 계정들이 맺는 관계가 무한 확장 가능한 네트워크로서 작동하면서 정보를 유통시킨다는 것이다. 또한 소셜미디어가 인터넷에서 찾을 수 있는 거의 모든 종류의 정보 및 서비스를 개인 사용자에게 과거의 인터넷에 비해 더욱 친근한 방법으로 연결시키는 새로운 허브로 자리매김하고 있다(소셜미디어연구포럼, 2012)."

"인쇄술의 발명은 상위계층만 독점하던 정보를 누구나 활용할 수 있게 만들었으며, 기득권을 가진 사람들이 누리던 특권과 권력을 분산시켜 새로운 세상을 여는 단초가 되었다고 강조한다. 즉 우리가 지금 직면한 SNS를 비롯한 공개, 공유의 문제 역시 구텐베르크의 인쇄술이 가져온 혁명적 변화처럼 새로운 세상을 만드는 힘의 근원이다(Jeff Jarvis, 2011)."

개인의 정보 지배력은 더욱 확장되었고 그에 따른 조직의 전통적 권위는 위협받게 되었다. 더욱이 개인들의 극도의 예민함이 정보력과 상승작용을 통하여 항상 부정적 시그널에 민감해지고 피드백도 부정적일 때 네트워크로 조직의 오점을 공격하게 된다. 이미 이때는 천하에 둘도 없는 악당으로 인식되게 된다. SNS가 가진 위력은 기존 신문과 방송의 위력을 넘어서고 있다.

현대는 네트워크의 시대이다. 알리바바는 남이 만든 것을 연결만 해주고 수익을 창출한다. 그러나 그 기반이 실체나 존재에 있지 않고 관계에 있기 때문에 그만큼 사라지기도 쉽다.

변화가 쉬울수록 대처하기는 어려운 사회이다. 가장 안전하다고 느낄 때가 가장 위험한 때이라는 변화를 미리 준비해야한다는 잠재적 위기감에서 시작하여 급격한 변화 자체로서 위기가 한 축을 구성한다.

다른 한 축에서는 현실적으로 조화될 수 없는 두 가지 가치로 인하여 발생하는 첨예한 가치 갈등 상황이다. "한국 사회는 이른바 '갈등 사회'라 불린다. 이념갈등과 지역갈등이 여전히 지속되고 있을 뿐 아니라 세대갈등, 남녀갈등, 빈부갈등 등도 점점 극심해지고 있다(김원식, 2015)."

주로 흑백논리나 진영논리, 이원화된 가치 사이에 발생하는 문제들이 여기에 해당된다. 전통과 현대, 권위 대 인권 등의 가치 갈등도 필연적인 것이다.

급격한 변화는 적응에 어려움도 수반하지만 상대와 나의 관계가 급변한다는 점을 의미한다. 전통사회에서는 상대와 나의 관계가 고정되어 있거나 변화가 느리지만 현대의 위기사회에서는 상대와 나의 관계가 늘 유동적이거나 매우 빠르게 변화해 간다.

"그람시는 위기가 낡은 것은 죽어가는 반면에 새것은 태어날 수 없는 상황(강준만, 2015, 재인용)"이라고 한다. 말 그대로 꽉 막힌 상황이다. 위기는 도움이나 자력으로 벗어날 수 있지만 아포리아는 그보다 심각한 길 없음의 상태이다. 파국과 붕괴의 직전 상황이다.

그래서 한 조직에서만 발생하는 것이 아니라 사회 전체가 이러한 가치 갈등에 휩싸여 있다. 사회 전체가 각종 소송이나 노사갈등 등으로 인하여 갈등 비용이 건전한 성장을 저해할 정도로 증가하고 있다. 두 갈등 세력이나 집단이 하나의 가치를 추구할 수 있도록 하는 구심점이 부족한 영향이 크다. 교육의 현장에서 이러한 민주 시민으로서 중심적 가치를 가르치는 입장이기에 교육현장의 가치갈등의 혼란은 미래의 시민으로서 학생에게 매우 심각한 영향을 남긴다.

위기 발생의 폭발적 증가에서 가장 중요한 요인은 인권과 전통적 권위의 갈등이다. 권위가 존중받던 사회에서 보다 신장된 인권의식은 이전에 가볍게 넘기던 문제조차도 지금에 이르러 매우 불합리한 것으로 인식되고 있다. 이러한 경우 서로 다른 가치관을 가진 세대 간 갈등으로도 나타나며 결론은 항상 인권이 우선이게 된다. 더구나 SNS의 등장으로 한 사람에 국한된 문제이기 보다는 한 개인의 문제를 여러 사람이 공유하게 되면서 찬반으로 나뉘어 집단의 문제로 인식되는 경우가 많다.

◎ 학교 위기 대응

학교 또한 전통적 규범과 가치관의 붕괴, 글로벌 시대의 치열한 경쟁, 학업 성취 등의 책무성, 소수자 배려, 학생의 인권과 안전 등에 대한 수많은 문제들이 상존하고 있고 사회가 급속하게 변할수록 과거의 전통적 사회에서는 상상도 할 수 없는 새로운 위기 상황이 나날이 발생하고 있다. 현대의 모든 조직은 위기대응력을 갖추어야 한다. 이 부분에서는 학교도 예외가 될 수 없고 그러한 만큼 교장의 위기대응력은 학교의 교육력과 교직원 전체의 동요를 막을 수 있는 주요 핵심 능력이 되고 있다.

학교에서 발생하는 위기는 안전사고와 학교폭력, 각종 전염성 질환, 고질 민원, 교사 학부모간 갈등, 학부모 간 갈등, 교직원 간 갈등, 교내 이익단체 간 갈등, 구성원들의 각종 일탈과 범법 행위 등은 교육 현장에서 교장의 소통과 관리 능력 범위를 벗어나는 경우가 점차 증가하는 실정이다. 갈등과 위기의 구분은 매우 불분명하다는 점이 더욱 학교 현장을 어렵게 한다. 갈등과 위기는 교육력을 명백히 저하시키는 원인이 된다.

일반적으로 이를 학교사고라고 한다. "학교에서 발생하는 각종사고를 통틀어 학교사고라고 부르고, 학생사고, 교사사고 등 학교구성원에게 발생하는 전반적인 사고를 포함한다. 대체로 학생사고라고 할 수 있으며, 학교내에서의 사고뿐만이 아니라 학교외의 사고도 포함된다. 학교폭력, 안전사고, 체벌, 권리침해, 건강권 침해, 학습권 침해, 차별 등의 여러 형태로 발생한다(임종수, 2014)."

최근 학교의 안전사고만 하더라도 4년 전 보다 50%가 증가하고 있는 실정이고 학교 폭력도 증가하는 추세이다. 학생의 교내 안전사고에 대한 학교와 교사의 책임률은 꾸준히 높아가고 있다. 국가를 대신하여 학생을 보호하는 역할이라는 원칙적인 접근을 포함하고 있기도 하지만, 가급적 학교에 책임성을 부여함으로써 피해 학부모가 책임질 비율을 낮추는 추세이다. 또한 학교의 권위나 학생에 대한 통제력은 약해지는 반면 학부모나 학생의 문제에서 많은 책임을 요구받으며 그에 대한 상황도 더욱 복잡해져 가고 있다.

한 예로 가장 중요한 학생 안전의 문제에서 학교는 어느 정도의 수준을 유지하면 충분한지에 대한 판단에서부터 공포에 빠져있다. "학생에 대한 질 높은 수업 제공을 보증하는 것은 교육 리더의 가장 원초적인 책임이지만, 이러한 목표도 학교가 안전하지 못하면 달성될 수 없다. 학교를 안전하게 유지하고 학교공동체에 안전감을 보여 주는 것도 중요한 책임인데, 이 책임을 다하지 못하면 심각한 반향을 일으키게 된다."

첫째, 학교에서 이러한 위기 갈등을 초기에 대응할 리더가 바로 교장이다. 이러한 위기대응력은 앞으로 학교사회에서 가장 크게 요구되는 리더십이라고 할 수 있다. 내부적 가치 갈등 상황에 대한 대처 방식은 종종 외부적 가치 갈등 상황으로 연결된다. 그러므로 학교 조직 전체가 공유하고 있는 가치관은 외부 위기 상황에 그대로 투영된다.

학교에서 사안이 발생했을 때 초기에는 실무자나 당사자 해결 방식이 더 수월하다는 의견도 있지만 대부분 사건이 불거지면 더 큰 분란을 초래한다. 문제를 대응하는 주체가 누구인지 보다도 문제를 공유하는 의사소통의 시스템이 더 중요하다. 만약 교사가 자신의 과오를 숨기려는 의도를 가질 경우 공유와 대응에서 교사와 교장 사이의 간격이 발생한다. 학교폭력, 체벌, 안전사고 등의 발생 사실을 구성원과 교장이 공유하고 적극적으로 대응하는 것이 문제가 커지는 것을 방지하는 경우가 많다. 학생들이 학교에서 일어난 일에 대해 언어적으로 표현할 수가 없기에 해결이 어려운 사건들이 많고 학교의 불신으로 이어질 수도 있다. 교장은 사건에 대한 정의, 키메세지, 구성원 각자의 역할을 제시한다. 주된 방향으로 교사가 안정적으로 학생과 수업에만 몰입할 수 있도록 학부모 대응을 일원화한다. 대개의 경우 사건과 직접적인 관련을 가진 사람일수록 자기중심적인 터널비전으로 갈등상황을 악화시키고 학생지도에 어려움을 가져오는 2차 피해를 양산하기 때문이다.

대개의 중요한 학교 위기대응은 학교에 대한 민원이 중심이지만 이러한 민원을 풀어나가는 해법이 내부의 가치 갈등에 적용된 해법을 그대로 가져가는 경우에는 심각한 문제를 초래할 수 있다. 우리는 내부적 가치 갈등 문제도 교육적 해법으로 세심히 살펴보는 것이 위기대응의 기본적인 시뮬레이션이란 점을 잊어서는 안 된다.

종종 위기대응력은 교육적 딜레마와 함께 한다. "모든 행정적 결정은 그 결정으로 인하여 인간 생활의 변화를 가져온다. 이것이 바로 행정은 실제로 도덕적 딜레마의 해소라고 하는 이유이다(J. P. Shapiro & J. A. Stefkovich, 2011)."

둘째, 각종 위기에 대한 교직원 전체가 공유할 수 있는 대응 매뉴얼이 분명히 정립되어 있어야 한다. 매뉴얼은 지침이나 가이드라인 보다는 좀 더 체계적인 규모이다. 교과부나 시도교육청에서 제시된 범위 밖의 위기 및 사건 사고에 대해서는 학교 내의 자체적인 합의가 분명히 필요하다. 교장은 합의된 사안에 대해 이를 분명히 고지하고 교사들은 이를 실천해야 한다. 모든 사안에 교장이 나서서 처리할 수도 없는 일이고 보면 각 사안에 대하여 현장에 위치한 교사가 교장의 처리와 같은 결과를 가져올 수 있어야 한다. 단순한 매뉴얼의 인지와 그에 따른 대응도 필요하지만 "자기에게 주어진 일에만 충실하게 해결하려는 방식을 벗어나 진정한 시스템적 사고를 가지고 조직 전체를 파악하는 능력을 갖추어야 한다. 조직 전체의 움직임을 유기적으로 파악할 수 있는 능력을 배양하는 것이(진형준, 2010)" 미래의 리더를 학습시키는 과정이기도 하다.

셋째, 이러한 대응 매뉴얼에 따라 신속히 조치하여야 한다. 신속 대응에는 교육 리더의 적극개입이 최선이다. 때로 적절한 개입 시기가 있지만 대체로 시간이 가장 중요하다. 빠른 시간 내에 일을 해결해야 한다. 그러나 응급 상황이 아닌 경우에 섣불리 일을 판단하고 처리하는 것은 틀린 경우가 많다. 그리고 실무자 차원에서 오인 판단도 교육 리더로서 최종적으로 책임져야 실무자가 최선을 다해 사안에 대처할 수 있다. 결국 한 조직 안에서 리더와 실무자는 공생적 관계이다. 마지막으로 모든 관련 당사자들에게 공정히 처리되어야 한다.

더불어 위기는 조직의 고통이다. 신체가 고통을 통하여 건강의 적신호를 알리는 것과 마찬가지로 시스템에서 위기는 바른 방향으로 인도하기 위한 조절장치이다. 위기와 갈등의 문제는 윤리와 도덕의 문제이다. 교육 윤리적 판단이 절실히 필요로 한다. 교장의 위기대응력은 즉시적인 교육 윤리적 판단력이다. 학교 리더에게 필수적인 능력은 개인적인 명리가 아니라 윤리이다.

넷째, 조직의 리더 일수록 교육의 본연에 집중해야하지만 리더가 되다보면 관심이 여기저기 많아진다. 복잡함속에서 단순함을 찾는 디자인 사고가 필요한 이유이다. 복잡성은 변화의 속도에 맞추어 증가되고 학교의 규모나 추진 사업, 정책의 압력 등으로 인해서 증가한다. 복잡성 중 단순화할 것과 그대로 유지하면서 치밀하게 파악할 것을 구분하여 복잡성을 관리하여야 한다.

다섯째, 변화하는 시대적 상황에 맞춘 교육윤리의 확립과 사안별 위기대응시뮬레이션의 개발이다. 위기대응은 신뢰와 일관성을 띤 윤리가 관건이다. 윤리관의 확립은 교사전문성의 가장 중요한 측면이다. 교사가 윤리적이지 않다면 교육의 효과는 반감될 수 밖에 없다. 시대가 급변하면서 시시각각으로 새로운 갈등상황이 발생하고 예전과 다른 공간환경이 등장하면서 새로운 위기 상황들이 생겨나고 있다. 위기대응력은 적절한 시기에 빠른 결단력과 연관된다. 원만한 위기대응은 대개의 경우 위기대응시뮬레이션을 통한 리더 자신만의 철학을 가미한 솔루션을 개발한 경우가 많다. 리더와 위기대응팀은 지속적으로 학교의 안전을 위협하는 요인에 대하여 탐색하고 사전에 대응시나리오를 개발하여야 한다.

조직을 보전하는 측면에서 대응시나리오가 아닌 사용자의 측면에서 서비스 전략이 필요하다. "모든 서비스디자인 개발은 '청사진'에서 시작한다. 심지어 길거리에서 군것질 거리를 파는 노점상이라 해도 노점상이 제공할 수 있는 훌륭한 서비스를 위해 청사진은 반드시 필요한 요소이다. 따라서 서비스디자이너의 첫 번째 임무는 모든 사람이 이해할 수 있는 청사진을 작성하는 것이다. 끊임없이 질문을 던지며 서비스를 제공하는 일련의 과정 속에서 일어날 수 있는 온갖 상황을 염두에 두고 청사진을 작성해야 한다. 또한 완벽한 청사진은 없다는 점을 명심하고 늘 업데이트에 신경 써야 한다. 서비스는 그 무형성만큼이나 변화무쌍한 모습으로 나타나기 때문에

서비스 전략 혹은 상황의 변화에 따라 청사진 역시 유동적이어야 한다(표현명, 이원식, 2012)."

학교도 최선의 전략보다 대응 시나리오를 준비하여야 한다. 과거 변화의 속도가 느린 사회 속에서 학생들을 교육하는 학교는 매우 안정적인 조직이지만 현재의 변화하는 사회속의 학교는 과거와 같은 안정적인 권위나 이해가 축소되어간다.

교사의 청렴성을 묻는 질문지를 한 달에 한번 기계적으로 제출할 것이 아니라 수업협의회 등을 통해서 교사와 학생의 문제를 들여다보고 같이 교육적 대처를 논의하는 기회를 가져야 한다. 그 기회속에서 공유된 가치관과 윤리관을 다시금 확인할 수 있도록 해야 한다.

여섯째, 학교에서 위기 상황에는 모두가 피해자이지만 최대의 피해자는 학생이다. 모든 상황의 해결을 정상적 면학분위기를 회복하는 것에 목표를 맞추어 대처해야 한다. 해결책 또한 보다 많은 학생의 이익에 초점이 있고 더 나아가서는 단기적으로 학생의 이익이 침해될지라도 공공의 이익과 교육 본연에 위배되지 않아야 한다.

의사결정과정에서 교육윤리관의 부재, 구성원 각자 판단의 불일치, 대응 매뉴얼의 부재나 미숙지, 신속한 개입의 부재가 겹치면 학생들을 비롯하여 관련 당사자들 모두 고통 속으로 빠지게 된다.

일반적인 기업의 경우 위기상황에서 최대의 피해자가 소비자가 될 수는 없다. 간접적으로 기업의 매출 감소나 이미지 하락으로 인한 주가 하락으로 국가와 국민 전체가 손해를 볼 수는 있지만 대개는 기업 구성원과 피해 당사자의 경우가 큰 문제를 입는다.

모든 위기 상황에서는 모두가 피해자가 된다. 학교 내의 당사자도 위기상황에서 피해를 입게 된다. 터널 비전으로 자신의 피해를 상대의 피해보다 집중하는 경향은 피할 수 없게 되고 피해자와 소통의 폭은 점차 좁아지게 된다. 책임감이 없는 구성원은 "현실을 피하고, 현실과 싸우고, 현실을 원망하고, 변명하고, 최후에서는 무기력하게 기다린다(Keller & Papasan, 2012)." 위기 상황이 갈등상황과 다른 점은 결코 '이 또한 지나가리라'라는 법칙이 작동되지 않는다는 점이다. 기다리면 기다릴수록 상황은 악화된다.

책임감과 법적인 책임을 지는 것과는 매우 큰 차이를 가진다. 책임감을 갖는다는 것은 문제를 같이 공유한다는 것이다. 그래서 책임감을 갖는다는 것은 이미 해결책은 마련되었다는 말과 동의어이다. 법적 책임은 법정이나 변호사가 생각해야 할 문제이다. 이들은 결코 위기상황에서 도움이 되지 않는다. 만약 도움이 되었더라면 모든 갈등은 수습되었을 것이다.

갈등상황은 관련 당사자가 쌍방이 피해자이지만 위기상황에서는 관련된 모든 구성원이 피해자이다. 학교의 구성원은 피해자로서 대처하지 말고 공동의 사회적 책임감을 가져야 한다. 학교부터 사회의 문제는 교육의 책임이라는 자세가 필요하다.

일곱째, 위기 관리에서 윤리가 근본적인 역할을 한다는 점에는 놀랄 게 없다. 학교의 실책이 있으면 비용이 발생한다. 비윤리적으로 행동하면 평판 자본을 위험에 노출시키는 것이다. 윤리관과 위기대응은 서로를 필요로 한다. 적절한 위기대응과 높은 윤리의식은 연결되어 있다. 조직의 윤리 수단에서 이해관계자에 대한 윤리적 책임을 바탕으로 두는 것이 최선의 방책이다.

교육에서 윤리는 교육이 존립하는 바탕이고 반드시 지켜져야 교육이 바로 설 수 있다. 교육에서 단기적 이익의 추구나 사회적 딜레마5)는 극복되어야 한다. 학교는 결국 극단적 집단이기주의나 개인의 이기심을 극복하는 학습의 장이다. 또한 교육적 대화와 소통은 적극적 경청, 무조건적 긍정적 존중을 넘어서 진실성에 기초하여야 한다. 나의 이익을 넘어선 공동의 이익을 추구하는 것에서 출발한다.

여덟째, 위기의 대응에도 윤리를 바탕으로 한 창의적인 디자인 사고이다. "조직은 항상 문제에 직면해 있다. 아무런 문제가 없는 상태로 존재해야 한다는 것이 잘못된 박스 사고이다. 창의적인 사람은 없는 문제도 만들어낸다. 박스 사고를 가진 사람은 문제가 드러나면 야단을 친다. 구성원들은 문제를 숨기게 된다. 문제는 드러내어 해결해야하는 대상이다. 두 번째 박스 사고 탈출법은 반대의견에 관대하기이다. 반대의견을 창조적 다양성으로 인식한다. 세 번째는 반대되는 두 의견을 통합할 방법을 모색하는 것이다(백강녕, 안상희, 강동철, 2015)."

갈등관리와 위기대응에서 해결책은 창조적 습관으로부터의 디자인 사고와 연관된다. "리더의 창조 습관은 자신의 경험 밖으로 나

---

5) '사회적 딜레마'라는 것은 개인에게는 합리적이지만 사회적으로 바람직하지 않은 선택을 모두가 하게 되면 전체적 협력이 붕괴되어 사회 전반에 나쁜 결과를 초래하고 결국 개인에게도 손해가 돌아가는 현상을 말한다. 대표적인 경우가 공공재이다. 이것은 소비에서 제외가 어려운 경우 합리적 개인은 자신의 선호를 숨기고 무임승차자가 되려는 유인이 존재하게 되는데 단기적으로 이것이 개인에게 이익이 될 수 있으나 장기적으로 모든 개인이 이러한 행위를 따라하게 되면 사회 전체적으로 그 공공재가 계속 제공될 수 없기 때문에 결국 사회와 개인 모두가 손해를 보는 현상을 말한다.

가 생각하는 것을 불가능하게 하는 박스 사고를 탈피하는 것이다." 디자인적 사고는 가끔 박스 밖에서 현실과 자신이 가진 사고를 조망하는 것이다.

"디자인 사고의 핵심은 결국 자문을 하는 방법론이다. 디자인 사고란 여러 분야의 사람들이 소규모로 모여서 다양한 인식이나 학습 스타일을 총체적으로 결합해 보는 것이다. 그리하여 개별적 판단이나 우열 판단 없이 각자의 건설적 의견 발표라는 기본 원리를 따른다(Spiegel, 2011)."

문제점을 파악하고 창의적으로 해결하는 훈련이 필요하다. 큰 강의실 안에 큰 코끼리와 여러 사람이 있다고 가정하면, 시간이 지날수록 코끼리가 있다는 것에 익숙해진 후에는 누구도 코끼리를 의식하지 않는다. 코끼리는 투명해진다. '위기 대응'에서 "보이지 않는 코끼리" 치우기는 현재 우리는 아무런 문제가 없다는 착각이다. 일반적으로 모든 조직에서는 문제를 발견하기 위한 노력을 하지 않는다. 익숙한 눈에서는 사물은 보이지 않는다. 위기에서는 문제가 없다는 사고가 가장 큰 문제이다. 위기는 돌발적 상황이다. 전혀 예상하지 않은 일상에서 위기는 생겨난다. 그러나 위기는 그 일상에 코끼리가 있었다는 증거이다.

갈등관리에서와 같이 괴로움을 조금이라도 줄이려면 '나를 이해하고, 상대방을 파악'하는 능력을 갖춰야 하며 이를 기반으로 '관계와 소통'을 풀어가야 한다.

나와 너가 연결되어 우리가 형성되지만, 너와 나 사이에는 항상 갭이 존재한다. 이 갭이 갈등의 원인이 된다. 동일한 처지에서 동일한 관점을 가지는 것은 같은 틀에 찍어낸 벽돌이 아니고서는 불가능하다. 벽돌 조차 같지 않다.

틈은 사이가 될 수 있다. 단절된 경우에 틈이 발생하고 적절한 간격을 두고 소통하고 있을 때는 사이가 된다. 틈에는 항상 보이지 않는 코끼리가 존재한다. 한류와 난류가 교류하듯이 문제는 그 사이에 있고 해답도 그 사이에 존재한다. 그것을 미리 인식하고 치우는 작업은 타인에 대한 따뜻한 애정의 회복으로써 가능한 일이다.

항상 복지사회가 지향하는 가족적 연대감은 무한책임의 범위 내에서 형성될 수 밖에 없다. 과거에는 지역사회가 그 기능을 수행하였지만 지금은 법률적 지위와 책임을 가진 공공기관들이 그 역할을 수행해야할 시기이다.

⛬ 갈등과 의사소통

의사소통의 핵심은 소통이다. 음악이나 미술과 같이 소통은 언어를 매개로 하지 않아도 다양한 방법으로 이루어질 수 있다. 비언어적이거나 언어적이거나 소통은 중심에는 항상 대화가 존재한다. 토론은 대화를 통한 소통을 배우는 방법이다. 토론이 멈춘 사회는 강자가 모든 것을 정하는 갑질 사회이다.

학교조직 문화에서 의사소통이 강조되는 이유는 그 자체로 교육적이고 민주적 활동이며 학교가 수행하여야 할 목적성에 부합되기 때문이다.

"지구화와 소통기술 및 소통수단의 발전에 힘입어 우리의 인식이 풍요로워지면, 친근한 세계의 경계선은 점점 더 확장되며, 애초에는 미지의 것이거나 낯설던 것이 친근하고 내밀한 무언가로 변화됨으로써 우리의 세계는 더 풍요로워진다(차인석, 2013)."

소통의 기술적 수단이 무척 증가하고 발달하였지만 개인의 소통 능력 즉 표현하고 받아들이는 능력에서는 변화가 없고 오히려 소통해야할 양의 증가와 기존에는 드러나지 않았을 것들의 노출로 인하여 갈등이 증폭되는 부작용 또한 만만치 않다.

이런 측면에서 최근 기업의 퍼실리테이션(Facilitation)은 '일을 쉽게 하다, 촉진시키다'의 의미이며, 일반적으로는 사람들 사이의 집단 의사소통을 돕는 활동으로 해석한다. 회의, 포럼, 컨퍼런스, 워크숍, 강의 등에서 사람들이 함께 정보를 공유하고 해답을 찾거나, 계획을 세우고자 할 때, 그 과정을 돕는 활동으로서, 그 역할을 수행하는 사람을 '퍼실리테이터'라고 한다(채홍미, 주현희, 2012).

학교를 포함한 조직에서는 물과 기름이 섞이듯이 조화롭게 하는 사람이 필요하다. 그러한 모습은 포용과 관용으로 드러난다. 리더의 모습이기도 하지만 조직문화가 갖추어야 할 필수적 항목이기도 하다.

"세계화란 필경 이 세계에 대한 편협한 시각에서 벗어나 이질적인 것들을 받아들이는 모습으로 나타나야 한다. 상이성을 관용해야 된다는 것이다(차인석, 2013)." 차이나 다름이 그 자체로 배척과 경멸의 대상이 되는 것이 아니라 공존의 대상이 되는 것은 구태여 세계화란 표현을 사용하지 않아도 좋을 것이다.

이러한 포용과 관용의 바탕위에서 참여는 촉진될 수 있다. 비참여는 또 다른 저항의 모습이다. 차라리 분노의 소극적 양태라고 할 수 있다.

모든 구성원들이 참여하는 방식이 중요한 이유는 첫째는 "서로 머리를 맞대면 더 좋은 결과가 나오기 때문이다. 혼자는 생각할 수 없었던 것을 여러 사람들의 지식을 공유하여 집단지성으로 끌어내고자 함이다. 간혹, 혼자서도 잘 할 수 있으며 여럿이 모이면 오히려 시간만 낭비된다고 생각하는 사람이 있는데, 그도 어려움에 봉착하면 다른 사람의 도움을 받거나 최소한 다른 사람이 만들어 놓은 성과가 기록된 책이라도 들쳐보게 된다. '생각 모으기'를 제대로 경험해 본다면 그 효과를 함부로 말하기 어려울 것이다(채홍미, 주현희, 2012)."

둘째는 높은 실행력을 얻을 수 있다. 많은 글로벌 기업들은 어떻게 하면 구성원들이 스스로 생각하고 판단하면서 주도적으로 일하게 할 수 있을지 고민하고 있다. 성과급만으로는 임직원들의 잠재력을 끌어낼 동기부여에 한계가 있기 때문이다. 그래서 그룹 의사결정의 방식을 채택하여 업무 당사자들을 회의석상으로 끌어들여 스스로 안건을 내고, 대책을 세우며, 의사를 결정하게 함으로써 자기가 맡은 일의 시작부터 관심과 몰입을 이끌어내는 것이다. 여러 부서의 이해관계가 얽혀있는 사안의 경우, 한 자리에 모여 서로의 입장과 상황을 이해하고 그 자리에서 모두가 공감하는 최선의 합의를 이끌어 냄으로써 매우 안정적이고 질적으로 높은 실행력을 담보할 수 있기 때문이다(채홍미, 주현희, 2012).

셋째, 의사표현과 의사소통은 전혀 다른 차원이다. 쌍방향이란 말은 상호의존적이란 표현을 의미한다. 소통은 참여이다. 최근 종편방송의 뉴스 프로그램 마무리에서는 자신들의 뉴스에 대한 독자나 시청자들의 댓글을 소개한다. 방송은 많은 시청률을 필요로 하고 시청자는 자신들의 의견이 실시간으로 반영되기를 원한다.

소통은 구체적인 조직목표 달성을 위해 구성원의 일체감과 결속력을 이끌어내는 핵심 수단이다. 조직 내 신뢰구축과 위기극복을 위해 '소통하는 경영'이 요구되고 있다. 기업의 존재가치를 명확히 해야 구성원들을 하나로 모아낼 수 있는 소통이 원활히 이루어진다. 또한 소비자와의 소통도 쌍방향으로 활발하게 전개된다(허욱, 2013). 평판자본위험을 관리하려면 이해관계자와 지속적인 대화가 반드시 필요하다.

사태가 복잡해지고 조직이 커져갈수록 소통의 단절과 불협화음이 증가한다.

리더는 의사소통에서 참여를 촉진해야 한다. 집단 의사결정 방식에 지속적으로 참여하게 되면서, 조직 전체의 의사결정 능력이 계발되게 되는데, 이것은 구성원 한 명 한 명이 관제탑의 지시만 기다리는 부속품이 아닌, 하나하나가 살아있는 생명체와 같은 조직으로 탈바꿈하는 엄청난 일인 것이다. 무엇보다 구성원들이 소통하는 과정 자체를 즐기게 된다(채홍미, 주현희, 2012).

모든 리더들이 집단의 비전을 중심으로 사람을 모으고 동기를 유발시키고, 사람들 사이의 소통을 촉진하는 접착제 역할을 한다.

문제해결을 위한 의사소통집단의 리더는 집단구성원들이 좀 더 적극적으로 자기공개를 하도록 계속적인 지지와 격려를 제공한다.

단지 기업이 자신들의 상품을 더 팔고 경쟁 우위를 지속하기 위한 노력이라면 학교는 모임 자체가 민주적 장으로써 학생들의 최대한 교육적 목적을 추구하기 위한 자리라는 점에서 차이이다.

공동선의 추구는 사람들이 자신이 주도적으로 참여할 때 재미를 느끼며 일에 집중하게 되고 성과도 좋아진다. 리더를 비롯한 개인이 자신의 이익을 앞세우거나 복종적 태도를 강요할 때는 매우 위험하다.

넷째, 의사소통의 문제점은 상대의 말보다는 상대의 내면을 감지하려는 경향에 있다. 특히 체면이나 눈치를 강조하는 문화권에서 비언어적인 커뮤니케이션이 더 중요한 이유이기도 하다. 한 예로 교장이 평소에 보이던 지나친 관심이나 욕망에 대한 언급은 하나의 경향성으로 인지되어 주무자가 사안을 기획하고 처리하는 과정에 마주쳐 교장이 밝힌 의견제시가 진심이라도 평소에 보였던 행동과 관심이 더 진심에 가깝다고 판단하는 경향이 있다. 일은 교장의 의도와는 정반대의 방향으로 흐르게 된다. 학교문화속의 이중메세지는 우리 문화속의 눈치라는 표리부동한 난제로 인해서 표류하는 경우도 발생한다. 결국 내가 무엇을 말하는지 보다 상대가 무엇을 받아들였는지가 의사소통의 관건이다.

열정 관리는 "직급이 낮을 때는 열정이 곧 성과로 이어지는 경우가 많아서 크게 문제되지 않는다. 직급이 높아지면 리더의 태도나 마음가짐이 조직에 미치는 영향이 커진다. 그래서 생각지도 못한 정반대의 결과를 낳는다. 자신의 열정이 합리적이고 정당한 과정을 거쳐 표출되도록 스스로를 항상 되돌아 보아야 한다(백강녕, 안상희, 강동철, 2015)."

고전에서는 거호거오(去好去惡)를 리더십의 한 방편으로 제시한다. 리더는 좋고 싫음의 감정 표출을 자제하고 마음을 다스려야 한다. 구성원들은 항상 리더의 관심을 파악하려 한다.

결과적으로 "좋은 리더는 항상 자기만 보고 일하라고 하는 사람이 아니라, 구성원들이 각자 자기 자리에서 자신의 역량을 잘 발휘하다가 리더의 리더십을 필요로 할 때 그 자리를 지키고 정확하게 이끌어 주는 사람이다(백강녕, 안상희, 김동철, 2015)."

황금률이 황금과 권력을 가진 자의 독단이 되지 않기 위해서는 구성원이 필요로 하는 것을 파악하는 관찰력과 잘 해주려는 배려와 함께 긴장감을 넣어주는 균형과 조화가 필요하다.

⚘ 참여와 의사결정

주로 아파트 단지에서 많이 벌어지는 일이지만 인위적으로 경계 지운 담장은 결국 사라지고 출입구가 만들어진다. 희망선(Desire Line)은 인도 등 공식적인 보행자 통로 대신 아파트 화단의 잔디 위로 사람들이 자주 다니면서 만들어진 길이다. 흔히 통행하는 사람과 목적지 사이를 가로 막는 장애물이 위치한다면 사람들은 그것을 뛰어넘거나 가로질러 간다. 희망선은 새로운 길을 개척하고 싶은 욕망을 표현하기도 하지만 대체로 사용자가 판단하기에 현재 위치에서 희망하는 목적지 사이에 장애요소가 가장 적은 효율적인 경로를 선택한다. 마치 길이 처음부터 있었던 것이 아니라 누군가 한 사람이 걷고 많은 사람들이 따라 걸으면 길이 되는 것과 같이 자연스럽다.

학교의 다양한 활동도 같은 맥락이다. 학교에서 학생을 가르치는 일과 수업은 교사로서 반드시 해야 할 업무이다. 그러나 우리는 너

무나 많은 부자연스러운 일들을 행한다. 예를 들면 해가 갈수록 각
종 위원회는 그 나름대로의 필요성으로 의무적으로 실시하도록 규
정되고 있다. 너무나 많은 일들과 더불어 교사를 피동적으로 만들
어 버리는 문화는 유교적 전통의 수직적 문화 속에서 교사와 학생
의 사이에도 작용한다. 우리 사회는 보편적 기준이 너무 강하고 그
기준이 획일화되어 있다.

집단주의 문화에서는 학생은 교사에게 좀처럼 질문하지 않으며,
교사의 질문에 적극적으로 대답하지도 않는다. 집단주의 문화권에
서 개인은 항상 자기가 속한 집단을 의식하고 살아간다. 개인은 집
단 전체의 의견에 벗어나지 않도록 신경을 써야 한다(최준식,
2014). 집단에 존재하는 상하관계의 엄격함이 있는 학교조직문화
에서는 질문하는 힘을 키워나가기 어렵다. 남의 눈치를 보지 않는
자기만의 고집스러운 자존감을 갖기도 힘들다. 학교와 교사간의 관
계도 교사와 학생간의 관계를 무한 반복한다.

그러나 "디자인은 가치의 영역이자 마음을 사로잡는 매우 고도의
기술을 수반하는 의사결정에 관한 것이다. 디자인은 엄연히 하나의
문화적 선택이다. 근대 디자인의 심오한 구조에 대해 우선적으로
배울 것은 디자인이 관계를 추구하는 것이라는 점이다(Norman
Potter, 2005)."

진정한 관계성 속에서 의사결정은 존재할 수 있다. 흔히 수평적
관계를 진정한 관계성과 착각한다. 물론 수평적 관계는 수직적 관
계에 비해 의사결정에 더 민주적일 수 있다. 조직을 운영하는 일은
조직의 목표를 효과적으로 달성하기 위한 지속적인 의사결정 과정
이라고 할 수 있다.

물은 항상 아래로 흐른다. 의사소통은 위에서 아래로 흐르는 물이 아니다. 의사소통은 수평적 선상에서 이루어진다. 창의적인 사고는 수평적 선상에서 교류될 수 있다. 물과 같이 위에서 아래로만 흐르는 경우 의사결정은 항상 일방적이게 된다.

학교조직 내 의사결정은 전문직을 지향하려는 교직의 직업적 본질에서 이탈하는 경향이 있다. 이러한 경향성은 교장의 리더십만이 아니라 교사들의 경직된 조직문화의 영향도 결합되어 있다. 오히려 행정가는 늘 의사결정을 통하여 조직을 운영하고 공식적으로 표방하는 조직의 목표 달성에 대한 고민이 있는 반면 혁신을 저해하는 교사공동체의 관행적 악습의 영향력이 심대한 경우도 드물지 않을 것이다.

첫째, 교육활동은 창의성과 탐구적 열정, 높은 전문적 식견과 새로운 변화를 위한 자기성장 노력이 요구되는 직업이지만 연구수업을 맡을 교사를 결정하는 문제에서는 최종적으로 초임교사가 결정되는 경우이다(오영재, 2007).

둘째, 교수학습영역 중에서 학생생활지도와 교과과정 운영, 교육계획 및 자율학습 등에 관한 의사결정이 이루어지고 있지만, 그것은 자율적이고 변화 지향적이기보다는 관리 지향적 성격이 더 강한 경우이다. 단위학교조직의 중핵활동인 독창적인 교육목표 및 교육계획의 수립, 효과적인 수업 개선 노력, 학생생활지도상의 문제 발견과 대책 마련, 교사의 자기개발 등에 관한 주요 문제들이 의사결정 행위에 관한 사례에서 부각되지 않는 것이다(오영재, 2007).

결국, 토론 없는 회의 속에서 결정권 없는 교사로 자신을 한정짓거나 규정당해서도 안 된다. 유교적 질서의 관리자관이 존재한다.

결국, 이러한 문화 속에서 의사결정에 대한 불만은 관리자에게 전달되지 않고 교사들의 사이에서만 회전하게 된다. 집단 내 위계를 중시하는 가부장적 문화가 존재하는 한 토론은 불가능하다.

교사의 민주적 참여와 의사결정 그리고 책임은 교장의 경영디자인과 불가분의 관계를 가진다. "교장의 결정은 교사들의 작업 조건에 중요한 영향을 미친다. 학교의 공식적인 우두머리로서 교장은 거기에서 일어나는 모든 일에 대한 책임이 따른다. 교장의 책임은 그가 행사할 수 있는 권한보다는 크다는 것이다. 교장의 상황은 모든 일을 그의 통제하에 두도록 계속적인 압력을 받는 그러한 것이다. 상징적 존재로서 교장 또한 중요하다. 학교의 수업지도자로서 그는 고참 동료이다. 그는 전문적인 목표와 능력을 상징한다(Lortie, 1975)."

미국의 일부 교장은 이러한 권위와 권력을 교사들과 공유할 준비가 되어 있다. "일부 교사들은 교장의 다양한 권위를 교사들이 이용하게 하는 교장에게 존경과 충성심 할 의무를 가지고 보여줄 준비가 되어 있다. 이러한 표현들은 중세 봉건 영주와 신하 사이의 교환과 같은 성격의 관계를 시사한다. 상급자는 하급자를 보호하는 데 그의 권력을 사용하도록 기대된다. 이에 대해 하급자들은 상응하는 존경심을 보여주고 충성하도록 기대된다(Lortie, 1975)." 미국의 경우에는 계약과 같이 교장은 다양한 권위를 이용하도록 허용(fief)하고 교사들은 그에 대한 대가로 충성을 바치는 상하관계를 형성하는 차이를 보인다.

그러나 "한국의 학교처럼 승진이 행정적인 학교장을 정상으로 하여 일원화되어 있으면 교사들이 교수 학습과 학생지도에 전념하기가 어렵다. 학교장은 교사의 역할보다 행정가의 역할을 더 많이 요구받고 있을 뿐만이 아니라 조직의 유지와 발전을 책임지고 있기 때문에 학교조직의 일차적 목적인 수업의 효율화보다 조직의 외형에 더 집착하기 쉽다(오욱환, 2013)."

교사들이 학생들을 조직의 구성원으로 착각하여 무조건적인 복종과 존경을 기대하듯이 교장 또한 교사들을 조직의 구성원으로 보고 무조건 복종과 존경을 기대하는 경우가 많다. 반면에 교사는 자신들이 의사결정에 참여는 원하면서 책임은 지려하지 않는 경향이 많은 것도 사실이다.

더욱이 가치갈등이 심하고 학교붕괴라는 현실에서 교사들은 비합리적 지도자상 아래서 도피하려 한다. "믿고 의지할 만한 사람은 동화속의 인물로 여겨지는 것이 현실이다. 개인주의적이고 표피적인 인간관계가 주된 방식인 상황에서 혼자서 짊어져야 할 짐은 커지고 무거워진다. 한 번의 실수가 그동안 쌓아온 공든 탑을 일거에 무너뜨릴 수 있다는 위기의식이 내면 깊이 자리잡는다. 원초적 불안감이 강해질수록 강력한 메시아적 지도자를 원한다. 도덕적 이성적 판단을 미루어두고 하라는 대로 하면 모든 것이 해결되리라는 믿음을 주는 그런 사람 혹은 존재를 원하는 것이다(하지현, 2013)."

자신의 행위에 대한 불안감으로 리더라는 우상을 만들어 숨거나 "스스로를 거대한 가치 기준 아래 두고 하찮은 존재로 만들지 말고 '각자 사는 맛'을 가져야 한다(최진석, 2015)." 인간은 자기가 결정해야 행복하다. 또한 인간은 자기가 선택해야 행복할 수 있다.

"교사와 학생 간에 신뢰가 쌓이게 된 것은 기본적으로 필립스 엑시터의 교사 중심 운영 제도라는 철학을 바탕으로 한다. 1856년 이사회는 교사들을 그저 교사진 또는 스텝이라고 부르는 대신 교수진faculty이라 부르기로 결정했다. 그 후로 200년 넘는 동안 학교의 리더십은 이사회에서 교사들에게 서서히 옮겨지게 되었다. 교사는 학교로부터 월급을 받고 수업이나 열심히 하는 단순 피고용인에서 학교를 운영하는 것은 물론이고 학생과 관련된 주요 사항을 결정하는 역할의 주체로 거듭나게 된다. 이러한 교사 중심 운영 제도는 필립스 엑시터의 수업이 하크네스라는 토론식 수업을 바탕으로 진행되는 것과 같이 토론하면서 서로의 의견을 존중하는 교사회의를 기반으로 한다. 이 회의는 수업을 가르치는 교사와 학생들과 밀접한 관련이 있는 교직원까지 총 200여명이 참여한다. 이 시간은 교장을 비롯한 관리직이 교사들에게 일방적으로 결정을 전달하기 위한 시간이 아니라 학사일정과 학교 운영에 관한 주제에서 학교에서 일어나는 전반적인 교칙 문제나 학생 징계 문제 등의 주체적인 권한을 행사한다(최유진, 장재혁, 2014)."

적극적인 의견 참여는 학교를 바꾼다. 이러한 토론을 통한 자기 주장은 교사 사회뿐만이 아니라 학생들의 문화에서도 필요성이 제기되고 이를 실천한 경우도 볼 수 있다.

"창원 태봉고의 공동체 회의는 그때 그때마다 생기는 크고 작은 문제들이 안건이 된다. 학생 회의는 서로 생긴 갈등은 풀고, 잘못에 대한 책임을 따지고 묻는 자리다. 일반학교에서는 교사가 주도해 5분이면 간단하게 처리할 수 있는 사안이 공동체 회의를 통하면 최소 두 시간은 걸려야 합의에 이를 수 있다. 학생들은 회의를 통해 스스로 생각하고 스스로 느끼며 스스로 자신들의 문화를 만들어간다(EBS 학교의 고백 제작팀, 2013)."

사실 새로운 사람들이 아니라면 그리 많은 시간을 회의를 통할 필요는 없을 것이다. "네덜란드 부모가 자녀의 유대감을 긴밀하게 유지할 수 있는 이유는 존중이다. 자녀가 감정을 솔직하게 나타낼 수 있도록 격려하고 자녀의 의견을 존중한다. 자유는 해치지 않되 배려하도록 가르친다. 부모와 자녀 사이의 유대감과 원활한 의사소통이 어린이와 청소년의 주관적 행복지수가 높게 나오는 주요 배경이다(EBS 학교의 고백 제작팀, 2013)."

의사결정은 원활한 의사소통을 바탕에 두고 이루어져야 무너지지 않고 생명력을 가진다. 학교디자이너로서 교사와 교장은 "기능만으로 안 되고 디자인할 수 있어야 한다. 양쪽 두뇌를 모두 사용하는 새로운 사고방식인 디자인으로 시각적으로 아름답거나 좋은 감정을 선사할 수 있는 가치를 만들어야 보상을 받을 수 있다(정경원, 2013)."

원활한 의사소통은 '바람직한 들어주기'를 통해서 내 이야기가 상대에게 받아들여진다. 마찬가지로 토론은 상대의 이야기를 예의 바르게 잘 듣고 자신의 합리적인 논리로 설득해 나가는 것이다. 더불어 남의 눈을 의식하는 문화일지라도 상대의 눈높이에 맞추어 예의는 지키고 주관은 제대로 가져야 한다.

소통은 무엇을 말했는가의 문제 보다는 무엇을 전달했는가와 무엇을 상대가 받아들였는가의 문제가 매우 중요해진다.

민주적 교사 토의 문화는 결국 학급의 수업에서 경청과 연결된다. "학교에서는 한 명 한 명이 모두 주인공이다. 학교 개혁에서는 목소리가 큰 사람의 주장이 통하거나 그들이 이기는 것을 묵과해서는 안 된다. 발표를 잘하는 아이만 활약하는 교실은 민주주의적이라고 할 수 없다. 개별 교사와 학생 모두의 목소리가 존중받는 교실을 만들어야 한다. 내 생각을 주장하는 것이 아니라 다른 사람의 이야기와 의견을 듣는 것이 중요하다(사토 마나부, 2014)." 민주주의를 실현함에 있어 장애는 서로 듣지 않는다는 것이다. 자신의 이야기에 빠져 학생이건 동료이건 듣는 것에 관심이 없다. 자신의 이야기도 진정한 자신은 빠져있고, 타인이 선망할 만한 자신뿐이다.

의사소통은 교사의 학습이나 연구와도 맥락이 닿아 있다. 살아있는 유기체와 같이 교사나 교육리더들은 외부의 지식에 항상 열려있어야 한다. 외부의 지식은 때로 타인이나 동료의 이야기가 될 수 있다는 점을 잊지 않는다.

ò

4장. 학교경영 디자인

4장. 학교경영디자인

1. 디자인경영

최근 디자인 사고(design thinking)을 외치는 주창자들은 디자인이 새롭고 유용한 제품, 장소, 커뮤니케이션, 경험을 창조하기 위한 해법이라고 강조한다. 포괄적인 변화를 촉구하는 '디자인'에 힘을 싣고 있다.

사람들이 인식하는 디자인의 개념도 확장되고 기업의 경영적인 측면에서 디자인의 역할과 개념이 크게 변화하고 있다. 디자인을 창의적이고 독창적인 사고를 바탕으로 탄생된 결과물의 총체로 보는 경향도 있다. 기업의 경영에서 말하는 디자인 사고, 또는 사용자 중심의 접근이 그러한 것이다. 소비자와 고객 그리고 사용자는 모두 유사한 말이지만 용어가 내포하고 있는 가치 기준은 다르다. 즉, 소비자에게는 호감 가는 가치를, 고객에게는 교감할 수 있는 가치를, 사용자에게는 공감할 수 있는 가치를 제공해야 한다(서정호, 2012, 프롬나드디자인연구원).

디자인 경영의 두 가지 측면을 살펴보면 첫째, 디자이너의 입장에서의 디자인 경영이다. "디자이너들이 기업의 고위 경영진은 물론 마케팅, 공학, 판매 등 여러 분야의 전문가들과 협조해야 하는 빈도가 늘어나고 디자이너들이 경영의 이론, 기법, 용어 등을 이해하지 못하면 그와 같은 관계에서 소외될 수밖에 없기 때문에 디자이너들이 경영의 용어와 기법에 대해 이해해야하는 필요성이 커지고 있다. 디자이너들은 경영자처럼 생각하는 방법을 배워야할 뿐만 아니라, 회사의 최우선적인 목표와 활용가능한 자원에 대해서도 알아야 한다. 또한 경제 환경의 예측 및 시장동향분석 등을 통해 제공되는 갖가지 정보를 해석하고 평가할 줄 알아야 한다. 회사의 경영에 대해 알지 못하면 경쟁력 있는 디자인을 개발하기 어려운 세상이 되고 있기 때문이다(정경원, 2006)."

코틀러와 라스(Philip Kotler and Rath, 1984)는 디자인의 효용성과 디자인 경영의 상호관계에 대해 다음과 같이 주장했다(정경원, 2006).

"올바르게 경영되고, 수준이 높은 디자인은 기업에 여러 가지 이익을 안겨준다. 그런 디자인은 기업의 차별성을 부각시켜주고, 제품과 이미지가 싫증나지 않게 해준다. 신제품에는 독특한 개성을 부여하여 평범한 경쟁 상대들 중에서 쉽게 눈에 띄게 해준다. 또한 이미 성숙기에 접어든 제품의 경우에는 다시 소비자들의 관심이 쏠리게 해줄 수 있다. 그리고 디자인의 힘은 고객으로 하여금 가치를 알게 해주고, 선택을 쉽게 해주며 정보를 알려줄 뿐만 아니라 즐겁게 해주는 것이다. 디자인 경영은 시각적 효과, 정보의 효용성, 소비자의 만족을 크게 높여줄 수 있다."

둘째, 경영자의 입장에서의 디자인 경영이다. 경영자들도 사업의 경쟁력을 높이려면 디자인을 어떻게 활용해야하는 지에 대해 알아야 한다는 것이다. "디자인경영이란 뚜렷한 디자인 목적을 가지고 있는 개인의 창의적 변화 활동을 기업의 창조적 경영활동에 적용하여 지속가능한 발전과 미래 경쟁력 확보를 위해 조직을 혁신하는 과정이며 전략적 수단으로서의 경영방법이라 말할 수 있다. 다시 말하면 디자인경영을 하는 기업은 경영자나 구성원의 디자인 마인드가 구체적으로 경영수단과 연결되어 생산된 제품이나 서비스, 기업문화와 구성원의 사고방식에까지 영향을 미치게 한다(이병욱, 2008)."

학교는 현재의 기업처럼 제품을 통해 경쟁하는 방식이 아닌 기능과 미의 조화, 혁신적 사고 등의 디자인 시대와의 부조화를 경험하고 있다. 이러한 경향은 산업사회에서 정보사회 또는 디자인 사회로 변화하는 과정에서도 여실히 드러나고 있다.

디자인에서의 고민도 대량생산에 의한 양적 가치, 즉 많은 물건의 대량 생산품으로 바뀌는 산업화 시대에서는 대량 생산물 자체가 차별적 가치, 독창적 가치 등에 대한 가치보다 기능에 따른 형태와 편리성 등이 질적 가치의 기준이 소비자들의 소비 가치 기준이었다. 하지만 기능과 효율성 등의 가치를 추구하던 시대에서 디자인 가치 중에서 심미성에 대한 고민과 함께 생산자의 고민은 모든 소비자를 만족시킬 수 있는 제품의 상품가치와 미적 가치를 만들 수 없는 것이며, 또한 당시 생산 플랫폼으로는 다양한 가치를 가지는 상품을 동시에 만들기 힘들었으며, 소비자는 좀 더 자신의 소비가치와 미적 가치에 부합하는 제품을 찾고자 하는 경향이 나타났다 (서정호, 2012, 프롬나드디자인연구원).

예전에는 기업들이 추구한 상품 및 기업의 가치를 소비자에게 알리고 설득하여, 소비자에게 새로운 소비가치에 영향을 주려고 하였다. 그러나 현재 소비자의 소비 가치 기준은 스스로의 자각과 개성에 의해 다양하게 변화하고 있으며, 시대적 변화와 소비자들의 생활환경의 변화 등으로 스스로 적합한 소비가치로 세분화되고 있다(서정호, 2012, 프롬나드디자인연구원).

사회의 이러한 변화는 학교에서도 마찬가지로 대량생산의 기능적인 인력이 아닌 개인의 질적 가치가 구현된 인재를 필요로 한다. 학교도 학생을 포함한 구성원들의 환경적 맥락, 학교에서 행동, 동기 등을 관찰하고 각각의 세분화된 특성의 공통점이나 차별성 등의 요소들 파악하면서 핵심적인 가치에 대하여 디자인화 할 필요성이 증가하고 있다. 학교의 모든 물질적 공간 환경과 정신적 문화에 대해 단지 기능적 활용성에 기초할 것이 아니라 구성원들의 사용성과 유용성이 높은 새로운 가치로 디자인되어야 한다는 것이다.

물론 학교는 가르쳐야하고 학습해야 할 필수의 교육과정을 통해 교사와 학생이 상호 작용하는 특이성을 가지고 있고 과거에는 전달하고자 하는 지식을 가장 효율적으로 전달하는 교사와 학교가 우수하다고 평가되기도 하였다. 하지만 소비자가 공감할 수 있는 차별화된 가치를 제공하는 것이 디자인의 역할이라면 소비자의 욕구가 무엇인지, 원하는 바가 무엇인지를 살펴보아야한다. 디자인이 경영의 핵심전략으로 바뀌고 있는 것은 소비자들과의 소통과 공감대 형성이 기업의 지속성과 관련이 있고, 이러한 지속성을 위해서는 소비자들과의 공감대 가운데 차별적 상품가치를 지속적으로 제공해야 한다는데 그 의미가 있다.

학교는 변화 없는 공룡과 같은 거대한 조직이 아니라 학생과 학부모의 다양한 요구에 능동적으로 대처하는 차별화된 학교로 존재해야 하고, 더 이상 지식 자체가 학교라는 울타리 속에서만 존재하지 않는다는 시대적 변화와 발맞추어 학교와 교사는 살아남기 위한 경쟁이 아니라 보다 인간화된 면모로 차별적 가치를 전달해야 할 필요성을 가진다.

분명한 사실은 모든 사람들이 차별화된 자신들만의 가치소비를 통해 차별적 가치를 추구하는 것이 보편화되고 있다는 것이다.

"소비자 가치 기준 및 경제적 가치 기준의 변화와 함께 에너지(자원, 환경, 자연 등)에 대한 가치 인식의 비중이 커지고 있으며, 이는 소비자에게 삶의 질적 가치에 대한 인식을 전환하는 계기가 되었다. 소비자의 가치인식 구조가 '각각의 개별 또는 단위별로 인식하는 구조'에서 '유기적 관계성을 염두에 두는 구조'로 변화하고 있다(서정호, 2012, 프롬나드디자인연구원)."

학교를 디자인 할 때도 계획-전달-사용-보완-유지보수-폐기까지 나아가 환경까지 생각하여야 한다. 이러한 변화는 디자인을 생각할 때 서로의 이해를 돕는 공감의 핵심으로 서로 다른 가치들의 관계성 연결과 함께 통합적 상생구조로 확장되어야 함을 말한다. 디자인 사고란 "분석적 사고와 직관적 사고를 지나 융합, 통합, 균형을 추구하는 생각의 진보된 방식이라고 한다(Roger Martin, 2009)."

창의 융합이란 기존의 전혀 이질적이라고 생각되던 분야 사이의 거리를 좁히는 것이다. 거리를 좁히는 것에서 차이가 발생하게 된다.

디자인의 본질은 제품과 사용자간의 거리를 좁히는 것이다. 학교 디자인 또한 학교와 학교이용자간의 정서적 거리를 좁히는 것이고, 수업에서는 학습과 학습자간의 거리를 좁히는 것이며, 기업과 마찬가지로 디자인 사고방식이 학교의 핵심적 역량 중 하나가 될 것이다.

"학교는 공장이 아니다. 공장이어서도 안 된다. 각종 공산품을 생산하는 기업도 아니다. 하지만 학교는 공장의 역할을 충실하게 수행하고 있다. 공장 운영 시스템은 학교 운영 시스템과 유사하기 때문이다. 요즘은 학교 운영이 아니라 학교 경영이라는 말이 아무런 비판 없이 마땅히 그래야 한다는 듯이 보편적으로 사용되고 있다(박명섭, 2012)."

경영(經營, management)은 기업이나 사업을 관리하고 운영하는 것을 말한다. 기업은 이윤을 창출하기 위해 효율성과 경제성을 중시한다. 학교경영이라는 표현이 이윤추구의 극대화를 추구하는 기업 활동을 연상시키기에 거부감을 느낄 수 있을 것이다. "교육행정에는 몇 가지 유사 개념이 있는데, 교육경영이나 학교경영이다. 경영은 경쟁사회에서 조직의 목적 달성을 위해 자원과 조직 관리의 효율성을 추구하는 것이며, 관료제 성격을 가진 대규모 조직의 목적 달성을 위한 합리적 협동 행위라는 교육행정의 측면을 강조한 용어이다. 외국에서는 교육행정을 주로 조건정비적 관점에서 바라보기 때문에 행정administration과 경영management을 굳이 구분하지 않고 사용하는 것이 일반적이다. 오히려 정책적 측면을 배제한다는 의미에서 행정 대신 경영 개념을 선호하기도 한다. 교육조직은 기업조직과 여러 가지 측면에서 다르고, 기업경영과 교육경영의 차이는 분명하다(성태제 외 12인, 2012)."

기업의 '낮은 가격의 질 높은 상품'은 곧 학교의 '학력'과 유사성이 존재한다는 점은 부인할 수 없는 사실이다. 그러나 현실적으로 국가 간 혹은 개인 간의 최소한의 경쟁은 피할 수 없는 일이다. 모든 유기체는 생존 과정에서 경쟁과 협력을 반복한다. 경쟁과 협력은 동전의 양면과 같다. 디자인은 경쟁과 협력 사이에 존재하며 대립적인 개념 사이에 존재하고 산업과 예술 사이에 존재하며 부자와 빈자 사이에 존재하고 단 한명의 개인과 모든 사람들 사이에 존재하며 기업과 소비자 사이에도 존재한다. 결국, 디자인 자체는 양면적 도구이자 유연한 물과 같고 주어진 환경에 따라 형태와 쓰임이 달라지는 것이다. 우리는 소외된 90%를 위한 디자인을 인간 지향적 철학으로 선택하는 지혜를 발휘하여야 한다. 그러면 조직은 조직대로 개인은 개인대로 자기 삶의 무늬를 자신이 디자인하게 될 것이다.

모든 개개인에게 '최고의 잠재력'이 있다고 말한다. 이에 배우는 법을 배우는 것이 실행되어야 하며, 각 개인은 삶을 기획하는 경영자로서 자신의 잠재력을 키워 나가야 한다고 제안한다.

수동적인 복지 위주의 사고에서 벗어나 모든 사회 계층이 적극적인 인생 경영인으로 활동하도록 하자는 새로운 사고이다.

"모든 개인은 삶의 경영인이 되어야 한다." 마지막 결론이 될 수 있는 이야기지만 목표지향적 조직에서 시스템지향적 조직으로 전환되는 것이 혁신이다.

"스스로 자립할 수 있고 세상의 것을 배우는 법을 가르쳐 주는 것. 또한 단순히 가르치는 것이 아니라 우리가 속한 사회에 맞는 교육을 해야지만 잠재력이 정확하게 발현될 수 있다. 무조건적인 교육이 인재를 만드는 것이 아니라, 상황에 맞게 자신감을 주도록 '세상을 이해하는 도구로서의 교육'이 우리의 미래를 살릴 수 있다. 그렇게 전 세계 개인들이 모두 '자기 삶의 경영인'이 되어야 한다

(Peter Spiegel, 2008)."

2. 디자인경영과 혁신

디자인경영과 혁신의 관점에서 기존의 상황을 바꾸기 위해 노력하는 모든 사람은 누구나 디자이너라는 관점을 가진다. 우리 앞에 나있는 길은 여러 갈래이다. 하나의 길만 제시되어 그 길을 묵묵히 걷는 것은 과거에는 가능한 일인지도 모르지만 급변하는 시대에는 불가능하다. 우리는 우리가 걸어야 할 길을 스스로 디자인해야 한다. 과거에는 선택이 없는 상황을 선택할 수 있는 자유가 주어지는 상황으로 만들기 위한 투쟁이라면 지금은 너무 많은 선택을 자신에 맞게 줄여 디자인해야 하는 투쟁이 우리의 과제로 남아 있다.

'변화는 항상 위기에 의해 주도되어야 하는가?', '흐름을 남보다 한 발 앞서 내다보고 변화하는 것은 불가능한가?', '기업은 시장의 속도에 뒤떨어지지 않기 위해 지속적으로 변모하지 못하는가?'하는 점은 기업이나 학교나 마찬가지의 고민이다.

디자인 경영이 강조하는 혁신은 시장경쟁에서 우위를 차지하는 것이 아니다. 최근 모든 대기업의 흥망은 동종업체와의 경쟁에서 도태가 아니라 시장의 변화와 신기술의 변화를 쫓아가지 못하는 것에 기인한다.

디자인을 통한 경영, 디자인을 위한 경영이나 디자인에 의한 경영의 의미는 "디자인이 혁신을 이끌고, 혁신은 브랜드를 강화하고,

브랜드는 충성도를 형성하고, 충성도는 수익을 유지한다는 연결고리를 형성한다는 것이다. 장기적인 수익을 원한다면 기술부터 시작하지 말고 디자인부터 시작하는 것이다(Neumeier, Marty, 2009)."

일반 기업의 디자인 경영의 필요성은 비슷한 품질이라면 디자인을 통한 차별화가 결정적인 이유이지만 더 큰 이유는 지금 직면하고 있는 문제에 대한 가장 광범위한 해결책을 고안해 낼 수 있는 능력을 디자인 사고를 통해서 얻을 수 있다는 것이다. 현실을 보는 넓고 깊고 유연한 사고를 요구한다.

많은 제도, 구조, 체제, 시스템은 인간의 지속가능한 생존에 이바지하기 위한 것이다. '우리가 자신의 몸을 돌보지 않듯이 시스템의 문제를 외면한다면 코닥사(Kodak)와 같은 운명을 맞이하게 된다. 시스템의 문제를 살펴보고 시스템의 노예가 된 우리의 의식과 형태를 살펴보아야 한다.

첫째, 혁신은 학교공간환경 개혁이다. 공간은 사람이 머무는 곳이다. 다시 말해 삶의 터전이다. 단지 배경이 아니라 살아 숨 쉬고 서로 영향을 주고받는 입체적인 곳이다. 그럼 우리가 사는 공간은 어떠해야 할까. 아름다워 보이는 곳이 꼭 머물거나 살기에 좋은 곳은 아니다. 그보다는 인간이 소외되지 않고 마음이 편안해지고 행복해지는 공간이어야 한다. 공간을 디자인할 때는 먼저 그 안에 사는 사람들의 의견을 경청해야 한다. 또한 공간 디자인을 위하여 다양한 사람들과의 협업도 필요하다.

어떤 디자이너는 병원의 공간 디자인 작업을 위해 휠체어를 타고 환자의 입장에서 무엇이 필요한지를 연구했다고 한다. 그냥 디자이너로서가 아니라 그 공간의 사용자 입장에서 디자인을 하기 위해서이다.

그 사람의 신발을 신고 걸어보기는 소통의 디자인이고 사용자 입장에서의 디자인이며, 학생의 눈높이에서 학교를 디자인하는 것이다. 상대의 입장에서 서지 않으면 소통의 디자인은 불가능하다. 소통은 사이좋은 관계를 유지하는 것이다. "스티브 잡스의 아이폰은 인간과 모바일 폰을 사이좋게 한 것이다(이어령, 2012)."

학교공간환경과 학생사용자를 연결하는 디자인에서 더 높은 가치를 제시할 수 있는 디자인된 공간을 학생들에게 제공하여야 한다. "철도왕 콜리스 P. 헌팅턴은 에펠탑을 보고 돈벌이는 어디서 하는지를 물었다. 디자인의 관점에서는 1897년 이후 1천2백억 달러의 에펠탑 금속제 기념품이 판매되고 있다(Neumeier, Marty, 2009))." 이런 측면에서 디자인 경영은 꿈을 설계하는 것이다. 오래전부터 학교는 학생이 자신의 삶의 미래를 꿈꾸고 큰 그림을 그릴 수 있도록 독려하였다. 그것이 물자절약과 같은 사소한 행위에서부터 인류에 대한 사랑을 실천하는 일까지 바람직한 인생설계에 이바지 하지 않는다면 학교의 소용과 의미를 상실한다.

둘째, 학교경영 개혁이다. "교육개혁의 핵심개념은 시장, 그리고 경영주의와 같은 개념이 공통적으로 제시되고 있다. 시장과 경영주의 또는 신경영, 그리고 신경영과 성과주의 등이 대단히 긴밀히 관련되어 있는 개념이라는 사실을 염두에 두면, 교육개혁의 논리는 말 그대로 보편성을 띤다(김용, 2013))."

성과주의는 기업 경영의 방식이며, 이 방식이 효율적이기 때문에 공공부문에도 도입하자는 것이 신공공관리6)의 기본 아이디어이다.

Sergiovanni(1992)는 경영적 신비주의라는 개념을 통해 다음과 같이 비판한다. "경영적 신비주의가 학교에 들어온 결과, 올바른 일을 하는 것(do right thing)은 뒷전에 밀리고 일을 올바르게 하는 것(do thing right)이 우선 강조된다. 학교가 개선하고자 하는 계획이 이미 학교가 개선된 징표로 활용되며, 교사 평가 결과 높은 점수는 그가 좋은 교사임을 입증하는 자료와 동일시된다. 또 교사가 취득한 연수 점수는 그가 다양하고 적절한 방식으로 학생을 지도할 수 있음을 의미하는 것으로 받아들여진다. 학생 지도계획을 수립하기만 하며 곧 바로 학생들 사이에 질서가 잡힐 것으로 기대한다(김용, 2013)."

"경영적 신비주의가 지배하게 되면, 필연적으로 학습된 무기력(trained incapacity)과 목표 전도(goal displacement)가 나타난다. 교사의 전문성을 신장해야 한다는 목표보다 교원평가를 실시하여야 한다는 사실이 목표로 부각되고, 전문성 신장을 숙고하기 보다는 직무 연수를 이수하도록 일을 단순하게 처리하고 이 과정에서

---

6) 행정내부에 규제를 완화하고 기업의 관리 방식을 공공 부문에 도입하는 것으로, 행정 계층 간 통제 축소, 인사와 예산 운용의 재량 부여, 책임을 지고 성과를 높이고 고객 만족을 실현하도록 관리하는 방식으로 관리주의라고 한다. 행정조직 내부의 운영에는 신제도경제학의 원리를 활용하고 행정 운영 전반에는 경쟁 원리와 고객주의와 같은 시장주의를 도입하는 것을 신공공관리라고도 한다. 작은 정부, 규제 완화, 고객주의, 경쟁원리, 기업가적 정부 등이 대표적 전략이다. 이 전략들은 시장의 효율성을 신뢰하는 것이다. 신자유주의라고 불리기도 한다. 신제도경제학은 민주 정치를 주인-대리인 관점에서 접근하며, 대리인이 행하여야 할 과업에 대하여 상세한 표준을 설정하여 주인의 의사 또는 요구를 명확히 한다. 과업 수행에 대한 책무성을 대리인에게 부과하고, 주인의 의사 또는 요구가 실현되고 있는지를 확인한다. 주인의 의사 또는 요구를 잘 달성하기 위하여 대리인간 경쟁을 조직한다. 결과에 따라 효과적인 유인으로 보상과 벌을 사용한다(김용, 2013).

학습된 무기력이 형성된다(김용, 2013)."

또한 경영적 신비주의의 수량화의 폐해는 학교의 운영 전반이 평가 항목의 지표를 충족시키는 방향으로 움직이게 된다. "조직이 감사 사회화를 적극적으로 수용하게 되면 평가가 제시하는 새로운 준거 틀에 의하여 조직의 활동과 경영이 이루어지게 되는 것이다. 학교 평가를 받는 학교에서는 학교 평가의 지표를 먼저 확인하고 지표에 맞게 학교를 운영하게 되는 것이다(김용, 2013)."

최종적으로 그 피해는 항상 학생들의 몫이 된다. "교육의 시장주의와 표준화의 흐름 속에서 교사는 외부에서 설정한 기준을 달성하는 데 온통 초점이 가 있다 보니 교실에서 무엇을 하고자 하는지 그것을 어떻게 하면 즐겁게 실행할 수 있을지에 대해서는 생각할 시간이 전혀 없다(A. Hargreaves & D. Shirley, 2009)."

그러나 시장지향적, 경쟁지향적 신자유주의에 비해 적정기술적 디자인은 "인간의 행동을 면밀히 관찰함으로써 숨겨진 욕구를 찾고 인간의 심적 특성에 대한 이해를 기반으로 그 욕구가 행동으로 이어지게 할 각종 조건을 구체적으로 설계함으로써 결국 행동의 변화를 가져오도록 하는 기술이다(김정태 외 5인, 2012)." 따라서 학교 경영 디자인은 학생 입장에서 문제에 접근하고 해결하는 것, 궁극적으로 문제를 해결하기 위해 효용과 의미를 결합하고 탐색해 학생들의 삶의 질을 개선하는 것이며, 광범위한 차원에서는 우리가 직면하고 있는 교육문제 역시 디자인적으로 접근하여 다양한 해결 방법을 찾는 것이다.

결론적으로 학교경영 디자인은 서비스디자인이다. "근래에 공공 서비스를 수요자 중심으로 혁신하고 있다. 새로운 디자인으로 소개된 서비스디자인이란 맥락을 중시하는 집중적 디자인 리서치, 다양한 이해관계자의 잠재된 욕구를 반영할 수 있도록 하는 다학제적, 협력적인 공동개발, 특화된 가시화 방법, 빠른 반복 실행으로 혁신적 아이디어를 구체화함으로써 고객이 경험하는 제품과 서비스의 가치를 극대화 하는 방법 및 분야를 말한다(김정태 외 5인, 2012)." 서비스디자인은 고도의 전문적이고 기술적 지원이자 감성적 배려이다. 수업에서는 교육과정의 틀 안에서 교사가 자신의 장점을 살려 개성적인 수업이 가능하도록 배려하는 것이다. 이러한 수업을 통해서 학생들은 개성 있는 학생으로 성장할 수 있을 것이라는 가정이 포함되는 것이다.

"디자인이 어느 한 가지 기술이 아닌 인간과 기술, 기술과 기술 등을 이어주는 '인터페이스(interface)'이자 사회 문화 정보로 기능해야 한다(표현명, 이원식, 2012)."

셋째, 학교문화 개혁이다. 학교 문화는 학교조직문화에 비해 포괄적인 개념이다. "문화상징적 접근에서는 조직을 합리적인 실체로 보는 관점을 거부하고, 규칙이나 정책, 관리적 권한보다는 의식, 이야기, 영웅, 신화에 의하여 움직인다고 생각한다. 학교 언어, 은유, 신화, 의식에 대한 행정적 영향력은 교사와 학생의 의식에 의해 재생산되는 문화의 주요 결정 요소들이다. 이는 조직 문화가 상징, 언어, 이념, 신념, 의식, 전통 등 조직체 개념의 총체적 원천임을 보여 주고 있다. 학교는 탁월한 업적을 남긴 행정가와 존경을 받은 교사 그리고 뛰어난 성취를 이룬 학생에 관한 영웅적 일화를 생산하고 전수하기도 하며, 독특한 의식을 통해 학생들을 내면화시키려는 의도를 실현한다(오영재, 2007)."

학교문화에는 여러 가지 하위 문화영역이 존재한다. 구성원별로 학생, 교사, 관리자, 학부모 등과 조례, 종례, 입학식, 졸업식, 수학여행 등의 의례와 행사 문화, 학교 건축물을 포함한 시각적 환경문화, 교육과정 운영 등의 교수학습문화 등이다. 학교디자인은 공간 환경에 대한 디자인이자 보이지 않는 학교의 문화적 산물에 대한 디자인이다. 공간 환경 문화는 보이지 않는 정신적 문화와 보이지 않는 끈으로 연결되어 있다. 현실적 공간 환경에 나타나는 시각적 문화는 보이지 않은 의식적 문화를 반영하며, 영향을 주고 받는 관계이다. 이러한 보이는 공간 환경 디자인과 보이지 않는 문화디자인은 교수학습의 질과 스타일에도 지대한 영향을 미치는 요인이 되기에 학교디자인에서 중요시된다.

문화는 스토리이다. 학교를 독특하고 두드러지게 만드는 것은 학교가 지닌 여러 가지 특성들 중 결국 딱 하나의 특성일 수 있다. 원래 보이고 들리는 대로의 결과물이 아니라 관점에 따라 새롭게 구축해가는 것이다. "이야기는 실제로 존재하는 인물이나 물건에 대한 모든 기능과 정보를 종합해서 보여 주는 것이 아니라 이야기 창작자의 관점에 따라 인물이나 대상이 지닌 속성 중 어느 부분을 강조해서 만들어 내는 것이다(진형준, 2010)." 이러한 진술은 스토리를 지닌 문화가 구성원에 의한 문화적 편집디자인이라는 것을 분명히 한다. 스토리는 구성원과 구성원을 연결하고 공유하는 접착제 역할을 한다.

"설계와 디자인은 글로 쓰지 않는 이야기이다(이병담, 2013)." 건축이나 디자인이 시각적 요소로 구성되어 있지 않고 인간과 결합된 기억과 감성으로 구성되었다는 점을 상기하여야 할 것이다.

사실 혹자는 문명의 기원은 똑똑한 사람들에 있는 것이 아니라 많은 사람들에 있다고 한다. 이는 다양한 사람들의 두뇌에 각각 다른 지식들이 담겨 있고 저마다 커뮤니케이션과 모방을 통해서 연결된 다른 사람의 두뇌에 저장된 지식을 자유자재로 활용할 수 있기 때문에, 더 많은 사람이 모인 집단일수록 더 많은 지식을 저장할 수 있다는 원리다. 지식이 저장되고 전달되는 방법이 바로 '모방'이고 이 모방이 바로 '편집'이다.

과거는 하나의 문화적 형식이 공유되는 사회이지만 포스트모던한 지금의 사회는 각 학교마다의 독특한 학교문화디자인이 요구되고 있다.

학교는 매우 보수적이고 관습적인 사회이고 조직이다. 전통적인 권위에 기초하면서 능력에 기초한 새로운 권위로 대체하려는 시점이다. 이러한 시점에서 인권은 전통적 권위와 갈등적 상황을 야기한다. 최근 논란이 되고 있는 인권조례는 학교문화에 대한 우리 사회의 시각의 온도차와 새로운 학교문화 정착기에 겪는 진통으로 보인다. 두발과 복장의 자유, 체벌 금지, 야간 자율학습 금지 등을 담은 학생인권조례가 교사나 학생의 권리를 새롭게 제한하는 것으로 볼 수 없고 인권조례의 구체적인 내용이 법령에 어긋나지도 않는다는 대법원의 판단이 나왔다. 더불어, 인권이 점차 강화되는 추세이기에 막강했던 국가 권력에 대비하여 민주화 이후 개인의 인권이 예전보다 진보된 해석 체계 속에서 작용하는 점도 고려되어야 할 것이다. 공공의 이익보다는 개인의 천부적 권리가 더 보장받아야 한다는 추세이다.

학교의 입학식, 졸업식 등의 다양한 문화와 더불어 수학여행도

꽤 오랜 역사를 지닌 학교의 대표적인 문화이다. 수학여행의 경우 경비에 비해 교육적 효과가 가끔씩 의문시되고 있고 요즘은 수학여행의 안전 문제와 더불어 다양한 부정적 영향으로 새로운 수학여행 문화가 요구되고 있다. 부산의 학생들이 서울의 다양한 대학을 소규모의 그룹으로 방문하거나 자기 고장 탐방을 통하여 내가 사는 곳에 대한 애정과 관심을 넓히거나, 장승이나 서원 탐방 등 탐구하고자 하는 테마와 주제를 정해서 그 특징과 역사를 조사해보는 활동 등 다양한 방법이 고려되고 있다.

또 학교문화와 관련하여 분명한 사실은 학교-교사-학생의 연결고리에서 학생들이 재학 중에 경험하는 교사에 대한 부정적 인식이 졸업 후 학교에 대한 부정적 인식으로 고착되는 경우가 많다는 사실이다.

우리는 외부의 다양한 현상이나 대상에 의미가 본래적으로 고정되어 있다고 생각한다. 그러나 의미와 가치는 찾아야 하고 새롭게 발견되어야 한다. 특히 인간의 문제에서는 더욱 그러하다.

3. 리더십과 학교디자인

◎ 혁신과 리더십

학교는 현재와 미래에 학교를 이끌어갈 사람과 미래 사회의 잠재적인 리더를 기르는 장소이다. 그리고 '리더는 자신을 이끄는 사람이다.' "학교에서 훌륭한 리더는 사람들이 붕괴되었다고 한탄하는 교실과 학교를 배움과 성장이 있는 희망찬 장소로 바꾼다(김이경, 2015)." 교사의 리더십은 학교장의 리더십으로 연결된다. 리더십이 길러질 수 있는 역량이라면 리더십이 성장할 수 있는 환경 조성이 필요하다고 본다. 그러한 자율적 환경 속에서 자발성은 형성된다. 자율성은 자신이 정한 기준을 스스로 지킨다는 의미이고 자발성은 외부나 타인 등으로부터 동기가 주어진 것이 아닌 자신의 욕망으로 몰입하는 것이기에 자율성과 자발성은 의미의 차이는 있지만 적극적 자발성이 곧 리더십인 것은 분명하다. 모든 리더는 자기 스스로 자신을 이끌어야 한다. 타인이나 조직의 강요에 의해서는 결코 리더십이 길러 질 수 없다. 교사의 리더십이 성장할 수 있는 환경이라면 먼 미래에는 리더십을 가진 교장이 더 많이 존재할 수 있을 것이다. 이러한 측면에서 리더십은 구성원의 재능을 발견하고 능력을 신장시켜 인재를 기르는 것이다.

리더십 디자인은 학교의 모든 구성원들이 자발성을 통해 움직일 수 있도록 불필요한 장애물을 제거해 주는 디자인이다. 또 리더십 디자인은 타인에게서 보고자 하는 변화를 자기 자신이 보여주어야 하는 것이다. 결국 리더십 디자인은 혁신과 연결되어 있는 것이다.

첫째, 자기반성이다. 최고의 리더십은 역사적 인물이나 룰모델을 따라 하려고 애쓰는 게 아니라, 자신이 누구이며, 자신에게 가장 중요한 문제가 무엇인지에 뿌리를 두고 있어야 한다. 진정 자신을 알고 자신이 무엇을 위해서 있는지 알면, 어떤 상황에서도 무엇을 해야 하는지 훨씬 쉽게 알 수 있다.

가치 기반의 리더가 되기 위해서 반드시 정기적인 자기반성을 통해 자신의 안을 들여다보고, 더 큰 자기 인식을 위해 노력해야 한다. 결국 자신을 돌아보지 않는다면 자신을 진정으로 알 수 없다. 자신을 알지 못하면 자신을 리드할 수 없다. 자신을 리드할 수 없으면 타인을 리드할 수 없다.

자기 성찰은 구성원에게 시켜서 하는 일 또는 해야 하기 때문에 하는 일이라는 생각 대신에 내가 하고 싶어서 하는 일이라고 생각하는 것이다. 이는 만들어 지는 것이 아니다. 외부적 명령이 내부적 명령으로 전환되는 것은 자발성의 진정한 모습이 아니다. 리더는 밖으로의 보편적 가치와 안으로의 자발적 가치를 동시에 추구한다.

둘째, 모든 리더들이 쉽게 빠지는 함정으로 조직의 본연적 가치에 충실하기보다 자신의 실적을 부풀리려는 공명(功名)과 그러한 공을 누리려는 양명(揚名)이다. "그릇된 리더들은 자신의 이름을 내고 높이는 데 지대한 관심을 가진다. 이러한 유형의 함정에 빠진 리더는 대부분 자신의 수준이 되는, 또는 그 이상의 환경을 가진

이들과 교류에 힘을 쓴다. 이 기득권들과의 네트워크는 자신에게 좋은 기회를 열어 줄 수 있으며 이 관계속에서 자신의 존재에 대한 의미를 찾는다. 문제는 이를 위해 조직을 활용한다는 것이다(이충현, 2011)." 조직의 위기에서도 자신의 양명을 생각하게 된다. 자신의 안신을 먼저 고려한다면 조직은 곧 무너지게 된다.

이러한 학교의 구성원들은 리더를 보호하기 위해 또는 학교를 보호한다는 명목으로 사실을 곧잘 은폐한다. 여론과 피해자의 관계를 염두에 두기보다는 자신들의 결정에 대한 변명을 앞세우게 된다. 사실의 은폐를 통해 학교는 매우 큰 불이익과 손실을 감당해야 하는데 그것이 바로 신뢰의 상실이다. 비단 학교만이 아니라 교사 개인에게도 해당되는 국면이기도 하다.

과거처럼 학부모와 학생들은 고분고분하지 않기 때문이다. 소셜미디어를 통해 고발하고 확산시키면 자신들도 큰 힘을 발휘할 수 있다는 것을 깨닫고 있다. 예전에는 권위를 가진 사람이나 조직이 결정을 내리거나 정보를 이야기 하면 그것이 그대로 수용되지만 지금은 오히려 권위자나 권위적 조직과 개인은 상대적 차이만 인정되고 개인은 학교에 향하여 사실과 진실에 대한 절대적 가치를 요구한다.

특히 획일성이 지배하는 사회에서는 이러한 권위에 대한 반발심은 더욱 커진다. 대학은 서울대, 직장은 대기업이 모든 우수한 인재를 블랙홀처럼 빨아들인다. 그래서 그들만의 배타적 리그가 계속되는 한 이러한 권위적 대상에 대한 반발은 더욱 커질 수 밖에 없다.

마지막으로 젊은 교사들이 리더십에서 착각하는 것 중에 하나는 자신은 리더십과 관련없다는 태도이다. 자신들은 미래의 리더라는 사실을 인정하지 않는다. 더군다나 자신속에서 리더의 자질을 발견하고 키우는 디자인에 무심하다. 결국 외부의 리더에 대한 맹목적 추종이 리더십의 학습이라고 생각한다. 이러한 내면적 자원을 찾고자 하는 사람은 그 자신을 스스로 이끄는 리더이다. 더욱이 교사는 학생들이 바라보는 자발성의 표상일 수 있다.

지금은 방관속에서 침묵하고 언젠가는 자신의 목소리를 낸다는 것은 불가능하다. 또 지금 내는 목소리가 교육과 학생을 위한 것이 아닌 자신의 존재감을 나타내기 위한 것이라면 장래의 리더십 디자인의 기초는 잘못 놓인 것이다.

◎ 정치로서 학교경영

리더는 조직을 이끄는 사람을 의미한다. 리더십(Leadership; 指導性)은 리더의 역할을 맡은 사람의 인적 자원의 통솔력과 물적 자원의 통제 역량을 말한다. 합목적적 비전을 가진 리더십은 경영디자인의 핵심이다. 교육 철학과 정책을 기반으로 비용을 투입하여 학교 공간의 환경을 재구성하고 개선하는 거시적 차원에서의 의사결정과 학습과 관련된 다양한 디자인 사고와 담당 업무를 통한 디자인적 행동 등의 미시적 차원에서의 접근이 이루어진다. 이 때 미시적 차원의 공간 환경 디자인은 교사에게 많은 부분 위임되어 있으나 거시적 차원의 방향과 실행은 교장의 권한에 많은 부분이 맡겨져 있다. 따라서 학교디자인과 리더십은 밀접한 관련이 있다.

정치적 리더로서 학교경영디자이너이다. "세계관이 전승되고 문화를 재생산하며, 삶의 방식이 계승되고, 사람을 만드는 수단이자 메시지이기 때문에, 교육은 근본적으로 매우 정치적 사업이다(B. S. Cooper, L. D. Fusarelli, E. V. Randall, 2004)."

교육의 정치적 중립은 교육은 종교와 정치적 이념으로부터 중립이라는 표현이 더 적절할 것이다. 모든 갈등은 두 가지 또는 그 이상의 가치가 상충되는 경우 발생한다. 이상적인 정치는 치우침 없는 중도를 실천하는 길이다. "정치적 선택에는 언제나 이를 지지하는 사람과 그렇지 않은 사람이 공존하기 마련이다. 정치적 선택이 아무리 공명정대하다 하더라도 그에 따라 이익을 얻는 사람과 불이익을 경험하는 사람이 상존하는 까닭에, 그 선택으로 불이익을 경험하게 될 사람에게 지지를 기대할 수는 없는 일이다. 우리는 오랫동안 교육과 정치는 관련이 없어야 한다는 미신에 사로잡혀 왔다(김용일 외, 2014)."

미신 또는 신화라는 표현을 바람직하지 않은 신념으로 바꾸어 부를 수도 있다. 현대는 가치 갈등의 사회이다. "교육은 상호배타적인 가치들이 동시에 충족되기를 요구받고 있다. 교육 현장에서는 자유주의와 평등주의, 업적주의와 균등주의, 개인주의와 국가주의, 수월성과 형평성 등 배타적이거나 대립적인 가치들이 맞서고 있다(오욱환, 2014)." 그러나 정치는 결국 인류 전체의 행복이라는 가치를 위한 수단이다. 우리는 "모든 정치는 인류의 선을 증진하고 여기에 봉사해야 하며 개인의 존엄에 대한 존경에 기초해야 한다"는 교황의 미국 하원 연설을 기억해야 할 것이고 교육 또한 정확하게 같은 목적을 추구한다.

정치를 가치의 권위적 배분이라는 전통적 견해를 두고 볼 때 가치 갈등의 해결과정이라는 점에서 정치와 디자인이나 대도시의 행정과 디자인도 불가분의 관계를 가진다. 도시를 디자인하는 리더의 입장에서 볼 때 "디자인은 도시를 안전하고 쾌적하고 편리하게 만들어 준다. 도시의 문제점을 발견하고 이를 극복해 시민들에게 감동을 준다. 잘 된 디자인은 시 정부와 시민 사이의 커뮤니케이션을 돕는다. 디자인은 높은 경제적 부가가치를 창출하고 그 결과 모든 시민의 질을 향상시킨다. 디자인은 배려이고 소통이고 문화이다. 나아가 여유와 즐거움이며 경제이기도 하다(오세훈, 2010)."

대도시에 비하자면 학교는 작은 공동체이지만 현재의 학교는 항상 가치 갈등 속에서 존재한다. 교사나 행정가가 리더로서 희소 자원배분하거나 평가를 할 경우 등의 의사결정에서 그 결정이 공정하게 또는 민주적으로 이루어지는가라는 측면과 관련된다. 무능을 통한 실패보다 공정하지 못한 경우에 관계는 적대적이 된다(Strike, K. A., Haller, E. J., Soltis J. F., 1988).

결국 리더는 공동선과 공동의 이익을 목적으로 조직적 추구를 통한 희소자원을 최대한 공정하게 분배하는 것을 통해서 조직이 유지 및 발전할 수 있다는 점을 염두에 두어야 한다. 파생된 이익의 독식은 조직의 종말을 의미한다.

학교를 디자인하는 리더로서 볼 때 "학교장과 교사 간에 학생교육과 지도에 대한 관점의 조정, 대처 전략의 조율이 필요한 소위 교육적 타협과 조정이 필요하다. 사실, 미시적 조직 정치 행동이란 조직의 희소자원을 둘러싼 갈등과 권력 현상 및 그 해결과정 뿐 아니라 조직의 중핵 가치에 대한 이견, 대립, 갈등, 다툼, 협상, 조정에서도 나타나는 역동적 현상이다. 교사들의 무관심 영역 이외의 교사들의 관심이나 이익, 참여 욕구가 높은 영역에 관한 직무를 수행할 때 학교장은 전통적인 지시와 명령의 형태에서 벗어나 교사들과 논의, 타협, 절충, 협상 등과 같은 정치적 행동을 보인다(오영재, 2013)."

"교사들이 학부모들과 관계를 해결하고 다루기 힘든 학생들을 상대하려면 교장의 도움이 필요하다. 교장은 학생들의 훈육에 최종적인 권위자이며, 학부모들은 교사가 자신의 자녀들에게 잘못한다고 생각하면 교장에게 시정을 요구한다. 학부모의 개입으로부터 교사를 보호하고, 자녀들의 문제에 학부모들이 무관심할 때 교사들을 도와줄 수 있기를 바란다(Lortie, 1975)." 이러한 측면들은 교사나 학부모들, 그리고 학생들 사이에 교장의 중재자로서 역할의 존재한다는 것을 의미한다. "권위는 군림하는 권위가 아니라 감싸고 조정하는 권위이다(진형준, 2010)." 군림하는 권위에는 상호소통이 사라진 일방적 지시와 명령만이 존재한다. 감싸고 조정하는 권위는 자신과 구성원들 간, 구성원과 구성원 간의 조화를 고려한다.

교사들은 학교장이 자신들을 간섭하지 않고 외부의 과도한 요구와 압력으로부터 보호해주기를 원하는 것이지, 자신들에게 개인적인 관심을 갖거나 배려해주는 것에는 관심이 없다. 일과 사생활 양면에서 모두 학교장과 경계를 유지하고 싶어 한다. 권위를 내세우지 않는다는 표현이 허물없고 경계 없이 지낸다는 것을 의미하는 것은 아니다. 학교장도 교사들이 학교장의 직무영역에 침투해 들어오는 것을 견제한다. 학교장에게 교사들은 우군이자 경계의 대상이다. 교사들의 협조가 없이는 지도력을 발휘하기 어렵고, 교사들을 견제하지 않으면 세력화로 인해서 지도력이 약화될 수 있다. 오영재(2013)는 이를 '경계 유지와 적절한 공존의 문화'로 칭한다. 사회적 지위에 근거한 의사소통은 이중구속(the double bind)을 받고 있다. 보통 힘(power)의 표현이 지배하는 병원, 학교, 공공기관, 기업체 등에서 연대감(solidarity)을 강조하려 할 경우, 힘을 손상시킬 위험이 따른다. 둘 다를 한꺼번에 소유할 수는 없다.

사실 권력은 막중한 책임을 바탕으로 성립된다. 권력의 힘이 클수록 책임도 비례한다. 권력은 행사하고 싶은 반면에 그에 따른 구성원과 시스템의 조정 능력이 부족하고 자신의 책임을 회피하는 경우를 무능이라고 표현할 수 있다. 무능으로 인해 때로 리더들은 권력 뒤로 몸을 숨길 때 권위주의적이라는 표현을 사용할 수 있다. 이러한 리더가 있는 조직에서는 익명성의 조직화된 무책임과 무능이 사람보다는 권력의 상실을 더 걱정한다.

권위는 지위에 따른 존경이다. 권위주의적이란 표현이 부정적으로 나타나는 경우는 리더의 조건과 능력이 부족한데 자신의 지위에 따른 존경을 강요하는 경우일 것이다. 최소한의 합리적 권위와 민주 사이에 균형과 중용을 유지해야 한다. 교육개혁 과정에서 교장에게 합법적 권력은 강화되었다. "교장이 리더로서 학교를 운영하기 위해서 기본적으로 필요하는 것은 준거적 권력(referent power)이다. 존경을 받을 수 있는 사람이어야 한다(김용, 2013)." 리더가 무능할 경우 그가 가진 권력 또한 어리석어져 결코 몸을 숨길 가림막이 되지 못하고 리더가 부패하여 공정하지 못한 경우 적대시의 대상이 된다.

"민주화된 학교는 '교장이 없는 학교'가 아니라, '좋은 교장이 민주적으로 운영하는 학교'이다. 좋은 교장을 기르고 찾는 일이 교육 개혁의 성패 여부와 무관하게 항상 중요하다(김용, 2013)." 좋은 교장은 무능한 교장에 비해 비전을 달성하기 위한 시스템을 잘 정비하고 개선한다. 잘 정비되어 있는 안정된 시스템 자체가 안정된 조직 분위기이다.

권력의 상징으로 자주 언급되는 "의자는 단순한 가구가 아니다. 권력과 깊은 인연을 갖고 있다. 영어 'chairman'이란 단어는 의자와 사람이 합쳐져 최고 권력자를 지칭한다. 이는 '권위의 의자를 차지한 사람'(occupier of a chair of authority)'이란 말에서 유래했다. 한자에는 권좌(權座)라는 말이 있다(김용섭, 2014)." 권력을 나타내는 공간으로 왕궁, 권력을 나타내는 장신구이자 의상으로 왕관, 그리고 의자는 권력의 지위를 나타내는 것에 적합한 가구이다.

"계급 없는 사무환경은 미국의 수많은 닷컴 기업들이 추구한 가치이다. 대표적인 예가 에어론 의자(Aeron Chair)를 대량으로 구입하여 모든 사원들에게 평등하게 나누어주었다(정경원, 2013)." 업무 환경 개선을 넘어서 좋은 의자를 통한 구성원의 복지를 추구하고 있다. 평등에 대한 의식은 환경을 통해서 먼저 나타난다.

"한국에서도 2005년 한 인터넷 포털사이트 업체가 사옥을 새로 짓고 전 직원에게 현재는 200만 원에 이르는 허먼 밀러의 '에어론 체어'를 제공하였다. 당시 다른 대기업 직원은 새로 지은 사옥보다 그 의자를 더 부러워했다고 한다(김용섭, 2014)." 자신의 존재에 대한 자긍심은 팔로워십을 낳는다. 민주적 리더십이 팔로워십을 촉진할 가능성의 여지를 보여준다. 보다 많은 팔로워십이 모여 보다 큰 권위가 된다. 오히려 팔로워십을 넘어서 동질감의 부여를 통한 파트너십을 형성한다. 다시 파트너십은 네트워크를 형성하며, 또 하나의 거버넌스(governance)가 된다. 또한 팔로워십은 자발적 리더십이기도 하다. 보통 학교사회에 존재하는 갈등을 관리하고 학교 조직의 효율성을 높이는 문제는 학교경영자의 책임으로 인식된다. 교장의 중요한 책무이기는 하지만 학교는 교장 혼자만으로 운영되는 것은 아니다. 자발성은 곧 주인의식이기도 하다. 많은 자발성을 가진 구성원들의 결집이 곧 의사소통의 요체이다.

진정한 리더십은 이러한 방식을 통해 잠재력을 보이는 소수만을 키우는 대신 다수의 교사들을 대상으로 일찍부터 리더십을 훈련하는 것이다. 이 때 하나의 인적 구성 사이클 안에서 창조성이 성립되었다는 것을 의미한다. 구성원 각자가 그러한 개인의 능력을 믿기 시작하였다는 것을 의미한다. 개인은 그 자체적 생태계의 파장에 편안히 이완하는 것으로 자신의 주파수를 맞추게 된다.

"생각이든 물건이든 새로운 것이 등장하면 사람들은 세 종류로 나뉘어 반응한다. 가장 먼저 반응하고 개별적으로 행동하는 극소수가 있고, 다음으로 새로운 것에 비교적 초반에 동조하는 소수가 있으며, 이들을 통해 일반화되었을 때 이를 선택하는 나머지 다수가 있다. 이들은 각각 이노베이터와 얼리 어답터, 그리고 다수의 모방자라고 한다. 이노베이터를 제외한 다른 이들에게서 벌어지는 모방은 집단의 압력에 의해 개인의 행동을 변화시키는 일종의 동조현상으로, 행동을 변화시키는 임계치가 낮은 사람이 얼리 어답터인데 이들이 많으면 폭포 현상7)이 빨리 일어난다. 이 폭포 현상이 많은

---

7) 어떤 상품이나 생각이 폭포가 쏟아지듯 폭발적으로 번지는 순간으로, 일

사람들이 일으키고 싶어하는 '유행' '인기' '여론'의 시작점이다 (Bentley, Alex & Earls, Mark, 2011)."

민주적일수록 많은 동조자를 낳는다. 정치가 뺄셈의 정치가 아니라 덧셈의 정치가 되어야 하는 것은 친화력과 포용성의 리더십과 직결된다.

정치적 리더는 민주적 리더이다. 민주적 리더는 최소한 의자로 자신의 권위를 내세우려 하지는 않는다. 의자뿐만이 아니라 근무 시간 동안 집중도와 편안함을 느낄 수 있다면 거의 모든 공간 환경 구성과 사무 가구는 동일한 사양이 적용될 것이다. 민주적 리더는 구성원들이 최고의 역량을 발휘할 수 있도록 여건과 환경을 조성한다. 명백한 사실은 사회적으로 인정받는 기업에 좋은 오너가 있듯이 좋은 학교에는 좋은 교장이 있다는 사실이다. 학교는 기업과 달리 보다 많은 자발성을 가진 교사들이 보다 많은 자발성을 가진 학생을 기를 수 있다.

◈ 수업촉진으로서 학교경영

수업촉진자로서 학교경영 디자이너이다. 학교는 교육과정에 따른 수업이라는 고유한 역할을 기반으로 성립된다. 교사의 수업디자인은 교사의 리더십과 밀접하게 연관된다. 교장의 수업촉진자 역할은 동료교사의 역할과 거의 동일하다. 이런 측면에서 수업촉진자는 교사가 리더십을 배울 수 있는 모델이 된다. 학교장은 수업촉진자이자 수업 실행을 위한 모델이자 컨설턴트가 된다.

점차로 이러한 역할이 수석교사에게 전이되는 추세로 가는 것이 바람직하지만, 그러한 분화가 교사 수업에 대한 무관심으로 나타난다면 마치 주방장들이 만드는 음식의 맛과 질을 모르는 지배인과 같다. 특히, 우리의 교육 현실에서 교장의 수업에 대한 관심과 실질적인 컨설팅 능력이 부재하는 경우는 많은 부작용을 가져오게 된다. 결국 교장은 수업현장에서 일어나는 문제를 사전에 예방하고 수업이 더욱 활성화되도록 학교를 경영하는 것에 궁극적인 목적이 있다.

"수업은 교사가 평가하기에 잘하는 수업이 되는 것보다 학생의 입장에서 학생에게 의미 있는 수업이 되어야 한다. 그러기 위해 교사가 자신의 적성에 기반을 두어 무엇을 강조하려 하였으며 그 강조가 잘 드러나고 있는지가 중요하다. 교사는 자신이 무엇을 잘하고 무엇을 잘 못하는지에 대해서 알아야 한다. 즉 자신의 흥미와 적성에 대한 파악이 학생의 적성과 흥미에 대한 파악 보다 선행되어야 한다. 이는 학생의 흥미와 적성을 파악할 능력이 있다는 것을 의미하고 자신의 장점을 수업에서 발휘할 수 있고 단점을 보완할 수 있는 노력을 하게 됨을 의미한다. 오리가 닭이 될 수 없듯이 오리는 닭처럼 가르칠 수 없을 것과 같이 자신의 장점을 통해서 가르쳐야 한다. 자신의 교육철학이나 이론적 접근이 자신의 장점과 성격에 맞지 않거나 어떠한 미술활동이 편안한 마음으로 받아들여질 수 없다면 다른 대안을 찾아야 한다. 자신의 스타일을 찾았다는 말은 수업에서 보다 편안한 자세를 가질 수 있으며 학생들을 포용할 수 있다는 말이다. 이러한 수업의 태도는 기술적이고 영혼 없는 표준화에 맞춘 교사의 태도에 비해 교사 스스로가 행복과 만족을 느낀다는 것을 의미한다(심상욱, 2014). 이러한 교사의 수업자로서 특징과 장점을 발견하여 알려줄 수 있는 역할이 수업촉진자로서의 교장의 역할이다. 즉 멘토로서 학교경영디자이너이다.

"통상적으로 교사들은 동료교사들이 가지고 있는 전공분야의 전문성을 높이 평가하고 특정 수준의 전문성을 증명해 보인 동료교사에게 리더십을 맡기는 것을 편안하게 생각한다(Lieberman & Miller, 2004)." 교장의 경우 공식적인 조직의 지위를 통해 리더십이 주어지지만 학교를 경영하는데 필요한 문화자본, 인적자본, 사회자본을 소유할 필요가 있다. 풍부한 경험에서 오는 리더십, 그에 따른 지식에서 오는 리더십, 어느 방향으로 얼마를 가야할지에 대한 비전에 의한 리더십으로 교사들에 의해 중견교사나 신규교사와 차별화되어야 한다.

학교에 개성으로 색을 입히는 것이 학교디자인이라면 고유한 교사의 장점과 특징을 잘 살릴 수 있도록 색을 입히는 것이 수업촉진자로서의 교장이다. 그들이 더 나은 다른 존재가 되기를 촉진하는 것이 아니라 스스로의 존재를 발견하도록 촉진하는 것이다.

◎ 브랜드 디자인으로서 학교경영

학교경영디자인에서 중요한 또 하나는 브랜드 디자인이다. 학교의 브랜드는 세 가지 측면을 가진다. 대외적 이미지, 구성원 사이에 공유된 이너 브랜딩, 구성원 내면의 브랜드로 구분된다.

대외적 이미지로서 브랜드에서 대표적인 상징과 금방 떠오르는 이미지가 없다는 것은 곧 브랜드 인지도가 취약하다는 뜻이다. 학교가 무슨 기업도 아니고 브랜드냐고 하겠지만 졸업생이나 지역주민이 그 학교를 떠올릴 때 긍정적으로 떠오르는 것이 바로 브랜드이다. 막연하지만 부정적인 이미지는 곧장 학생들에 대한 편견으로 연결된다.

내부적 측면에서 보면 브랜드는 반드시 외부인만을 위한 것은 아니다. "조직 내부를 위해 진행하는 브랜딩을 '이너 브랜딩(inner branding)'이라고 한다. 이너 브랜딩이 목표로 삼는 것은 조직이 목표로 하는 모습과 비전을 구체적인 형태로 만들고 구성원들과 공유하는 것이다(우지 도모코, 2011)."

브랜드가 비전이라는 차원에서는 이너 브랜딩은 구성원 각자의 결심과 연관된다. 자신의 필요와 요구를 통해 마음속으로 포지셔닝하고 타인과 차별화를 통해 신뢰를 쌓는 일은 자신이 바라는 미래를 디자인하는 일이다. 성실하고 브랜드로서 우리를 둘러싼 이들의 신뢰를 저버리지 않는 일이 중요하다.

학교에 전문적인 C.I. 프로그램을 도입하여 시각 아이덴티티를 디자인할 필요는 없지만 이미지를 일관성 있게 관리하여 좋은 이미지로 만들어간다. 학교 구성원은 물론 지역사회 주민들에게도 학교의 목표가 무엇인지를 뚜렷이 알려주어야 한다.

리더로서 학교의 브랜드와 이미지를 선명히 하여 학교의 품격을 높이는 것이다. 여기에는 통합성과 연계성을 필요로 한다. 물리적으로 교문과 건물의 디자인이 연계되어야 하고 색채 또한 마찬가지이다. 조직에서도 각자의 역할들이 통합적으로 조율되어야 한다.

"이제 소비자들은 성능이 좋은 제품을 사는 것이 아니라 이미지가 좋은 기업의 제품을 선택한다. C.I.(기업 아이덴티티, 기업의 이미지 통합)가 기업의 가치를 좌우하는 중요한 요소로 부상한 것이다. 따라서 기업은 제품을 파는 것이 아니라 이미지를 파는 것이다. 21세기 기업 경영의 핵심은 '기업의 이미지'이다. 누군가를 처음 만났을 때 그의 외모를 통해 이미지를 결정하듯 소비자들은 '기업의 심벌마크'나 '로고'만을 보고 그 기업의 이미지를 떠올리게 된다. 기업은 소비자와 이미 시각언어인 기업의 시각디자인 요소를 통해 간접적으로 대화하는 것이다. 그리고 그 기업과 어느 정도 밀접하게 관계를 맺을 때 기업의 철학을 알게 되고, 고객이나 소비자의 입을 통해 기업의 이념과 행동양식이 알려지게 된다(경노훈, 2003)."

학교에서 통일된 브랜드는 로고뿐만이 아닐 것이다. 시각적 측면에서 첫째, 학교의 건물 자체가 상징이 된다. 특히 오래된 역사와 살아 숨 쉬는 전통이 있는 교사(校舍)는 더욱 그러하다. 이러한 건물과 조화를 이룬 강당이나 주변 경관은 학교를 기품 있게 만든다. 둘째, 학교의 다양한 예술적 조형물과 자연물이 여기에 포함된다. 하다못해 교명을 넣은 표지석이라도 있는 것이 학교의 평면적 이미지를 입체적으로 바꿀 수 있고, 오래된 노거수나 기념탑 등도 학교를 인상 깊게 하는데 한 몫을 한다.

학교의 시각적 상징물은 어쩌면 학생들에게 감명을 줄 수 있는 것이 아닐 수도 있고 학습자료나 비품을 구입하는 데도 풍족하지 않은 운영비를 학교의 환경꾸미기에 사용한다는 비판도 있을 수 있다. 그러나 이것은 조화와 균형을 잃은 의사결정 시스템에서나 가능한 비판이라 생각한다. 학교는 그 자체로 문화이다. 학교의 공간 환경은 시각적 문화 환경이다. 브랜드는 문화적 자부심이고 문화적 자부심이 충족되지 않은 국민은 뿌리 없이 영원히 표류하는 유목민에 불과할 뿐이다.

학교는 역시 오랜 전통과 역사가 말하고 졸업한 학생들 자체가 그 학교의 브랜드이다. 그 다음은 학교의 목적적 기능성이다. 오랜 역사를 가진 학교들은 이름만 들어도 그 학교가 무엇을 하는 학교인지를 알 수 있다. 한 조직을 대변하는 상징은 오랜 전통과 역사 속에서 자연스럽게 표면으로 우러나온다. 학교에 지역명을 붙이는 것도 그 지역의 상징이자 자부심이기 때문이다. 교장은 없는 장점을 만들어 내는 것이 아니라 있는 장점을 부각시키는 것 즉, 브랜드를 선명히 할 수 있는 학교경영 디자이너가 되어야 한다. 브랜드 디자이너로서 교장의 역할은 기업 CEO의 역할과 유사하다고 할 수 있다.

✿ 비전과 조정으로서 학교경영

비전과 조정자로서 학교경영 디자이너이다. 과거에는 전통적인 권위로 조직을 형식적으로 유지할 수 있었을지는 몰라도 보다 나은 비전을 추구하기 위해서는 반드시 수평적 설득 작업이 필요하다. 특히 현상 유지적이고 보수적인 학교문화가 관행적으로 존재하는 경우에는 더욱 논의, 타협, 협상, 절충 등과 같은 과정이 필요하다. 리더의 권력은 아이디어의 상향 이동과 정비례하여 증가한다.

"개혁은 고위층에서 이끌어줘야 하지만 결코 고위층에서 시작되는 경우는 거의 없다(Neumeier, Marty, 2009)."

지나치게 혁신적이면 소비자의 눈에 너무 낯설게 보여 외면당할 것이고, 그렇다고 조금 덜 혁신적이면 금세 식상해할 것이다. 이와 관련해 미국의 산업 디자이너 레이먼드 로위Raymond Loewy는 '마야MAYA'라는 원칙을 제시했다. "가장 혁신적이지만 아직 받아들여질 만하다Most Advanced Yet Acceptable"라는 의미다. 자신이 도달할 수 있는, 가장 먼 거리에 있는 비전을 정해야 한다는 것이다. 아예 너무 멀어 달성할 수 없는 비전을 설정하면 시간과 노력만 헛되이 허비할 뿐이다. 반대로 너무 가까운 비전은 달성하기는 쉬워도 만족도가 현저히 떨어지기 마련이다(정경원, 2013).

"잠재된 가능성과 미래의 행로를 구체적으로 드러내는 것, 혹은 많은 사람들과 공유할 수 있는 비전을 명쾌하게 그려내는 것. 이것이야말로 우리의 미래를 선명하게 그려가는 디자인의 본질이다(하라 켄야, 2011)."

여기서 가장 먼 비전은 국가 공공의 질서, 안녕, 번영을 위한 공인교육(公人敎育)일 것이며, 가까운 비전은 학생의 지성, 사람다운 사람을 기르는 것이다. 사인(私人)을 기르는 교육은 사교육이고, 공인(公人)을 기르는 것은 공교육일 것이다. 학교는 이 양자를 모두 추구한다. "교육의 자아실현 교육은 우선 개인의 사적 성취와 행복을 위한 사인교육이고, 국가발전 기능은 우선 국가의 안녕과 번영을 위한 공인교육이라고 구분할 수 있다(정범모, 2012)."

학부모와 학생들은 학교의 공기능보다는 사기능에 먼저 관심을 두게 마련이다. 학교는 지나치게 학부모의 희구와 성화에 떠밀려

교육의 공기능을 소홀히 하지 말고 공기능의 취지를 납득할 수 있도록 설득해야 한다. 그러나 학교에서는 상황에 맞춘 해석이나 어려운 설득보다 차라리 매뉴얼에 맞춘 관리가 수월하고 그러한 방식에 안주하게 된다. 이러한 경직된 리더십의 경우에 설득보다는 일방적인 지시에 의존하게 되고 파트너십으로써 팔로워십이 아니라 제왕적 리더십이 된다.

"일선 학교장들이 흔히 자신을 행정가라고 부르기보다 관리자라고 부른다. 학교장이 자신들을 관리자라고 인식하는데 함축되어 있는 시사점은 첫째, 행정이라는 개념 속에 내포된 지적 전문성과 업무 수행의 주도성보다는 관리라는 의미 속에 함축된 '자신의 뜻과는 무관하게' 위로부터 주어진 업무의 통상적 수행에 더 가깝다는 인식에서 비롯된 것으로 보인다. 관리적인 인식은 자신들이 주도적으로 새롭고 변화적인 시도를 도모할 가능성이 매우 적다는 사실을 함축한다. 둘째, 학교장의 직무수행에 대한 단기적 시각이다. 학교 운영의 중장기적 시각보다는 자신의 재임기간 동안 학교가 잘 굴러가는 것이 가장 중요하다. 장기적 시각이나 전문적 안목보다는 현실 문제를 해결하기 위한 학교 운영이 이루어질 가능성이 높다(오영재, 2013)."

관리자란 용어가 주는 부정적 측면이 있고 경영자 역시 그러한 측면이 존재하기에 교육리더라는 용어속에서 혼용하여 사용하고자 한다. 학교 조직에서 가장 넓은 안목을 가진 사람은 단연코 교장이다. 오랜 경험을 바탕으로 한 연유도 있지만, 학교의 모든 의사결정권과 정보가 교장실로 몰려 있기 때문이다. 그에 따른 희소자원의 분배를 결정하기 위한 의사소통과 조정자의 역할이 주어진다.

"다니엘 핑크는 미래 인재의 여섯 가지 조건을 제시하였다. 그 핵심에는 디자인, 스토리, 조화, 공감, 놀이, 의미의 개념이 깔려 있다. 미래 인재는 패턴을 인식하고 전체를 볼 수 있는 능력을 가져야 하며, 여러 가지 다른 입장에서 조명하며 유추하는 능력을 길러야 한다. 디자인은 여러 분야들을 접목시키는 역할을 하기 때문에 전체적인 안목과 통합적인 사고 능력을 키워준다(권영걸, 2013)."

이는 정치적 리더로서 의견 조정자의 역할을 이야기하는 것으로 볼 수 있다. 리더는 나무와 숲을 동시에 보는 포괄적인 안목을 지니고 있어야 이 쪽과 저 쪽을 연결시킬 수 있으며 전혀 다른 사물들이나 분야를 창의적으로 연결시킬 수 있다. 일과 사람을 연결시키고 소통하게 할 수 있다. 리더로서 조정자는 곧 소통자인 것이다.

비전과 조정에서 교장의 철학, 윤리, 의사결정 등은 매우 밀접하게 연관되어 있다. 일반적으로 "학교장으로서 무엇인가를 결정해야만 하는 경우 원칙으로 삼는 것은 전문가로서 교사의 의견을 먼저 고려하고, 다음으로 모든 결정은 학생들에게 이익이 되는 방향으로 정한다는 것이다. 그리고 모든 결정은 일관되게 추진한다는 것이다(천세영, 남미정, 2004)." 여기서 전문가로서 교사의 의견을 존중한다는 것은 교사들의 의견을 전체적으로 수렴한다는 의미이기도 하지만 내면적으로 교사의 교육적 양심을 염두에 두고 사태를 파악한다는 의미가 있을 수 있다.

산파가 애낳기 현상은 어느 장학사의 표현대로 미드필드가 공을 넣으려는 현상과 같다. 교장이나 관리자는 미드필드와 같이 골을 넣을 수 있는 선수에게 공을 적절히 분배하는 일이다. 그 자신이 골을 넣으려는 것은 학교를 바쁘게 할 뿐이고, 결국 학교라는 나무에서 맺히는 모든 열매를 학생이 가질 수 없도록 한다.

관리자로서의 교장 그리고 비전을 가진 리더로서의 교장은 자신을 먼저 개혁하고 혁신하려는 노력이 필요하다. 궁극적인 디자인의 의미는 자기가 스스로 자신을 디자인하는 것이다. 철학과 비전을 가지기 위해서는 교장 스스로가 자신의 비전과 철학을 바로 세운 다음 학교를 들여다보아야 할 것이다. 비전과 철학의 인격적으로 드러난 것이 바로 리더이다.

2012년 한국고용정보원이 우리나라의 759개 직업 종사자 2만6천여 명을 대상으로 직업 만족도를 조사한 결과 직업만족도가 가장 높은 직업은 초등학교 교장으로 나타났다. 사회적 평판과 정년 보장, 시간적 여유, 발전 가능성, 직무만족도 등 5개 항목의 제한성은 있지만 매우 위험스러운 해석이 가능한 점은 정서적 갈등의 부재와 제왕적 리더십을 통한 순종적 조직문화를 배경으로 이러한 결과가 나타났다면 학교조직의 미래는 그리 밝지 않을 것이다.

교장으로서 리더는 점차 증가하는 책임과 중압감, 축소되는 자율성과 위축된 자유도에 시달리고 있지만, 결국 리더십의 비밀은 리더십과 창의융합적 사고와 조직문화디자인들이 각기 별개의 다른 세계에서 각기 따로 작동하는 것이 아니라는 것을 인식하는 것이다.

ò

5장. 학교디자인의 실제

5장. 학교디자인의 실제

◎ 학교정체성

학교디자인의 목적은 학생들의 보이는 세계에서 보이지 않는 세계까지 사용의 편리함과 교육적 효율성을 증가시키는 것이다. 대체로 학교디자인은 물리적 환경에 영향을 주는 것을 목표로 한다. 물리적 환경에는 가정, 직장, 여가 환경의 질, 서비스와 환경의 접근성, 안전하고 안정된 환경이 포함된다. 인간의 기능성에 대한 현대 과학모델은 인간의 기능성을 이해하기 위한 주요 요소로 인간의 환경적 맥락을 강조한다.

환경적 요소는 사람들이 생활하고 그들의 삶을 영위하는 물리적, 사회적, 태도적 환경으로 구성된다. 이러한 요소들은 적합한 행동과 전형적인 생활조건에 대한 촉진자인 동시에 기능성과 발달의 장벽으로도 작용한다.

교육이 이루어지려면 주변 환경이 목적 달성을 도와줘야 한다. 환경(environment)은 매일 만나는 사람과 매일 경험하는 일들을 뜻한다. 환경은 우리를 둘러싼 모든 일상적 조건이자 분위기이다.

산봉우리 하나만 홀로 솟아 있을 수는 없다. 높은 산맥에 높은 산봉우리가 위치한다. "홀로 성공하는 사람도 없고, 홀로 실패하는 사람도 없다. 힘이 되는 환경을 만드는 데 있어 사람이 그 첫 번째 우선순위라면 그 다음은 장소이다(Gary Keller, Jay Papasan, 2012)." 학교디자인에서 중요시할 것은 영향을 받는 존재로서 사람은 영향을 만들어내는 존재라는 점이다. 받는다는 것은 준다는 것과 짝개념이다.

학교는 한 권의 책이자 하나의 감상작품이다. 학생들은 교과서를 읽듯이 학교를 읽고 듣는다. 학교시설 자체가 하나의 텍스트로써 학생들의 배움의 도구가 되어야 한다. 또한 예술성을 가지고 감상이 가능한 건축물이 되어야 한다. 이러한 예술성을 가진 건물이 역사적 건물로 남을 수 있는 것이다. 역사성은 학교로부터 읽고 듣기를 끝낸 학생들로부터 쓰고 말하기를 통해 하나의 큰 원이 완결된다.

디자인에서의 콘셉트는 교육에서는 교육철학이다. 학교구성원들의 교육철학은 학교의 정체성을 담고 있다. "학교의 정체성은 전체 학교 접근법에서 중요한 비중을 차지한다. 학교정체성이 강하고 역동적이고 특유할수록 선생님과 학생의 소속감과 헌신도가 더욱 커지기 때문이다. 교사와 학생은 특유한 학교 시스템의 구성원이 된 것에 자부심을 느낄 것이다. 이런 정체성의 창조와 유지와 발전은 시스템을 이루는 모든 구성원이 수행해야 할 책임이다. 학교정체성과 관련되는 시각적 공간 환경은 다음과 같다. 학교 입구와 복도에 눈에 띄고 창의적인 방법으로 학교 이름 게시, 매력적인 실내 장식, 내부와 외부 환경의 정돈된 관리, 교사와 학생이 달성한 성취도를 복도 벽에 게시하기, 벽에 학급 사진 게시하기 등이다(Tony Humphreys, 1996)."

학교의 정체성은 사립의 경우 건학이념에 해당한다. 개인의 주체적 아이덴티티와 교육에 대한 비전과 철학으로부터 시작한다. "교사는 자신 안에 내면화된 인간을 이해하는 일(인간관), 세상을 바라보는 관점(세계관), 그리고 교육 철학(교육관) 등을 정립해야 하며, 교사의 전문지식이나 교수 방법론은 바로 이 인간관, 세계관, 교육관에 기초해야 한다(고병헌 외, 2009)." 결국 학교디자인의 철학은 교육에 대한 인간관, 세계관, 교육관이 시각 문화적으로 드러난 것이다.

우리 학교만의 콘셉트로 가치를 실현한다. 확실한 콘셉트로부터 '나'라는 브랜드가 창출된다. 우리 모두는 각자 개개의 브랜드이다. 자신의 강점을 어느 곳에 쓰느냐에 따라 인생은 달라진다. 그리고 브랜드로써의 정체성은 테마와 스토리를 생산할 수 있다.

"기업의 입장에서는 차별화는 품질 또는 기술력으로 만들어진 제품 등으로 차별화의 원천을 생각한다. 차이 없이 차별화는 불가능하다. 물리적인 차이는 경쟁자에게 금세 따라잡힐 수 있지만, 그래도 실제적인 인식상의 차이는 사람들의 마음에 한번 각인되면 따라하기가 훨씬 어렵다(홍성태, 조수용, 2015)." 그렇다면 학교의 입장에서 브랜드는 자부심으로 이어진다. 학교의 사용자는 학생이고, 학생들 졸업 후의 만족도가 학교 브랜드를 좌우하는 핵심이 되는 것이다.

여기에 소개된 것은 아주 작고 사소한 것일 수 있다. 더 많은 학교디자인의 통일성과 스토리가 필요하지만 나름대로 교육적 상상력과 교육적 감성을 살리고 있는 부산 명지에 위치한 한 특수학교의 실제이다.

◎ 나비조형물이 설치된 교문

교문 위의 나비조형물은 개교 당시에 설치된 조형물이 아니다. 최근 교육청과 함께 외부 기관에서 주최한 '제14회 아름다운 학교 및 올해의 참 스승상' 공모에 당선되어 받은 상금을 사용할 여러 방안 중에서 선택하였다.

첫째, 스토리는 전달되어야 한다. 학교 교문에는 '아름다운 학교'의 글귀가 새겨진 동판을 설치하였다. 아름다운 학교는 교육적 감성과 상상력에서 출발한다. 둘째, 학교 교문에 설치된 나비는 운동장에 화단에 설치된 나비, 건물의 내부 바닥에 그려진 나비그림과 호응하면서 학교 숲으로 가는 길을 안내하고 있다. 셋째, 나비가 행운을 상징하듯이 학교는 재미있고 유쾌한 장소라는 메시지를 전달한다.

◎ 학교소식 안내판

개교하고 1년을 고민한 끝에 학교소식을 안내할 DID(Digital Information Display)를 구입하였다. DID는 공항이나 호텔, 전시관 등 공공장소에서 정보 및 광고 등을 제공하는 디스플레이. 정보용 모니터, 안내용 터치스크린 등으로 쓰임새가 다양하다. 행사 알림과 교육활동 동영상 시청이 동시에 가능한 모델이다. 이동식으로 제작하여 필요한 곳에 어디든 사용이 가능하도록 주문 제작하였다.

그리고 교사들이 일일이 만들어서 게시하는 수고도 덜어주고, 디자인, 활용성, 실용성, 비용 등을 고민했던 만큼 좋은 입간판 디자인이다.

◎ 중앙현관 곰돌이 가족

사람이 들어서면 자동으로 유리문이 열리는 현관을 들어서면 비교적 넓은 홀이 나온다. 3층 천장의 아트리움과 연결된 밝은 분위기의 홀은 시각적으로 탁 트인 느낌을 준다. 중앙현관은 첫인상을 만들어내는 공간이다. 넓은 홀에 다양한 역할을 부여하는 디자인 중에 하나는 친근감을 줄 수 있는 캐릭터이다. 자칫 차갑고 공허한 느낌을 줄 수 있는 공간을 따뜻한 공간으로 탈바꿈 시킬 수 있다.

세 마리의 대형 곰인형 가족이 나무벤치에 앉아 아이들의 등교를 반갑게 맞이한다. 코끼리 모양의 의자를 비치하여 포토 존도 꾸몄다. 아이들은 공부하러 학교에 오는 것이지만 학교는 놀러오는 것처럼 즐거운 곳이어야 한다. 놀면서 배움이 일어나는 곳이 아이들이 꿈꾸는 학교일 것이다. 그러기위해 학교환경이 바뀌어야 하고, 교사의 생각이 바뀌어야 한다.

◎ 미술작품 전시

본교에는 일상적으로 눈에 들어오는 학교연혁이나 학교소개 등의 게시판이 없다. 기증받은 미술작가의 대형작품이 눈에 들어온다. 부담스러운 강렬한 색채도 아니고 은은한 흙빛이 도는 이 작가의 작품은 어린 시절 시골의 풍경과 같이 정겹게 학생들과 학교 방문객을 맞이하고 있다.

◎ 중앙현관 바닥화

현관에서 학교 숲으로 들어가는 입구 넓은 중앙 홀 바닥에는 2×2m 크기의 '나비와 꽃'그림이 정성스럽게 그려져 있다. 학교 숲으로 가는 입구라는 표시이기도 하고 학생들의 등교를 반갑게 맞이해 주는 화사하고 감성적인 작품이다. 차가운 대리석 바닥을 따뜻하게 하는 아궁이와 같다. 이 그림은 밟지 못하도록 차단되어 있지 않다. 학생들이 밟고 다니며 느낄 수 있도록 제작된 그림이다. 꽃에 앉아 나비를 바라보며 사진을 찍는 학생들도 있다.

◎ 외벽 조명시계

학교는 밤에 불이 꺼지면 적막한 공간이 된다. 그곳이 학교인지 이름 모를 관공서인지 알 수가 없다. 후미진 외곽에 위치한 학교나 도심지에 위치한 학교나 모두 약간의 기능적 조명은 필요하다고 생각한다. 사람들이 상시로 출입하는 아파트의 가로등이나 조명등이 더욱 따뜻해 보이고, 학교는 오히려 주변 시설이 보내는 조명의 덕을 보게 된다. 경우에 따라서 학교는 방범상의 이유로 행정실 등에 전등을 켜두는 경우도 있다. 학교는 언제부터인지 모르게 지역사회의 중심이 되고 도움을 주는 역할이 아니라 도움을 받아야 하는 역할로 전락하고 있다. 학교는 야간에도 지역사회에 따뜻한 빛을 줄 수 있는 다양한 디자인을 모색할 필요가 있다. 조명시계와 같이 아파트의 긴 옹벽을 따라 설치된 환경 조형물에 조명등 역할을 부여하여 한결 밝은 거리를 조성하는 것도 같은 맥락이다. 어두운 곳에 이러한 조명등 역할을 하는 환경디자인은 범죄를 예방할 수 있고 산책을 유도한다.

'학교시계는 시계탑이나 동그란 모양으로 현관 중앙의 높은 위치에 설치한다'는 편견을 깬 본교 시계는 LED전구와 함께 숫자 하나하나를 외벽에 설치하여 고급 전시장에 온 것만 같은 느낌이다. 학교를 방문하는 손님들이 감탄사를 보낸다. 또한 운동장에서 이루어지는 체육 시간에 학생들과 교사들에게 편리함을 제공 하는 것은 물론, 오후 8시부터 새벽4시까지 시계를 잘 볼 수 있도록 빛을 밝히는 LED등으로 어두운 지역주민들에게도 따뜻하고 밝은 환경을 제공할 수 있어서 좋다.

대부분 학교의 운동장 시계는 교사 중앙에 위치하고 있어 높은 가시성에 비하여 학교의 정체성과도 무관하고 내용적 의미 함축이 없는 아쉬운 점이 있다.

◎ 교실의 변화

학교 전체 교실 및 특별실 옆면은 전체 투명유리창으로 되어 있다. 교실이 넓어 보이고 밝은 채광을 유지한다. 교사 부재시 교실에서의 혹시 있을지 모르는 학생들 위험상황에 대한안전도 보호받고 있다. 또한 모든 교실에 안전보호필름을 부착하여 유리가 깨져서 생길 수 있는 안전상의 문제도 방지하고, 차가운 유리의 성질을 부드럽게 하는 효과도 있다.

일반적으로 교실의 뒷면에서 흔히 볼 수 있는 넓은 학습게시판이 없다. 간단하게 투명 아크릴로 알림게시판을 주문 제작하였다. A4용지 규격을 넣을 수 있는 6개의 칸을 만들어 각 학급 담임교사의 재량껏 다양한 용도로 활용되고 있다. 현존의 학교에서 무엇은 여백을 남겨둘 것이고 무엇은 새로이 채워야 하는지에 대한 판단이 진정한 디자인력이고 그러한 비전을 가지는 것이 디자인리더십이다.

시각디자인은 정보전달력이 있어야 한다. 정보전달력은 해석이 간편하여 사용자로 하여금 편리함을 느끼게 한다. "교실명이나 특별실명, 거주자의 이름, 얼굴 사진을 첨가하여 누구의 방인지 쉽게 알 수 있게 하는 것은 유니버셜디자인이다(이호창, 여민우, 최정환, 2014)." 학급과 특별실 팻말 밑에는 A4지 크기의 투명 아크릴 판으로 제작된 학급 안내판이 있다. 교사연구실에는 교사의 사진과 얼굴이 있고, 특별실에는 특별실 이용 시간표가 게시되어 있다. 각 학급에서는 교사가 자유롭게 학급소개를 하도록 하였다. 그리고 교장실에는 학교장 게시글과 함께 사진이 소개되어 있다.

۞ 원목 동물조형물

학교 숲이 준공되고 학교 숲에 나무와 길, 원목 통나무 의자만 있는 공간을 동물들이 뛰노는 친숙한 공간으로 바꾸기 위해서 제작된 원목 동물조형물은 별다른 유색으로 채색되어 있지 않고 자연스럽게 제작되어 학교 숲의 구석 구석에서 학생들이 타고 놀 수 있도록 디자인되어 있다. 원목 동물조형물은 학교가 학생들에게 제공해야 하는 몇 가지 공간 중에 하나인 놀이와 모험의 공간이다.

학교에서 디자인은 먼저 접촉하고 보고 느끼는 공간에 대한 디자인으로부터 출발한다. 치유와 휴식의 공간, 놀이와 모험의 공간, 자연과 생태의 공간은 학교 특히 특수학교에서 갖추어야 할 필수의 공간이다. 이제 특수학교는 학습을 중심으로 한 일반학교와 다른 학생들의 필요와 욕구에 더욱 충실한 디자인 아이덴티티를 확보해야 한다. 특히 특수학교는 학생에게 가장 중요하게 치유와 휴식의 공간을 제공해야 한다. 자연의 빛과 소리와 색, 물과 공기, 태양, 흙은 학교에 어울리게 변형되어 학교 내로 들어와야 한다.

۞ 학교 갤러리

보통 학교에서는 각 층별로 게시판을 두어 계절별이나 학기별로 학생들의 작품을 전시하는 등의 일반적인 방식에서 벗어나, 독도사랑 우리나라 지도, 개교 축시 서예, 지역사회로부터 기증받은 한국화, 학생들이 미술시간에 제작한 대형 공동작품 등을 전시하여 미술관처럼 미적이고 정서적인 분위기를 강조하였다. 이는 외부의 방문객들에게도 신선한 느낌을 제공할 수 있는 이점을 가지고 있다. 개인작품 위주의 소형 그림들은 학생들의 개성은 보여줄 수 있지만 쉽게 흥미를 잃기 쉽다.

◎ 공간 구성 의자

빈 공간을 채우는 의자라는 의미로서 '공간의자'라고 한다. 특히, 나나 티트젤(Nanna Ditzel)의 '행잉 체어'는 덴마크 출신의 여성 가구 디자이너가 제작한 제품인데, 구조체인 들보에 아이볼트를 설치하고 메달아 놓은 방식이다. 미적 환경조형물의 기능, 의자의 기능과 놀이 기구의 기능을 동시에 가지고 있다.

학교의 빈 공간을 삭막하게 비워두는 것이 아니라 다양한 모양과 색의 등받이 없는 의자를 삼삼오오 자연스럽게 두는 공간디자인의 미학은 몸과 마음의 휴식뿐 아니라 여유까지 가져온다. 아름답고 편리하면 자연스럽게 앉아서 휴식하고 싶어진다. 의자를 활용한 공간디자인의 몇 가지의 특징은 첫째, 등받이가 없는 탄력성 있는 의자라는 점이다. 등받이는 기댈 수는 있으나 몸의 회전이 용이하지 않다는 단점과 시각적 부피감으로 인해 부담스럽다는 느낌을 준다. 반면에 장점은 부피감을 줄여 시각적으로 가볍게 하여 존재감이 잘 드러나지 않게 한다. 둘째, 탄력성으로 인하여 학생들이 안전하게 활용할 수 있다는 점이다. 셋째, 다양한 색상과 다양한 모양으로 인하여 학생들의 시각적 아름다움과 흥미를 제공할 수 있다. 넷째, 정리가 쉽다는 것이다. 이리저리 흩어져 있어도 그 자체가 하나의 미술작품처럼 보인다.

◎ 미술실 이야기

본교 미술실은 특징적인 디자인이 여러 가지 있으나 그 중 창쪽의 명화감상 롤스크린은 미술실의 외부 빛을 차단하는 가림막을 제공하는 역할과 동시에 명화를 감상할 수 있도록 디자인되어 있다. 일반적으로 가림막은 외부의 시선으로부터 내부를 격리시키는 역할을 하는데 미술실의 창 쪽 롤스크린은 학생들이 외부로 향하는 시선을 교실 내부로 이끄는 역할을 한다. 또 하나의 특징은 아주 사소한 것일 수 있지만 붓이나 팔레트를 씻을 때 물감이 수성페인트의 벽면에 튀어 얼룩 남기는 것을 방지하기 위하여 숲속 풍경이 그려진 시트지를 붙여 둔 것이다. 그다지 큰 아이디어나 철학이 있는 것은 아니지만 학생들에게 항상 물감 묻은 붓을 세척할 때 주의를 시키는 것이 학생이 환경에 적응하는 일이라면 물감 얼룩이 벽에 묻지 않도록 시트지를 바르는 일은 환경이 학생에게로 움직이는 일인 것이다.

◎ 투명한 교장실

대부분의 교장실 출입문은 행정실과 연결되어 있어 행정실로 통하는 문과 교장실의 출입문으로 구분되어 있다. 학교에 따라 교장실의 문을 폐쇄시키고 행정실을 통해 출입하는 경우도 간혹 있다. 교장실이 투명하지 않으면 교장실에서 무엇을 하는지 볼 수가 없다. 불투명 유리나 블라인드로 가려진 경우 복도를 지나가는 학생들과 선생님들은 교장실 문을 열지 않는 한 교장이 무엇을 하는지 볼 수 없다. 요즘 새로 짓는 학교는 모든 교실의 창을 투명창으로 설계하고 있다. 투명해진 유리창은 학생들에게는 교장실에 친근하게 다가갈 수 있는 기회를 제공하고 교사들에게는 행정실로 번거롭게 들어가서 부재여부를 알거나 노크를 하는 일이 없어진다. 일반적인 문과 비교하면 전면 유리창을 가진 문은 심리적 거리를 좁히는 차이가 있다. 링컨도 항상 누구든 자신을 찾아올 수 있도록 집무실을 열어두었다고 한다. 교장실의 투명 유리창은 만남을 촉진하는 상징적 표현이며, 이를 통해 많은 사람들에게 교장의 비전을 전달할 수 있는 기회가 되는 것이다. 민주사회에서 시선의 대칭은 권력의 대칭관계를 의미한다. 막힌 권위가 아니라 소통하는 권위이다.

핀란드의 디자인이 세계적으로 유명한 이유는 디자인의 본성인 비관료적이고 민주주의적 원칙을 그대로 유지하고 있기 때문이다. 핀란드의 의사결정방식은 수평순환 구조이다. 우리의 조직 문화는 수직선형적 구조이며, 상명하달식의 의사전달이 대부분이다. 결국 이러한 사회는 위로 올라가는 것이 지상최대의 목표이다. 업무의 전문성에 대한 열정이나 천착, 자신의 개성이나 특기를 함양하려는 관심은 애당초 부족할 수밖에 없는 구조이다.

우리 교직사회가 전문성과 개성이 몰락하고 획일적이고 하향평준화에 머물 수밖에 없는 결과에는 수직선형적 문화가 작용하고 있기 때문일 일지도 모른다. 개인의 자아실현, 일상의 행복 등 삶의 가치에 많은 관심을 기울일 여지는 수평적 조직문화에서 찾을 수 있다.

교장실의 투명 유리창으로 교직사회의 현실이 개선될 수는 없지만, 지금 현재 학교 구성원 누군가는 무언가를 실천해야만 우리의 미래를 개선할 수 있을 것이다. 기실 교육은 각자가 타인 그리고 사회와 바르고 원만한 관계를 맺어나가는 데 목적을 둔다. 모든 리더가 친화력을 자신의 가장 큰 기반으로 한다는 사실을 기억해야 할 것이다. 이런 측면에서 한 디자이너는 디자인을 '어울림'으로 정의하고 있다(정선우, 2012). 시간과 장소와 상황에 어울림의 센스는 관계의 어울림의 센스와 연관되어 있다.

◎ 교장실 디자인

교장실은 일상적으로 교사들에게는 회의실이 되며 학부모와 민원인들에게는 상담실로써 기능한다. 교장실 소규모의 회의용 테이블은 원탁이다. 원탁은 좌우가 같아서 중앙으로 시선이 모인다. 손님과 주인이 같은 위치에 존재하기에 좌장(座長)이 없다. 권력은 사람들을 모으고 모인 사람들의 지지를 바탕으로 형성된다. 그러므로 사람들을 모을 수 있는 친화력과 지지를 이끌어 낼 수 있는 소통력과 설득력이 중요하는 점을 상기 시킨다. 중앙에 교장이 위치하고 양옆으로 나란히 일렬로 배치된 회의용 테이블 디자인은 교장실에서 보이지 않는다. 많은 수의 방문객이나 협의회가 있으면 별도의 회의실을 활용한다. 그러므로 교장실의 면적은 그리 크지 않아도 된다.

교장이 바뀔 때 마다 취향에 따라 교장실의 비품들이 바뀌는 불편함을 없앨 수 있는 방안 중의 하나는 교장실의 용도가 찾아오는 사람을 위한 상담을 위한 공간이 되어야 한다는 것이다. 우선은 권위적인 책상을 산뜻하게 학생들의 눈높이 디자인으로 바꿀 필요가 있고 책상 위의 명패 대신 일반 교실과 마찬가지로 교장실 입구에 소박하게 안내판으로 소개해 두는 작업들이 진행되어야 할 것이다.

한 철학자는 "세상에서 가장 아름답고 개방적인 사무실 공간을 디자인한다고 하면 적어도 의자를 매개로 다음과 같은 실내 디자인의 원칙을 확정할 것이라고 한다. 첫째, 지위와 상관없이 모두 같은 디자인의 의자로 구성된 공간을 만들 것. 둘째, 의자 디자인에 사회적 지위를 암시하는 불필요한 문화적 장식을 걷어내고, 서서 걷는 인간의 신체 구조만을 직접 반영하고 고려한 기능적인 의자로 채울 것이라고 한다(함돈균, 2012)."

개인들은 자신이 가진 지위나 존재감을 드러내고 싶은 욕망과 자신이 타인과 구별되고 싶어 하는 개별적 존엄성을 강조하고 싶어 한다. 주인과 손님의 구분이 분명하고 상하의 위계가 분명한 공간 디자인은 수평적 사고와 대화를 방해하는 것은 분명하다.

외국의 경우 별도의 교장실 없이 교무실의 한편에 사무공간을 마련해두고 있다. "구글의 경우 임원이나 개인의 사무실의 구분이 없다. 이러한 형태는 열린 사고, 평등, 창의성, 유연성을 중요시하고 있다는 점을 구성원에게 전달해 준다. 반대로 임원들에게 지정된 공간을 제공하는 경우 구성원 중에 누가 중요한 인물이고, 회사가 표방하는 평등성의 수준과 적절한 행동유형이 무엇인지를 전달하는 역할을 한다(이인, 2015)." 이러한 공간편집디자인이 하나의 상징물로써 기능하고 있다는 것을 인식하여야 한다. 학교는 전통적으로 권위를 강조하였다. 권위가 강조된 공간에서 일부분의 평등성을 강조하는 공간편집은 일관성을 상실할 수 있다.

전반적으로 강조점과 일관된 정체성으로 학교의 교문 나비장식물, 곰돌이 가족 포토존 등은 학교가 감성적 공간이란 점을 의미하는 상징물로써 역할을 한다.

결국 실내 디자인을 결정짓는 학교디자이너로서 교장이 어떤 목적을 위해서 실내 디자인을 할 것인지에 따라서 교장실의 가구디자인은 바뀔 것이다. 분명한 사실은 학교 의례와 함께 학교 공간은 학교가 가진 잠재적 교육과정이라고 할 수 있다.

우리 학교 교장실 유리창에는 차가운 유리에 따뜻함을 불어 넣어 학생들에게 친근감이 가도록 윈도우펜으로 교장이 직접 그린 그림이 디자인되어 있고, 학교 곳곳에 학생들의 감상을 위하고 방문객에 감성적 첫인상을 주기 위한 여러 기증 작품이나 직접 제작한 작품들이 걸려 있다.

◎ 학교 캐릭터 디자인

후기모더니즘의 디자인 미학 경향 중 하나는 예술적 아름다움을 추구하는 디자인과 예술의 융합적 경향과 유머러스하고 친근감을 주는 경향이 대표적이다. 후자의 경향 중 하나인 캐릭터란 만화영화, 이벤트, 인터넷, 각종 팬시 용품 등에 나오는 인물이다. 학교의 캐릭터는 학교의 특징을 더 강조하는 하나의 방편이다. 부수적으로 학교의 상징성을 가시화하여 구성원들의 소속감과 정체성을 강화한다. 또 하나의 이점은 어린 나이일수록 학교의 분위기는 딱딱하고 사무적인 공간처럼 느껴질 수 있다. 학교는 유머러스한 캐릭터로 인하여 밝은 분위기를 연출할 수 있다. 학교는 재미있고 유머러스한 곳이 되어야 한다. 학교가 디즈니랜드와 같이 오고 싶은 곳이 되어야 한다는 것이 학교 캐릭터 제작의 목적이자 의미이다.

3층 체육관 로비에 있는 넓은 전면 유리창에 2.5×2.5m 크기 두 폭의 캐릭터스크린은 창문으로 비춰 들어오는 빛에 오묘한 색채를 뿜내며 복도를 밝힌다. 캐릭터를 개발하고도 학생들에게 전달하는 방식에서 효과를 나타내지 못하면 의미가 퇴색된다. 전교생들이 모두 드나드는 체육관 로비의 대형 창문에 설치한 롤스크린은 자연광의 채광 효과가 떨어지는 어두운 실내를 밝히기 위해서 형광등을 켜면 더욱 산뜻하게 드러난다.

◎ 여가체험을 위한 '한솔재미터'

대개의 특별실이 전통적인 필요성에 근거하여 실의 용도와 설비들이 갖추어진 공간임에 비해 한 기업의 기부로 건립된 '한솔재미터'는 새로운 콘셉트로 디자인된 특별실이다. e-스포츠와 게임을 배우고 체험할 수 있는 신체 움직임에 관심을 가지고 설치된 곳이다. 아이들과 청소년에게 놀이는 사라지고 게임은 늘어나고 있다. 신체 활동성은 사라지고 가상현실에 대한 중독이 심각해지고 있다. 게임에 신체성이나 학습을 결합시키는 것도 하나의 방편일 수 있다. 115㎡의 공간을 여가체험 교육공간으로 꾸며 학생들이 신체 움직임만으로도 쉽게 접근할 수 있는 기존 오락실게임(아케이드 게임)인 펌프, 에어하키, 두더지 잡기를 할 수 있는 감각게임영역, 위(Wii)와 플레이스테이션(PS3)으로 가상공간에서 신체 활동을 통해 다양한 게임을 즐길 수 있는 가상게임영역, PC를 통해 다양한 게임을 할 수 있는 PC영역, 스마트폰과 테블릿PC 등을 이용해 손쉽게 게임을 즐길 수 있는 스마트게임영역, 보드게임으로 간단한 게임을 즐길 수 있는 보드게임영역으로 구성되어 있다.

◎ 도서실 '꿈디딤터'

'꿈디딤터'는 도서실의 브랜드명이다. 명칭 공모를 통해 탄생한 일종의 기초적인 참여디자인의 형태를 가지고 있다. '꿈디딤터'는 정보검색대, 모둠 학습 공간, 대출 반납대, 지체학생들을 위한 공간, 다락방 공간, 읽어주는 책을 들을 수 있는 북트리 공간, 까페 공간, 복도의 열린 도서실, 테라스 공간 등 다양한 공간을 마련하여, 학생들이 쉽게 책을 접하고 흥미롭게 책과 함께할 수 있도록 구성하였다.

밖으로 향한 넓은 창문을 따라 테이블을 배치하고 회전할 수 있는 의자를 배치했다. 가운데는 기둥을 중심으로 지체장애학생을 위한 매트리스를 깔아 두었다. 한쪽 벽면을 이용하여 다락방을 만들어 아이들만의 공간을 살리고, 계단 밑의 공간은 아이들이 혼자 들어가 책을 볼 수 있도록 구멍을 내두었다. 도서실이라는 정적인 공간에 놀이터와 같은 역동성을 부여하였다. 원래 설계 당시에는 이야기 학습 공간으로 구상된 도서실 입구의 넓은 공간은 개방식 간이 도서실로 연계성을 생각하여 꾸몄다. 주된 목적은 휴식을 할 수 있는 공간과 독서 공간이 겸용이 될 수 있도록 전체 둘레를 벽처럼 둥글게 책장을 쌓고 가운데는 인조목을 중심으로 둥글게 의자를 등지게 배치하여, 자유롭게 책을 볼 수 있도록 디자인하였다. 한 모퉁이에는 손을 씻을 수 있는 예쁜 개수대와 대여책 반납함도 마련되어 있다. 인조목에는 도서실을 이용하는 아이들이 사진이 주렁주렁 매달려 있고, 도서 신청함이 빨간 지붕을 이고 책장 위에 놓여 있다.

◎ 한솔 나눔 숲

본교 학교 숲의 테마는 슬로우 스쿨(slow school)이다. 좁은 공간을 최대한 많이 걷도록 구성되어 있다. 슬로우 스쿨의 달팽이 모양의 길은 체험하고 볼 것이 있고 그로 인해 길을 천천히 걸어갈 수 있게 된다. 슬로우는 패스트의 대극에 위치한다. 예를 들면 학교 식당에서는 결코 음료수 잔에 쥬스를 따라 주는 일이 없다. 한두 모금 정도의 음료를 담은 작은 플라스틱 용기에 담긴 쥬스를 일률적으로 나누어 준다. 잔에 옮기면서 쏟을 위험은 없지만 작은 플라스틱 용기는 재활용통에 담겨 넘겨진다. 슬로우 스쿨은 커피 믹스나 일회용 나무젓가락이나 작은 쥬스병과 같은 패스트한 일상의 간편한 문화를 배격한다. 간편성은 인력의 효율성이나 시간적 경제성과 연결된다. 더 짧은 시간에 더 많은 것들을 성취하고 소유할 수 있게 한다. 슬로우 스쿨은 적정기술이 말하는 적정선을 모색한다. 최근 학교 매점에서 탄산음료 판매가 금지되고 있다. 일종의 건강 패러다임이 작동되기 시작한 것이다.

Andy Hargreaves, Michael Fullan(2012)이 지적한 학교교육의 제4의 길에서는 교육에 대한 기업의 교육적 책임이 요구된다. 학교 또한 결코 간편하지는 않지만 지속가능한 방식이 학교의 모든 환경에 적용될 것이다.

◎ 한솔의 테마와 스토리

사람들은 실제로 직접 사용하려고 물건을 만들거나 구입하는 경우가 가장 많을 것이다. 때로는 자신의 지위를 과시하기 위해, 과거의 추억이나 심리적인 보상을 위해, 또는 사회적인 친화 관계를 위해서도 물건을 만들거나 구입한다. 테마와 스토리는 환경과 사물의 역사이다. 여러 가지 스토리가 모여 테마를 형성한다.

본교의 몇 가지 디자인 테마를 살펴보면 첫째, 미술 작품을 통한 볼거리이다. 미술은 그 자체로는 디자인이 아니지만 학교공간환경과 어울리는 순간 디자인 테마의 소재가 된다. 볼거리는 이야기이다. 흔히 스토리라는 용어로 불린다. 스토리는 개별성이다. 어느 한 집단이나 한 개인에게는 스토리가 존재한다. 그러나 평균이나 수치에는 스토리가 존재할 수 없다.

둘째, 학교의 놀이 공간화이다. 학교는 생활하는 곳이기도 하지만 그 자체가 학생들에게 반응하는 공간이어야 한다. 학교디자인은 시설 공간 환경을 학생들의 배움이 일어나는 장을 넘어서 학생들이 활용하여 배움을 얻을 수 있는 도구로 보는 관점을 가진다. 학교캐릭터에 채색을 하고, 원목동물에 올라타고, 공간의자를 이리 저리 배치하고, 바닥 그림을 밟고 지나다니고, 곰돌이와 같이 사진을 찍고 하는 모든 활동이 이러한 공간 환경의 놀이화의 범주에 해당한다. 학생들과 교사들은 주어진 공간 환경을 수동적으로 이용하는 입장이 아니라 능동적으로 개입하고 발전시키고, 더 나아가서 자신들에게 맞도록 재구성하는 주체라는 의미를 가진다. 원래 학교의 정원에는 쉼터가 없었다. 개교 이후 학교 숲 정자의 처마 끝에 네 마리의 물고기 풍경을 달았다. 학생들이 흔들어 소리를 낼 수 있도록 낮게 매달려 있다. 나무와 산책길만 있던 공간에 정자, 돌, 도자작품, 석등, 장승 등과 울창한 학교 숲이 어우러져 작은 공간이 풍성하고 역동적으로 움직이고 있다.

우리가 일상적으로 대하는 작은 커피 잔 하나에도 철학과 디자인과 스토리가 결합되어야 한다. 공간 환경도 이러한 스토리와 결부되어야 한다. 역사와 스토리가 개인에게 긍정적 영향을 주는 장소와 개인의 추억이 묻어 있는 장소로 재탄생되어야 한다. 학교의 역사가 담긴 사진을 복도의 곳곳에 걸어두거나 졸업생별로 얼굴이 담긴 액자를 모아두는 현관이나 개방된 연혁실이나 공간 등은 개인과 공간을 연결시킨다.

더 중요한 것은 공간과 연결된 각기 다른 추억을 가진 개인들이 모여 정서적 학교가 될 수 있다는 사실이다. 이러한 스토리는 공간 뿐 아니라 구성원들 사이에서도 지속적으로 생성되고 증폭된다. 우리의 학교들은 혹시 '가짜 스토리'를 만들기 위해서 분주한 것이 아닌지 반문해 보아야 할 것이다.

ò

6장. 학교교육디자인의 실제

6장. 학교교육디자인의 실제

◎ 철학과 비전의 공유

오늘날 학교 사회에서 교육 리더가 된다는 것은 매우 복잡하고 포기하고 싶은 순간이 많을 정도로 어려운 일이다. "리더가 되기 위해 많은 시간과 노력을 투자하였고 표면적으로는 항상 자심감에 차 있고 자기 확신이 강한 모습을 보여주면서도 내면적으로는 스스로 연약하고 쉽게 상처받는다는 것을 알고 있다. 교장으로서 자신이 학생, 교사, 학부모, 교육청 등의 관객들이 많은 무대의 중요하지만 외롭고 표면적으로 평정을 유지하려고 노력하는 배우임을 인식한다(Robert G. Owens , Thomas C. Valesky, 2011)."

학교 내외적으로 사회와 구성원들의 요구와 압박은 지속적이고 강하게 일어나고 있다. 미국 하버드 대학은 리더십을 이렇게 정의한다. "리더십이란 도전적인 기회 속에서 비전을 명확히 세워 현실을 돌파하기 위해 조직과 사회를 동원하는 활동이다(Phillips, Donald T., 2005)." 비전이란 집단이 지향하는 가치이자 그들이 함께 행동하는 이유이다. 명쾌한 비전은 집단의 역량을 결집시키는 힘이 있으며 성장의 원동력이 된다.

리더의 수많은 역할 중 가장 중요한 것은 타당한 비전을 수립하여 구성원을 비전을 향해 움직이도록 집단 구성원을 설득하고 마음을 움직여 자발적으로 동참하게 할 만큼 설득력이 있어야 한다. 그러나 대부분의 리더는 타당한 비전을 세우는 첫 단계에서부터 실패하고 만다. 리더 입장에서는 절실한 문제일지라도 구성원에게는 부담스러운 명령일 수도 있다. 리더의 커뮤니케이션 능력이 중요해지는 이유가 여기에 있다. 그러나 대부분의 리더는 한 번의 선언으로 구성원과 비전을 공유했다고 착각한다(Philllips, Donald, 2005).

리더로서 학교장이 목표를 제시한다는 것은 내적으로 조직의 구심점의 역할을 한다는 것을 의미한다. 비전으로 하나가 된 결과를 외부에 드러내는 활동을 통하여 다시 내부적으로 조직에 자긍심을 불어넣는 선순환의 피드백을 유지하는 것이며, 내적결속력을 높이는 활동이 된다.

기업에서는 "디자인은 단순히 차를 그리는 것이 아니라 기업 문화를 바꾸는 것이다. 디자인 경영으로 기업 내부의 가치관, 사고방식, 표현력, 커뮤니케이션은 물론 의사결정 프로세스에 이르기까지 기업문화가 총체적으로 업그레이드 될 때, 이를 바탕으로 매력적인 디자인이 나올 수 있다. 새로운 고객가치를 실현하는 기업이 되어야 한다(정의선, 2008)."

마찬가지로 학교에서 리더의 비전은 학교 문화와 연관된다. 최종적으로 학생의 학력과 만족으로 결실을 맺을 때 까지 학교의 물리적 공간 환경에서 정신적 환경까지 총체적으로 자신의 비전을 전달해야 하는 것이다.

비전은 조직의 바람직한 미래상을 표현한 것이다. 철학은 오로지 자신만의 고유한 인간관, 세계관, 교육관을 통해서 도덕적 이성을 사용하는 것을 말한다. 가르치는 교사에게 철학이 없다면 컴퓨터나 다를 바가 없다. 오히려 컴퓨터가 인내심도 있고 반복해도 지루해하지 않으니 더 나을 것이다. 비전은 목적지를 나타내고 철학은 나침반을 나타낸다.

리더의 다양한 역할 중에 하나는 구성원에게 비전과 철학을 공유하게 하는 것이다. 선명한 목표를 구성원들에게 알려줌으로써 발생할 수 있는 혼선을 미리 막을 수 있다. 교장의 비전과 철학을 전달하는 시점은 부임하고 첫 만남에서 시작된다. 또 학년 초나 학기 초나 중요한 학교의 의사결정 등이 있을 때도 무엇을 중요시하는지에 대한 자신의 소견을 짧게 피력한다. 의례적인 인사말로 받아들이는 경우도 있지만 점차 교장이 가진 소신이 학교경영 디자인에서 현실로 반영되는 것을 보고 깨닫게 될 것이다. 여기에는 비전과 철학의 명확성과 일관성이 매우 중요하게 작용한다.

"최근에는 이러한 학교장의 리더십을 '변혁적 리더십'이라고 부르면서, 교육청에서도 강조하고 있다. 다른 말로 하면 우리나라 현실에서 학교장이 변하지 않으면 학교 현장이 의미 있게 변하기 매우 어렵다는 말이다. 학교장이 교육활동에 몰입할 수 있도록 학교 행정을 개선하고 교육과정 중심의 학교장 리더십을 구현할 수 있도록 교사들이 함께 노력해야 할 것이다(김성천, 서용선, 오재길, 홍섭근, 2015)." 항상 최대의 해결 비법은 평범한 것에 존재한다.

학교에 대한 교장 자신의 생각을 몇 가지 밝히고 있다. 첫째, 학교는 공부하는 곳이다. 학생들이 자연스럽고 즐겁게 배울 수 있는 학교가 되어야 한다. 학생 개개인의 빛깔을 살리는 개별화교육이 이루어지는 학교가 되어야 한다.

둘째, 학교는 가슴이 따뜻한 사람을 기르는 곳이다. 학생들이 따뜻한 가슴을 가질 수 있도록 바른 인성을 찾아내어 가꾸어 주는 학교가 되어야 한다. 지식이 중요한 만큼 따뜻한 가슴도 중요하다는 것을 알고 그것을 실천하는 학교가 되어야 한다.

셋째, 학교는 우리가 살아가는데 필요한 삶을 가르치는 곳이다. 학생들이 세상을 살아가는데 필요한 생활 속의 교육을 실천하는 학교가 되어야 한다,

넷째, 학교는 학생의 진로를 함께 고민하는 곳이다. 학생들의 발달단계(초·중·고)에 따른 진로교육을 실천하는 학교가 되어야 한다. 교사는 학생의 심리적 특성을 이해하고 인생의 다양한 진로를 잘 알고 지도하며 함께 고민해 줄 수 있어야 한다.

'비전과 철학의 공유하기'에서 가장 먼저 시도한 것은 모든 학교 행사의 '학교장 인사말'을 직접 작성하는 것이다. 교장의 비전을 실천하고 공감을 얻기 위해서는 본인이 가장 정확히 표현할 수 있기 때문이다. 본인의 소신이 담겨 있어야 메시지로서 가치를 가진다. "링컨은 대중에게 연설하고 설득함으로써 그의 비전이 국민의 가슴에 되살아나게 했다. 링컨은 자신의 말 한 마디가 어떤 영향을 미칠지 잘 알고 있었기에 연설문 하나를 작성하는 데 몇 주일을 고민할 만큼 커뮤니케이션을 중시한 리더였다(Philllips, D. T., 2005)." 당연한 이야기이지만 권위주의적 문화 속의 소수 학교는 아직도 이러한 관행적인 일들이 계속되고 있으며, 비전과 철학이 부족한 일부 교장은 대필을 부추기는 경향도 있다. 그러나 이보다 더 중요한 것은 "학교의 목적과 비전을 혼자 개발하지 않고 인내심을 갖고 교사와 지역공동체와 함께 개발하는 것이다. 이것은 기존

의 학교와 차별화된 학교를 세우는 데 결정적인 여러 가지 지원들을 이들로부터 이끌어 내는 것이 필요하다(Andy Hargreaves, 2003)."

또, 간혹 교사들에게는 학교의 쿨메신저를 통해 교장의 소신을 피력하기도 한다. 커뮤니케이션 능력이 빛을 발하는 것은 대화와 설득의 '기술'적인 면 때문이 아니라 언제 어디서든 사람들을 만나고 비전을 전하는 태도 때문일 수도 있다. 이 모두의 핵심은 본교의 슬로건인 '배움으로 꿈꾸며 나눔으로 하나 되는 교육'과 연결되어 있다. 기업의 비전이 성과 달성이라면 학교는 교육의 본질적 역할이 강조되고 기본이 강조된다. '수업이 최우선이 되는 학교'라는 철학과 비전이 깔려있다.

◎ 등교마중과 하교배웅

학생들이 등교하는 시간, 교장은 학생들과 일일이 눈을 맞추고 인사를 한다. 학생들이 하루를 시작하는 기분이나 표정도 살필 수 있다. 그리고 등교마중을 같이 하는 교사들과는 일상적인 안부를 묻는 나눔의 공간이 되기도 한다. 그러나 교사들의 등교마중은 필수가 아니다. 교사들의 필요에 의해 자발적으로 이루어지고 있다. 190여명의 학생들을 일일이 기억하고 그들의 이름을 불러주면서 한솔학교에서의 행복한 하루가 시작되는 것이다.

학생들은 교장선생님이 이름을 기억하고 있다는 사실에 기뻐하며, 엄마와 같이 친근하게 다가갈 수 있어 편안해 한다. 학생들은 선생님이 자기 이야기를 경청하고 있다고 느낄 때 존중받고 있다고 생각한다고 한다. 단지 아쉬운 것은 이렇게 교사와 학생간의 친밀성 형성에는 학교의 규모가 작아야 시도해 볼 수 있다는 것이다.

하교할 때도 교장은 학생들을 배웅한다. 이 시간에도 교사들과 학교직원들의 만남은 지속된다. 이러한 등교마중과 하교배웅은 경직된 학교에 인간미를 더해주고 학생들의 성향과 행동을 파악할 수 있는 자연스럽고 중요한 만남의 기회가 되는 것이다.

◎ 점심시간 배식 도우미

점심시간 배식은 급식실의 모든 인력이 동원되어도 동시간대에 이루어지기 때문에 학생들의 줄이 길어 기다리게 된다. 별도의 배식 인력 2~3명을 채용하는 것도 예산이 넉넉하지 않다. 개교 초부터 다양한 방법이 모색되었지만 교장, 교감, 행정실장이 배식 도우미를 시작하여 3년 째 계속해서 하고 있다. 처음에는 해결 방법의 일환으로 시작하였으나 지금 현재 배식 시간은 등교마중과 더불어 학생들과 또 한번의 만남의 시간이며, 전체 교직원들과도 인사를 나눌 수 있는 소중한 소통의 시간이 되었다. 최근에는 배식도우미도 보건소에서 건강검진을 의무적으로 받도록 시행되어 교장, 교감, 행정실장이 건강검진까지 실시하고 오늘도 배식을 돕고 있다. 재정적인 이유를 떠나서 학생들과의 만남의 기회 증대 및 교직원들과의 소통에 큰 의미를 가지는 시간이 되고 있다. 여기에는 학생들의 특성을 모르고는 교사들과 대화할 수 없다는 단순한 발상이 숨겨져 있기도 하다.

☼ 스마트폰과 SNS

최근 들어 학교마다 크고 작은 갈등들이 점차 늘어 가고 있고, 아울러 긴급하게 협력하고 대처해야 할 사안들이 발생하고 있다.

대부분의 학교에서는 교무실무원 또는 업무 담당자들이 관련 내용들은 메신저를 통하여 공지한다. 그러나 나에게는 특별한 소통 방식 두 가지가 있다. 바로 스마트폰과 SNS이다. 교장의 스마트폰은 이러한 일반적인 사항들이 아닌 학생들의 일로 긴급하게 교직원의 결속과 행동을 이끌어내야 할 사안이 있을 경우에 효력을 발휘한다. 교장은 교직원들에게 학교 차원에서 교육적인 대처와 의연한 자세를 잊지 않기를 부탁한다. 때로 교내외에서 발생한 학생의 안전사고에 대한 당부의 글이나 늦은 밤에 소음으로 들릴 수 있겠지만 '실종 학생 찾기'를 부탁하는 메시지들이 대표적인 예이다.

다음으로 학교의 다양한 활동들과 교육에 대한 감동과 아쉬운 점들을 SNS 활동을 통하여 피력하고 미래를 조망하는 많은 글들을 올린다. 그러한 SNS 활동을 한다는 사실은 한 번도 교사들에게 공지된 적은 없으며, 누구든 관심을 가진 사람들이 자유롭게 볼 수 있도록 해 두고 있다. 교장의 시각에서 바라본 학교 이야기이며 이것은 학교홍보를 위한 소리 없는 활동의 하나이기도 하다. 또한 인터넷상의 교사들과의 의사소통 활동으로 밴드를 개설하여 밴드관리자로도 활동한다. 댓글을 요구하지도 않으며 그저 알려주는데 큰 의미를 두고 있다. 학부모들에게는 새해 및 추석 인사, 학교 공사 관련 및 그 외 다양한 활동들을 SMS 문자 및 학교 홈페이지를 통해서 알리지만 교사들에게는 밴드활동을 통하여 전한다. 교직 경험이 많을수록 새로운 매체 환경에 적응은 힘들기에 새로운 환경에서 성장한 젊은 교사 및 학생들과의 소통을 위해서는 이에 적응하려는 노력이 필요하다. 교장의 철학과 비전을 보다 선명히 하는 데도 스마트폰과 SNS활동은 필요한 일이다. 그러나 "개방, 참여, 공유는 소셜미디어의 기본 가치이다(소셜미디어연구포럼, 2014)." 알리기 위한 일방적 홍보수단을 넘어 아이디어를 얻고 그들의 참여를 이끌어내기 위한 듣고 소통하는 SNS라는 사실을 잊지 않도록 노력한다.

◎ 학부모 학교경영 모니터링단 운영

학년 초에 실시하는 학부모 학교방문의 날에는 학부모 공개수업과 학교설명회, 학부모회 임원 선출 등의 다양한 일들이 진행된다. 전교생 190여명인 학교에서 100여명의 학부모들이 참여할 정도로 참여율이 높다.

디자인은 상대가 원하는 것과 내가 느낀 것과의 균형과 조화가 아주 중요하다. 아무리 나에게 좋은 디자인일지라도 상대와 의견이 다르면 좋은 디자인이라 할 수 없다. 느낌만 있는 디자이너가 아닌 내 디자인을 커뮤니케이션하여야 한다.

대부분의 학교에서는 학년 말 또는 학기 말에 학교경영 및 교육과정 전반적인 부분에 대해 학부모 의견수렴의 과정을 거치고 있다. 연 6회의 정기적인 학부모 학교경영 모니터링 협의회는 H초등학교 교감시절부터 시작한 일로 학부모의 의견을 수시로 학교 운영에 반영하는 제도이다. 학부모들은 설문이나 대면의 모니터링을 통해서 업무담당자에게 문서로 의견을 제시하면 개개의 사안마다 교장이 직접 답변을 정리하여 다시 학부모에게 피드백하고 학교 경영에 적시에 반영한다. 학부모 모니터링을 통해서 쌍방향 소통을 강조하고 있는 것이다.

모니터링을 통해 학부모의 의견이나 궁금증 등이 즉각적으로 학교 운영에 반영이 되고 있다는 것을 학부모들이 알고 있고, 교장실의 문이 항상 개방되어 학부모의 개별적인 고충은 필요시 언제든 자유롭게 이루어지기 때문에 3월 전체 학부모 회의에서는 공개적인 질의는 거의 없다. 그리고 모니터링 제도는 해가 갈수록 개인의 사적인 의견보다는 학생들의 교육과 안전에 도움이 될 바람직한 의견이 점차 증가하고 있다.

학부모 모니터링을 통해서 달라진 점 중의 하나는 특수학교 특성상 화장실 사용을 오랜 시간 하는 학생이 타 교과선생님 수업 중에도 화장실을 사용하여 교사가 학생을 찾아다니는 일이 많고, 화장실에서 학교폭력이나 성폭력 등의 문제가 발생할 가능성이 있다고 판단하여 교내미화원이 청소하면서 주기적으로 화장실에서의 학생 사고를 방지하기 위한 방법의 하나로 체크리스트판을 설치하였다. 또 하나의 예는 학교가 모든 일을 학부모의 눈높이에서 공지하지 못하는 경우 학부모의 의견 제시가 자연스럽게 일어난다는 점이다. 방학 중 계절학교 운영 시 수업의 결과에 대한 피드백을 주

단위로 운영하게 된 것 또한 학부모 모니터링 제도의 결과라 볼 수 있다.

학교는 교사의 임파워먼트를 넘어서 학부모의 임파워먼트를 모색하고 있다. 중국의 속담에 "내게 말해보라, 그러면 잊을 것이다. 내게 보여주라. 그러면 기억할지도 모른다. 나를 참여시켜라 그러면 이해할 것이라고 한다(강준만, 2015)." 신뢰는 신뢰를 낳고 불신은 불신을 낳는다.

◎ 학교 문화 디자인

문화는 일반적으로 사회의 주요한 행동 양식이나 상징체계를 말한다. 인간이 살아가기 위해서 만든 모든 생활양식과 그에 따른 산물이 바로 문화이다. 모든 사회는 그 사회를 유지하기 위한 고유한 문화를 가진다. "디자인은 가시적 문화 또는 문명을 만드는 문화적 행위에 속한다(최경원, 2014)." 학교문화는 학교를 중심으로 구성원들의 공통된 가치, 신념, 규범 및 사고방식과 그에 따른 산물을 의미한다.

"인간 사회는 문화를 통해서 유지되고 발전되어 왔다. 문화는 상속되는 것이 아니어서, 교수와 학습에 의해서 전수되고 창조되어 왔다. 학교는 문화의 전수와 창조를 위해 인간이 역사적으로 고안한 가장 효율적인 제도이다(오욱환, 2013)."

역사와 문화의 원형은 보존되고 유지되어야 한다. 그것은 문화자산으로서 문화의 원형이기 때문이다. 그러나 이와 같은 문화자산이 상품이 될 수는 없다. 문화자산에 감성이라는 테마를 부여하고 스토리로 가공을 하였을 때 비로소 문화는 상품(文化財)이 된다. 지금은 수단의 할머니가 만든 손지갑이 할머니의 인생 여정과 같이 인터넷에 실려 팔리고 있다. "하찮은 생필품이라도 문화적으로 포장하지 않으면 팔리지 않고, 문화적 이미지를 갖추지 않으면 자연스럽게 도태된다. 빈대떡 보다 피자가 더 친숙한 문화로 자리하게 된다(이병훈, 2002)." 문화는 주변에서 손쉽게 향유될 수도 있고, 매우 접근하기 어려운 문화도 존재한다. 학교에도 다양한 하위문화 유형들이 존재한다. 학교의 문화들은 사회의 문화적 실태를 그대로 반영하는 경우도 많다. 모든 역사와 전통이 있는 사회는 그들 문화의 바탕에서 우러난 나름의 합의된 의식과 의례가 있다. 예식장이나 장례식장에서와 같이 찍어 내듯 간소화 된 뿌리 없는 문화는 학교의 각종 기념행사에 그대로 반영된다.

결국 공간은 시간을 담는 틀이기에 학교시설 조차도 학교문화의 반영이다. 학교의 내외형적 모습들이 빈곤한데에는 우리 문화의 자부심에 대한 인식의 저조와 더불어 그러한 전통문화들을 현실에 접목시킬 고민의 부족에 기인할 것이다.

의식과 의례의 차이는 "조직 안에서 의식(ritual)은 어떤 것이 가장 중요한 목표이고, 어떤 사람이 중요한 사람인지, 어떤 행동과 사고가 가치 있는지를 일깨워 주는 일련의 행동을 의미한다. 의례(rites)도 유사한 기능을 가지지만 의례가 주기적으로 반복되는 특징이 있다면 의식은 그렇지 않다는 것에 차이가 있다(이인석, 2015)."

"의례를 통해 구성원들은 함께 살아가는 보람과 정체성을 획득하면서 서로 결속을 다진다. 교육에서 의례는 개인의 성장을 촉진하고 축하하는 문화적인 장치로서 축제적인 본질을 담고 있다(고병헌 외, 2009. p.244)."

잠재적 교육과정으로 문화 의식 및 의례는 학생들에게 막강한 메시지를 전달한다. 단지 학교 내에서 일상적인 교육과정의 범위에서 일어나지만 교육과정 어디에도 이러한 문화 행사를 구체적으로 명기한 부분은 없다. 단지 전해 내려오는 방식을 따르는 경우가 많다.

"그런데 오늘날의 학교에서 치르는 의례에서는 그러한 모습을 발견하기가 어렵다. 졸업식 날 학교마다 수많은 인파와 꽃다발은 넘치지만 정작 졸업식은 구태의연하며 공허하다. 입학식은 아예 요식 행위로 그지없다. 의례 행사들에서 문화의 빈곤을 목격하게 된다. 그래서 입학식과 졸업식을 감동과 울림의 장으로 디자인하는 것이 필요하다. 세련된 이벤트가 요구되는 것이 아니다. 가장 중요한 것은 그러한 의례의 의미를 참가자들이 공유할 수 있게 하면 되는 것이다(고병헌 외, 2009. p.244)."

서당에서 책을 한 권 뗄 때마다 '책거리'를 통해 음식을 스승에게 올리던 풍속을 되살리기에 어려운 점은 있으나 "졸업식을 리모델링하기 위해 과거 선조들의 전통과 지혜를 돌아볼 필요가 있다. 어느 대학 학위수여식에서는 선비의 정신을 되살리는 의미에서 옛 선비들의 옷을 모티브로 학창의(鶴氅衣)를 입거나, 전통 선비의상을 본떠 디자인한 새로운 학위복을 입는 경우도 있다. 적극적으로 한복의 미학을 살려 졸업식 복식을 전면 리디자인하고, 행사의 구조와 형식까지 천편일률적인 분위기에서 벗어나 학생, 교사, 학부모 모두에게 의미 있는 졸업식으로 리디자인 되어야 한다(권영걸, 2013)."

각 학교 마다의 큰 줄기는 같지만 고유한 기념식의 문화를 가져야 한다. 학교 문화 디자이너로서 교장의 역할은 기념식의 문화까지도 고민하지 않으면 안 된다. 본교는 각 학급 단위로 학부모들과 함께 테이블에 둘러 앉아 졸업식을 가진다. 물론 작은 인원이기에 가능한 일이다. 각자의 앞에는 조촐한 다과가 마련되어 있다. 재학생의 간단한 축하 공연이 진행된다. 각각 졸업생 학부모의 인사말이 전해지고, 화면에는 학생들마다의 성장과정이 영상으로 전해지고 있다. 졸업하는 학생은 무대 위로 올라가서 마지막으로 교장선생님에게 졸업장을 받고 악수를 하고 내려온다. 입학식에서도 입학하는 모든 학생들이 무대 위로 올라가서 눈높이를 맞추기 위해 쪼그려 앉은 교장과 악수를 하고 내려간다. 이벤트를 하듯이 요란스러울 필요는 없지만 나름 소박하게 소중한 기억을 안고 떠나거나 새로이 시작되어야 하는 것이 학교 기념식의 목적일 것이다. 이 역시 작은 학교라서 가능한 일이기는 하다.

이런 시각적 의례 문화만이 아니라 교육과정과 관련된 행사에서도 학교의 문화는 의미와 가치를 불어 넣어 새롭게 디자인될 수 있다. "송산초등학교는 시상을 위한 모든 대회를 폐지했다. 일반학교에서 실시하는 과학, 통일 안보, 글짓기, 환경 그림 대회와 같은 행사들을 학교 행사에서 없앴다. 그림을 그리고 작문을 하는 것 자체를 아이들은 즐거워하고 좋아하며, 교사가 그림에 대해 칭찬을 해줄 수도 있기 때문이다. 경쟁보다는 협력을 결과보다는 과정을 중시하는 새로운 학교철학이 반영되었다(한국교육연구네트워크,

2014)." 상벌이라는 제도가 지극히 자연스러운 것임에도 다소 극단적으로 보이는 상의 폐지가 새로운 의미로 다가오는 것은 우리의 현실과 상의 의미가 그만큼 왜곡되었기 때문이다. 상이 경쟁을 부추기는 촉진제로 작용하거나 학생의 스펙 쌓기의 방편이라면 상의 본질은 이미 왜곡되어 있는 것이다.

학교에서 일상적으로 치러지는 의례문화는 문화적 정체성과 연결되어 있기도 하지만, 중요한 또 하나는 입문(initiation)과 관련된다. "입문은 원시부족의 성인식과 같이 아이가 어른이 된다는 의미가 들어있다. 사회의 이면에 들어있는 신념 내지 사고체계를 받아들이게 된다는 의미를 가진다(R. S. Peters, 1966)." 특히 입학식과 졸업식은 이러한 입문식의 의미를 많이 내포하고 있다. 표면적으로 학생의 순탄한 학교생활의 시작과 사회생활의 시작을 기원하는 일이지만 이러한 의례를 통하여 하나의 마디를 형성하고 그 마디에서 새로운 시작점을 가진다. 성인이 된다는 것은 스스로 자립하는 시기가 도래했다는 것을 말하는 데 우리의 문화에는 이러한 마디가 부재한다. 결국 청년기에 자립이 늦어지는 것은 자신이 언제 어른이 되는지를 모르기 때문이다.

학교 문화는 학생에게 의미와 가치를 전달해야 한다. 학교 문화 디자이너로서 교장은 기존의 형식적 틀을 벗어나 새롭고 의미 있게 방향을 모색할 필요가 있다. 물론 기존의 방식을 무조건 틀린 것이라고 부정하는 것도 큰 문제이다. 유교적 전통이 일제강점기의 문화적 지배로 인해 단절되어 버린 후 새롭게 형성된 학교 문화들을 이제 찬찬히 돌아 볼 때가 된 것 뿐이다. 우리 문화에 대한 가치 인식이 실제에 비해서 너무나 저급한 인식수준에 머물고 있고 가치절하되어 있다는 것이 가장 큰 문제이다. 이것은 대부분 교육의 부재나 교육의 잘못에 기인한다.

이러한 측면에서 문화경영자(CCO)의 역할은 심각히 고려되어야 한다. "기업에서는 CFO를 임명해 기업 내 모든 재정관련 업무를 관장시킨다. 정보기술 분야의 전문가를 CIO로 두고 있다. CCO도 마찬가지다. 문화는 넓고 복잡하고 역동적인 이해가 필요한 분야다. 시시각각 변화하는 문화적 트랜드를 포착해야 됨은 물론, 미래의 문화적 흐름을 주도할 문화적 비밀 코드를 해석해 내야 한다. 이는 기존 업무와 병행하는 수준에서는 결코 성취할 수 없는 일들이다(McCracken, 2010)."

학교는 사회변화 추세를 예측하고 트렌드를 선도해야할 필요성은 없지만 그러한 창의 융합적 인재의 양성에는 민감할 필요가 있다. 미래는 예측의 대상이 아니라 창조의 대상이다.

문화는 일시적 현상이나 특정 시기에 관심을 갖고 집중적으로 조명하다가 시기가 지나면 관심을 갖지 않아도 되는 단기유행상품이 아니다. "기업의 경우에도 문화를 아는 경영자가 있는 기업, 문화를 주도하는 기업만이 지속가능한 성장과 발전을 도모할 수 있다. 문화는 상품이 아니라 상품에 담긴 철학이자 가치관이며 욕망의 상징이다. 고객의 철학과 가치관, 욕망을 담고 있는 상품만이 고객의 삶의 질을 높여줄 수 있다. 고객이 문화적으로 향유할 수 있는 제품 개발에 주력하지 않으면 한 시대의 아이콘으로서 고객의 존경과 주목을 받는 기업이 되기란 불가능하다(McCracken, 2010)."

학교는 구성원들의 조직문화와 잠재적 교육과정의 전달로써의 문화로 크게 구분된다. 이 양자에서 가치 있는 경험의 발굴, 재구성과 축척은 학교의 의무이기도 한다. 한 집안에는 나름대로의 가풍과 가족 의식, 전통이 존재하듯이 학교도 나름대로의 개성과 상상력에 근거한 긍정적인 학교 문화가 존재하여야 한다. 그렇지 않은경우 졸업식에서 교복을 찢는 등의 청소년 그들만의 자발적 하위문화에 학교문화의 정체성을 잃게 된다.

또한 우리의 우수한 문화적 전통은 매우 자랑스럽다. 근대의 문화적 경험 또한 전쟁과 수탈의 경험, 원조 받는 나라에서 원조를주는 나라로의 전환, 분단의 경험, 언어가 각기 다른 매우 오랜 역사를 가진 나라들과의 교류 등으로 매우 풍부하고 다양하고 이채롭다. 시련이 많다는 것은 그 만큼의 경험이 풍부하다는 것이고, 이것은 상대의 아픔에 공감하는 능력과 상대의 눈높이에서 이해시키는 설득력을 가질 수 있다는 말이다. 새로운 것을 창조할 수 있는하나의 보이지 않는 텍스트로써 작용한다. 단지 이러한 인식 속에서 시대착오적인 약소국 콤플렉스를 내려두고 문화적 자부심을 회복하는 것을 통해서 가능하고 더 내려가서 잠재적 학교교육과정에포함된 다양한 학교문화디자인을 통하여 가능하다.

◎ 학교 시설 개방을 통한 지역사회와의 소통

학교 시설의 개방은 학교의 투명성과 직접적인 연관성은 없지만체육관 개방뿐만 아니라 도서실과 카페를 지역주민들에게 개방하고제과제빵실의 과자와 빵을 저렴하게 판매한다. 카페는 본교의 고등

학교 졸업생을 중심으로 바리스타와 서비스 실습이 이루어지는 장소이다.

미술관에서는 드물지만 박물관의 기념품점은 가장 인기 있는 공간이라고 생각한다. 기념품점이 국립박물관 본래의 목적을 위한 것은 아니겠지만 그곳에서 물건을 사는 것이 아니라 추억을 구입한다. 오랜 시간이 지나도 박물관에서 본 유물들의 생각은 나지 않아도 그곳에 간 기억을 작고 하찮은 기념품을 통해서 떠올린다.

예전에 맹학교는 인근 주민들을 대상으로 시각장애 직업교육의 일환으로 실시하는 안마교육 실습을 진행하였다. 모든 특수학교는 나름대로의 강점이나 개방할 수 있는 자원을 가지고 있어 주민들의 입장에서는 학교 시설의 이용 뿐 아니라 질 높은 제품을 싸게 구입 할 수 있고, 학교 입장에서는 사회통합 차원에서 도움이 되고 있다. 어른들의 인식의 전환은 지역 아이들의 인식 전환으로 천천히 바뀔 것이고, 일반학교의 특수학급 학생들을 보는 눈도 점차 자연스러워 질 것이다. 물론 문제가 있는 학생들도 있지만 그렇지 않은 학생들이 대부분이다. 이렇게 지역사회와의 교류는 자연스럽고 조용히 이루어지는 혁신이기도 하다.

장애인들의 사회통합을 원한다면 특수학교에 많은 시설들을 준비하고 지역주민이 활용할 수 있는 가운데 자연스럽게 편견이 사라지도록 하는 방안이 가장 자연스러운 디자인 중에 하나가 될 것이다. 실제로 보면 상상속의 편견은 사라지게 된다.

민주적 디자인이라는 개념이 있다. 다른 의미이지만 디자인의 민주화란 결국 지역사회가 만든 학교에서 지역민들이 소외되지 않는 것을 말한다. 참된 디자인민주화란 사람들이 생산과 소비에 걸쳐 디자인 활동의 실질적 주인이 되는 것이다. 그것은 디자이너와 사용자가 지금처럼 나뉘지 않고 '통합'되는 것, 디자이너는 사용자를 단순히 소비자로 보지 않고 필요와 욕구에 민감할 것, 사용자는 모든 과정에서 침묵하지 않고 책임성 있게 행동하는 것 등이다. 더욱이 이러한 이원화된 구조화가 공간환경과 사용자들 사이에서 통합되고, 학교 교육과정내에서 통합되고, 관리하는 주체와 사용하는 주체간의 구성원들 사이에서 통합되어 질서는 바로 서되 차별과 소외가 발생하지 않아야 한다.

적게 소유하고 많이 소비해야 한다는 원칙은 디자인민주화에서 최대 다수가 참여해야 한다는 벡터가 추가된다.

◎ 미술 작품의 제작

대부분 학교의 모습을 보면 '학교 전체가 공유하는 교육철학'이 드러나 있지 않고, 학생들의 삶을 고려한 세밀한 공간 환경이 잘 이루어지지 않은 것이 현실이다. 그렇다고 학교에서 할 수 있는 것이 없는 것은 아니다.

디자이너로서의 기본 자질은 기본 조형 능력과 디자인 감각이다. 경영도 마찬가지로 조화로움과 균형을 필요로 한다. 이러한 내면적인 미적 조형 능력과 디자인 감각은 외현적인 학교 경영디자인에서도 필요한 요소이기도 하다. 진선미는 동일한 근원을 가지고 있다. 이것이 교장이 아름다움에 친숙해져야 하는 이유이다. 또 예술적 창의성은 현실적 경영에서도 창의성이 반영될 가능성이 높다. 학교에서 틈틈이 시간을 내어 직접 작품을 제작하여 게시하고 있다. 학생들에게 촉각적 부드러움을 주는 자투리 천 조각을 이어 붙인 작품이나 한지를 활용한 감성적 작품을 제작하였다. 이러한 작품 활동 뿐 아니라 중앙현관에 삭막한 시계나 거울 등이 아닌 학생들이 좋아하는 '곰돌이 가족'을 배치하였고, 학교 버스의 색상과 디자인을 선택하며, 학교 로고 디자인 제작, 외벽시계 설치, 학급게시판의 혁신적 변화, 특별실 전면 유리창의 시트지 디자인 선택 등에 세련된 디자인 감각과 부드러운 학교 이미지에 맞추어 종합적으로 선택하고 제시하였다. 교장의 모든 디자인 감각의 포인트는 교사와 학생들이 수업에 집중하도록 하는 전반적 배려이고 선택이다. 학교가 미적 감흥을 일으킬 수 있는 정서적 공간이라야 한다는 점을 상기시켜주는 메시지이자 학교경영 디자인 비전의 제시이기도 하다.

◎ 학교 조직 구성

본교는 올해 학교조직 구성을 학교급별 교육과정협의회 조직(3개 팀 : 유·초, 중·고등, 전공), 교수수업협의회 조직(13개 팀 유치 1, 초 4, 중 3, 고 3, 전공 2), 교무업무조직(57개 업무, 교원 56, 교무실무원 1)로 구성하였다. 기존의 교무업무 조직을 교무기획업무팀, 교수학습업무팀, 교수학습지원업무팀, 전공과운영팀으로 크게 네 개로 전환 운영하고 있다. 이는 학교조직을 업무 중심이 아니라 수업중심의 조직으로 바꾸어 교사 본연의 업무인 수업에 충실하자는 것에서 출발하였다.

"교사 혼자서 교육 개혁을 할 수는 없다. 학교 전반에 걸쳐서 '조직 혁신'을 이루어내는 일이 새로운 학생 문화를 위해 가장 크고 중대한 일이다. 현재 학교의 모습은 관료제의 한계를 명백히 가지고 있다. 관료적인 체제 안에서 삶과 사고가 묶여있는 교사들을 교육의 본질에 가깝게 조직을 바꾸어나가는 것은 학생들의 삶과 문화와 깊은 관련을 맺는 일이다(김성천, 서용선, 오재길, 이규철, 2015)."

수십 년째 바뀌지 않고 내려온 학교의 교사 조직은 교사가 교육이 아니라 행정 업무에 따라 담당자로 조직 편성된다. 학교는 행정 업무 처리가 능숙한 교사보다 가르치고 학생을 지도하는데 능숙한 교사가 우대 받는 풍토가 마련되어야 한다.

업무 조직과 업무의 재배치는 학교가 교육활동을 지원하는 업무 중심의 학교가 아니라 학생들의 수업을 지원하는 '수업 중심의 학교'라는 비전을 분명히 하는 효과가 있다. 최근 세종시교육청은 학교 업무 정상화를 위해 불필요한 경쟁을 일으키는 학교 평가를 개선하고, 유·초·중·고등학교 전 학교에 교무행정사 1명씩을 배치하였다. 교무행정사는 일선 학교 교사들의 교재 및 교구정리, 학교행사 지원, 공문서 관리, 각종 교무 관련 자료 조사, 통계처리 등 행정업무 처리를 지원하게 된다. 가르치는 일은 교무실무원이나 교무행정사가 할 수는 없지만 학교의 행정업무는 교사가 아닌 누군가는 할 수 있는 일이다. 교무행정사는 항상 교사가 수업에 충실할 수 없는 이유에 대해 전가의 보도처럼 등장했던 주범인 잡무 또는 공문처리를 위한 대안이 될 것이다.

부장이 자신의 업무 부서를 총괄하는 시스템에서 업무를 세분화하여 부장에게도 업무를 배당하여 일반선생님들의 업무를 줄인 것이다. 이는 결재라인에서 부장의 결재가 사라지게 되는 것을 의미한다. 결재 라인의 간소화를 통해 결재 업무가 간소화되었다. 이러한 간소화는 빠른 일처리에 효과적이다. 이전에 담당자는 교장-교감-부장 라인을 통해 업무를 전달 받는 것에서 교장-교감-담당자의 라인으로 의사소통이 보다 선명해지고 담당자의 책임감과 주도성이 높아지는 구조로 전환되었다. 관리자의 의견이 보다 투명하게 전달되고 계원은 관리자의 의도를 알기 쉬운 구조이다. 이전에 피라미드형 구조의 의사전달과정에서 왜곡이 빈번하게 일어났던 문제를 개선하여 관리자와 개별 교사의 소통의 기회가 확대되고 속도가 빨라진다는 이점을 가진다. 넓은 수평구조는 관리자 특히 교감의 넓은 안목과 업무 처리 능력이 바탕이 되어야 한다. 개별 업무 담당교사와 직접적인 파트너십을 구축할 수 있어야만 효율성을 발휘할 수 있다. 권한 위임의 깊은 피라미드 구조나 개별교사와 교감의 파트너십을 중심으로 한 넓은 수평 구조 모두 장단점은 있을 것이다.

수평 구조는 의사소통이 왜곡될 수 있는 단계를 줄여서 정보흐름을 원만히 함으로써 조직효율성을 개선하겠다는 것이고, 다른 하나는 교육현장과 현실과 가장 가깝고 실천가능한 의사결정을 할 수 있는 분권적 의사결정구조를 만든다는 것이다. 조직효율성과 대응성을 향상시켜야 한다는 것이다. 조직의 혁신은 업무축소의 혁신을 통해서 먼저 일어난다.

어느 구조가 혁신에 가깝다기보다 학교는 이 두 구조 모두를 탄력적으로 활용하여 장점을 수용할 필요가 있다. 결국에는 공동의 사고를 통하여 바람직한 방향으로 나가는 것이 목적이고 그것이 혁신이기 때문이다.

어느 쪽이든 교사가 수업에 집중력을 향상시키고 학교가 관료적이거나 업무지향적으로 운영되는 것을 방지하는 것이 중요할 것이다. 관리자와의 관계성은 업무 중심에서 학생 또는 수업중심으로 재정립되어야 한다. 그것이 학교의 본질에 가깝기 때문이다.

어느 학교의 혁신학교 신청서에는 수업을 강조하겠다는 목적 아래 무수한 사업들이 교사를 바쁘게 하는 듯했다. 물론 그 학교는 협력과 대화를 통해 개선해 나가고 있다고 들었다. 학교의 혁신이 수업을 잘하기 위한 기반을 갖추기 위해 교사의 시간을 빼앗는다는 느낌이 들 정도이고, 이러한 디자인은 과거 연구학교와 차별성이 없다. 결국 원점으로 돌아와 이전에는 교장을 중심으로 학교의 중심적 직책을 맡은 이들이 수행했던 방식과 거의 같은 방식을 신념이 공유된 몇몇 젊은 교사들 중심으로 수행된다는 차이만 가질 뿐하는 일에 차이는 거의 없게 된다. 기존의 학교 체제 내에서 혁신학교 운영을 위한 비교적 독립적인 영역에서 그들만의 리그가 형성되고 또 하나의 학교가 운영된다. 교사들은 수업에 충실하기 위한 내적 자원이 부족한 것인지에 대해 심각한 고민을 가져야 한다. 내적 자원은 발견하고 회복해야 하는 문제일 뿐이다. 결국에는 과연 자신을 혁신할 의지와 그러한 변화의 경험을 가진 존재인지를 먼저 성찰하여야 할 것이다.

모든 구성원이 혁신이라는 하나의 가치와 마인드에 공감하는 것은 불가능한 일이다. 운영상의 갈등도 불가피한 일이다. 혁신을 위한 제정은 공동체 형성을 위한 세금이 아니라 학생의 수업 개선을

298

위한 국민들의 지원금일 뿐이다. 이미 언급되었듯이 공동체에 응종하라는 압력은 위장된 친밀감을 형성할 수 있을 뿐이다. 학교가 지닌 장점은 보이지 않는 곳에서 열성을 가지고 묵묵히 수업에 충실히 임하는 교사들이다. 학교는 가지지 않는 것을 가지기 위해서 너무 많은 출혈을 일으켜 수업에 쏟을 에너지를 상실할 위기를 맞아서는 안 된다. 지금 여기서 실천할 수 없는 것이라면 미래에도 실천할 수 없다. 우리는 그라민 은행의 실천력을 상기해야 할 것이다.

수업에 충실하기 위해서는 무엇을 해야 하는 것보다 무엇을 하지 않아야 하는 것인지의 뺄셈의 디자인이 필요해 보인다. 수업을 잘하기보다 충실하기 위해서 혁신학교라는 제도와 이데올로기의 그 무엇을 알고 떠받들기 위해 다른 학교를 기웃거려야 할 필요성은 없다. 수업에 충실하기 위한 것은 이미 교사 자신과 학교 내부에 준비되어 있다는 사실을 자각하는 것이 혁신의 출발점이며, 그것의 외형적 디자인이 조직구조의 재구성이다. 그것이 교사 스스로 시간을 회복하는 일이고 조직이 교사에게 시간을 되돌려 주는 디자인이다.

◎ 학교 협의회 구성

'수업 중심의 학교'라는 실천은 누구나 이야기하지만 어느 학교 조직에서도 잘 실천하기 어렵다. 문제는 비전을 어떻게 실천할 것인가에 대한 접근이다. 수업을 중심에 두기 위해서 본교에서는 학교 전체 교무회의를 전폭적으로 간소화하였다. 다음은 담당자가 보낸 쿨메신저 메세지 내용이다.

2015학년도 교직원 협의회 안내입니다. 수업팀협의회 활성화를 위해 기타 교직원협의회를 축소 운영하니 업무 연락사항은 쿨메신저를 이용해 주시기 바랍니다.

1. 전체 협의회 : 매월 첫번째 월요일(단, 필요시 실시)

2. 수업팀장 협의회 : 매월 첫번째 목요일(단, 필요시 실시)

3. 수업팀별 협의회 : 매월 2, 4주 목요일 15시30분

4. 학교급별 협의회 : 매월 3주 월요일(단, 필요시 실시)

5. 기획협의회 : 월, 수, 금 8시30분

6. 학교발전 협의회(업무부장협의회) : 2개월에 1회(단, 필요시 실시)

◎ 수업협의회 운영

일반적으로 배움은 다양한 장소와 대상을 통해서 일어나지만 크게 주제에 관한 깊이 있는 정보를 제공할 수 있고, 특히 단시간 내에 많은 정보를 배울 수 있는 전문가, 학생, 동료, 자기기록으로부터 시작한다. 한 연구 보고에 의하면 교사들의 배움이 가장 많이 일어나는 곳은 초등은 동학년 교사, 중등은 같은 학교의 동교과협의회, 그 다음 순은 같은 학교 선배 또는 교장과 교감의 조언, 각종 연수 및 대학교수의 순이라고 한다. 아마도 같은 고민을 통하여

이야기 하는 과정 속에서 스스로의 답을 찾을 가능성이 가장 높다는 의미로 다가온다. 다음으로는 자신과 같은 고민을 미리 경험하고 다양한 방식으로 접근하였던 경험을 통해서 배운다는 의미일 것이다. 더구나 수업을 통하여 교사의 공동체 형성은 교사의 수업관 정립보다 중요한 가치이다. 교사의 관점을 개발할 수 있는 토대이기 때문이다.

수업협의회의 브랜드명은 '한솔수업이야기'이다. 이러한 조직 구성의 목적은 수업이외에 교사의 부담을 줄이고 수업협의회의 활성화를 위한 것이다. 수업공개와 수업협의회의 가장 큰 목적은 교사가 학교에서 가장 큰 에너지를 쏟을 곳은 수업현장에서 교사전문성의 신장이라는 인식을 가지는 것이다. 다음은 수업공개 방식과 수업협의회를 위한 담당자의 쿨메신저 메세지이다.

수업협의회에 대해 팀장님들께 알려드립니다. 이번 주 목요일에 팀끼리 모여서 '한솔 수업이야기'의 수업영상 공개 순서와 협의 장소를 정하여 금요일(3/13)까지 파일로 제출 부탁드립니다.

1. 수업영상은 정해진 협의회 날짜 전에 촬영하고 해당 날에 함께 모여 동영상을 보시기 바랍니다.
2. 수업협의회 날짜는 되도록 지켜 주시기 바랍니다.
3. 수업에 대해 자유롭게 이야기 하시고, 협의록도 자유롭게 작성하시면 됩니다. 학생 중심으로 수업을 보시고, 학생의 활동에 대해 이야기 나누시면 됩니다.
4. 협의록은 몇 가지 예시를 보냅니다. 자유롭게 대화형식으로

협의록을 작성하셔도 되고, A4용지에 논의된 내용을 사진 찍으셔서 제출하셔도 됩니다. 단, 직접 전달하는 번거로움을 줄이기 위해서 쿨박스에 올려 두시기 바랍니다.

5. 협의록은 쿨박스에 공유하겠습니다.

알려드립니다!

1. 수업협의회는 매월 2, 4주 목요일에 실시합니다.

2. 협의회 시 함께 모여서 해당되는 선생님의 동영상 파일을 함께 보시고 자유롭게 수업에 대해 이야기 해주시면 됩니다.

3. '한솔의 수업이야기'는 교내장학과 별개의 교사동아리 활동입니다.

4. 팀원 전원 연 6회의 수업공개가 원칙입니다.

4월을 맞이함에 따라 자기장학이 시작되었습니다. 수업촬영을 위해 필요한 휴대폰 거치대 및 마이크로 SD카드는 각 협의회 팀장님들께 나누어 드렸으니 필요하신 선생님들께서는 팀장님을 통하여 필요한 장비를 받으시길 바랍니다. 촬영 시에는 비행기모드(전화가 오면 녹화 중이던 영상이 STOP 됩니다)로 해주시고 화질은 1280*768 정도로 낮추어야 40분 촬영이 가능합니다. 더불어 학생들 모두를 찍을 수 있도록 확인 후 촬영 부탁드립니다.

수업공개는 다양한 방식으로 가능하지만 대개는 직접 교실수업을 참관하는 방식이 주류를 이룬다. 비디오를 통한 수업공개는 수업공개의 횟수를 증가시킬 수 있고, 참관을 용이하게 하는 다양한 장점을 가진다. 수업공개는 수업연구대회와 같이 자신이 고안한 수업을 공개 발표할 기회를 갖는 것이다. 교사로서의 남다른 수업디자인에 대한 공개는 자신의 능력을 입증하는 기회가 될 수 있다. 동료로부터의 피드백을 받는 일은 교사로서 수업에 자신의 강점을 피드백하여 보다 나은 발전의 기회를 삼는 계기가 되든지 약점의 지적을 통하여 보완하고자 하는 의지를 가지는 계기가 되든지 간에 심리적으로 매우 두려운 일이다. 사실 수업협의에서 극복해야 할 가장 중요한 것은 내면의 두려움인지도 모른다.

'수업협의회'는 행사나 업무보다 학교와 교사의 본질적 기능인 수업을 통한 학생의 성장을 바르게 보자는 목적을 가지고 업무 중심의 조직을 수업 중심의 조직 개편에서부터 진통을 겪고 시작되었다. 첫째, 기존의 해오던 익숙한 방식이 아니라는 점이다. 새로운 변화는 미지의 세계로 가는 여행과 같이 낯설고 두려운 것으로 새로운 적응에 심리적 스트레스는 누구나 느끼는 일이다. 둘째, 자신의 수업을 타인에게 노출해야 한다는 압박감이다. 보여지는 자와 보는 자의 권력적 관계가 성립된다. 동료교사들에게 보여주기 위한 수업에는 평소의 수업보다는 많은 준비가 필요하다. 셋째, 완벽한 수업은 존재하지 않고 수업 결과로 돌아오는 비판의 두려움이다. 넷째, 수업이후의 협의회에서 자신의 관점을 발표해야 한다는 부담감이다. 다수의 사람들이 모인 자리라면 간단히 자신의 소감만 피력해도 되지만 소인수 그룹이라면 이야기가 다르다. 자신의 관점과 수업을 본 다음의 자신의 경험을 이야기 한다는 것은 자신의 수업관과 수업에 대한 지식 총체를 드러내는 것과 같다.

"교수자는 자신의 수업을 비디오로 녹화해서 남에게 보여주는 것만도 큰 용기가 필요하다. 우리는 매일 하는 수업을 10년, 20년이 지나도록 단 한 번도 거울 보듯이 본 적이 없다. 일반적으로 사람들은 남의 단점을 무척 잘 발견합니다. 특히 교육자에게 이런 성향이 두드러집니다. 타고난 기질의 문제가 아니라 교육자 생활을 하다 보면 단점에 초점을 맞추는 습관이 몸에 배기 때문이다(조벽, 2012)."

이러한 부작용을 막기 위해 본교는 수업협의회 방식에서 몇 가지 안전장치를 제공하였다. 첫째, 촬영을 교사 중심으로가 아닌 학생들의 반응을 중심으로 촬영하는 것이다. 흔히 수업관찰은 교사를 중심으로 흐름을 읽는 경우가 많다. 이는 교사의 심리적 부담으로 작용하여 수업공개에 대한 기피 현상을 발생시킨다. 둘째, 학생이 무엇을 배우고 무엇을 원하는지와 무엇을 어려워하는지를 보는 것이다. 교사의 일방통행식의 주입식 교육이 아니라 학생이 현재 수업을 통해서 무엇을 얻고 변화되고 있는지를 살피는 것이다. 교사의 입장에서 의미는 있지만 학생의 입장에서는 다를 수 있다. 학생의 입장에서 배움을 살펴보는 것이 교사의 배움일 수 있다.

셋째, 교사의 활동을 보는 경우에 교사의 장점을 보는 것이다. 자신이 수업에서 배운 점만을 이야기 하면 된다. 교사의 장점을 보고 그 아이디어를 자신에 수업에 적용하여 실천해 보는 것이다. 단점은 자신이 그렇게 하지 않으면 된다. 단점을 동료교사에게 알려주는 것이 수업참관자의 역할이 아니다. 수업 공개와 협의를 통한 서로 간에 불쾌한 마찰은 최대한으로 줄일 필요가 있다. 상대 단점의 지적은 대처방안을 포함하여 하며, 추후 조언에 대해 충실한 책임이 수반되어야 한다. 넷째, 이러한 안전장치를 소개하지만 최종적으로 그러한 수업관찰의 틀을 적용하는 것은 교사의 선택과 결정에 달린 문제라는 점이다. 좋은 방법은 스스로 체득하여 알아가야 하는 것이지 누가 강요할 문제는 아니기 때문이다. 교사들의 부담을 줄이기 위한 수업관찰 방법은 반드시 이 방법이 최고라는 또 다른 도그마로 변질 될 우려를 사전에 예비하는 것이다. 그렇게 되면 방법을 제시하는 사람과 따르는 사람간의 또 다른 대립관계가 형성이 되고 따르는 사람에게 저항감은 필연적으로 수반되기 마련이다. 가장 좋은 수업협의회는 지식을 배우는 것이 아니라 서로 간에 자신의 교사로서 고민을 터놓고 이야기 할 수 있는 관계를 만드는 장이 되어야 하는 것이다.

이러한 맥락 속에서 "학교장들이 학교에서 대부분의 활동을 통해 강조하는 것은 교육 활동 즉 수업이다. 그러나 대부분 강조하는 말로 그치는 경우가 많다. 대개의 학교장이 수업에 대해서는 관심이 있지만 수업을 하는 것에 까지는 직접적인 관심을 기울이지 못한다. 즉, 학교장의 교육활동, 수업에 대한 관심은 그 활동의 관리 및 운영과 관련된 행정적인 차원에서의 관심이지 실제 수업의 내용 및 방법과 관련한 교육적인 차원에서의 관심은 아니다(오영재, 2013)."

학교장은 판을 까는 것에 더 많은 관심을 가지지만 실제의 수업에는 각자 자신들이 책임지는 것이라는 정도로 생각하고 있다. 중등학교장의 수업 리더십은 학교 전체 차원, 학년 및 교과 차원, 교실 차원으로 갈수록 간접적으로 접근한다. 수업 리더십 중 가장 미시적 차원인 교실 수업에 관해서 위임적 리더십을 가진다. "학교장이 개별 교사들의 수업을 관찰하거나 해당 수업과정이나 내용에 대해서 구체적인 조언과 지침을 주는 행동과 같은 수업지도성은 사실 중등학교에서 흔하지 않다(오영재, 2013)." 그 이유는 교과의 전문성의 벽과 수업 리더십 행동에 대한 부정적인 인식으로 저항이 강하다. 누구나 알고 있지만 누구도 이야기 하지 않는 입시절대주의에서는 한가하게 수업을 논할 수 없다. 수업에서 학생의 문제풀이 능력 향상 이외에 귀중한 다른 무엇은 없다. 교사도 이 가치에 충실해야 한다.

현실적 한계도 분명히 존재한다. 학교장은 전체 수업을 관리, 감독할 위치이기에 교사들의 모든 수업을 일일이 보고자 하는 별도의 노력 없이는 교사의 수업에 대한 총평이 불가능하다. 표면적이고 의례적인 수업 강조가 아니라 교사들이 체감할 수 있는 정도의 실질적인 수업 강조의 경우에 4~50명 이상의 교사 수업을 관찰한다는 것은 매우 어려운 일이다. 교사의 수업을 일일이 보는 일이 실천되어야 학교 운영의 명실상부한 우선순위로 수업의 위상을 세울 수 있다.

특히, 말뿐인 수업 우선을 내세우는 경우에는 학교 운영에 대한 비전과 철학에 대한 교장의 이미지는 표리부동한 존재로 전락해 버리는 경우가 많아서 교사들에게 오히려 부정적으로 다가서기도 한다.

학교의 모든 기능을 교사가 수업에 집중할 수 있는 여건으로 만들고자 노력하는 것이 학교의 혁신이다. 기본으로 되돌아간다는 의미에서의 혁신이 아니다. 교육의 현실이 왜곡되어 있고 왜곡을 바로잡는 것일 뿐이다. 학교는 학생이 중심에 서야 한다. 지금 다양한 대안교육이 점차 자리를 잡아가는 이유도 학교에 학생들이 다양한 이유로 행복하지 않다는 것에 있다. 우선은 시급히 학교가 교사가 수업 시간외 자신들의 에너지를 자신의 전문성을 확립하고 미래를 디자인할 수 있도록 배려하여야 한다.

◎ 수업협의록의 공유

수업관찰에 활용되는 체크리스트는 다양한 양식이 있긴 하지만 더 바람직한 것은 관찰자 개인의 관점으로 만든 체크리스트를 활용해 보는 것이다. 한 학생만을 집중적으로 보는 방법을 사용하는 것은 개인 간 차가 심한 경우에 적용 가능한 방법일 수 있다.

동료의 수업동영상을 미리 보고 오던지 아니면 같이 모여서 보던지 크게 문제가 되지는 않으나 협의회에서는 교사 개인의 이야기(관점)를 준비하여 나누는 것이 중요하다. 자신의 관점을 분명하게 찾아가는 것은 자신의 스타일을 찾아가는 것이기 때문이다.

수업협의록은 교사가 읽히는 존재에서 읽는 존재로 변화되는 것을 의미하며 다시 읽는 존재에서 쓰는 존재로 변화해 나가는 것을 의미하고 있다. 그런 의미에서 수업협의록에는 읽기, 경청하기로써의 듣기, 말하기, 쓰기의 활동이 포함되어 있는 것이다.

수업을 통한 배움은 첫째, 교사의 수업 읽기 둘째, 교사들 간의 수업에 대한 의견 나누기 셋째, 수업협의에 대한 기록하기로 크게 구분된다.

'수업읽기'를 통해 구성된 개인의 관점은 다시 '수업나누기'에서 교사들의 수에 비례하여 증폭되며 다양한 의견을 나눌 수 있는 자리이다. 그러나 너무 많은 수의 팀 구성은 오히려 의사소통을 방해할 수도 있다. 주어진 시간에 모두가 빠짐없이 자유롭게 의견을 나누려면 팀구성 인원은 매우 중요한 요소이다.

첫째, 수업협의록 작성자의 문제이다. 수업협의 방식과 협의록 작성자 선정을 포함한 모든 결정은 각 팀별로 의견을 모아 정할 수 있다. 협의록을 작성한다는 것은 일종의 연구라고 할 수 있기에 그 의미는 매우 크다. 협의회에서 개진된 내용을 단순히 적는다는 것을 넘어서 연구관찰자의 입장에서 사실을 기록한다는 의미를 가진다. 수업을 읽고 수업을 통한 논의점을 적어나가는 것은 수동적 독자의 입장에서 능동적 작가나 연구자의 입장으로 전환하는 것을 말한다.

둘째, 수업협의록의 공유는 여러 교사가 모여 한정된 시간에 다양한 의견을 개진하기에 부족한 점을 보완할 수 있다. 수업협의록을 읽는다는 것은 다양한 관점을 학습할 수 있다는 의미를 가진다. 공유되지 않는 수업협의록은 열어보지 않은 책과 같다. 누구나 볼 수 있다는 점에서 민주적이다. 논의와 토론은 교사 개인의 수업 행위가 비록 선의에 기초하고 있을지라도 상황의 모든 측면을 지각할 수 없고 통제할 수 없기에 정당한 비판이나 의견의 제시는 제한적 시각을 보완해줄 수 있는 계기가 된다. 수업협의록의 공유는 학생과 관련한 다양한 관점과 모든 의견의 공유를 말한다. 공유는 공유하지 않으려는 폐쇄성의 탈피를 의미하는 것이지 관리자들에 대한 제출을 의미하는 것은 아니다. 기존의 학교는 이러한 의견의 발표에 무척 제한적이기에 이를 극복하는 것이 곧 공동체의 회복이며 참여를 의미한다. 공유된 가치는 수업의 중요성이며 그것이 일어나는 일상적 장소가 동교과 등의 소규모 수업협의회이다.

셋째, 일반적으로 수업평가는 형식적 체크리스트와 짧은 총평으로 끝나는 경우가 많다. 수업협의회는 학생과 학교에 대한 고민을 이야기하고 교사의 일상을 논할 수 있는 만남의 자리이다. 수업협의를 계기로 동료와 학생을 이해하는 자리가 되어야 한다. 인간은 전체적이다. 교사 개인에게서 수업만을 독립적으로 들어낼 수는 없다. 수업은 교사의 인격과 성품과 심지어 가족문화적 배경까지도 연결된 문제이다. 수업협의는 공감이 비판을 압도하는 열려있는 자리가 되어야 한다. 수업협의회에서 수업은 학생을 위한 수업이다. 학생의 이해는 매우 포괄적이다. 수학학습에 어려움을 겪는 학생의 문제는 수학에 한정된 문제가 아니라 학생의 삶에 문제이기에 그 누구도 수업 이외에 학생의 문제를 이야기 하는 것을 금지할 수 없다. 교사는 보다 학생의 표면적 학습문제를 넘어선 내면을 보는 눈을 길러야 한다. 학교의 수업협의회는 학생을 성장시킬 수 있는 교사의 자기계발이다. 또한 교사가 교직 생활을 통해 성취해야 할 것이 있다면 그것은 유일하게 자기 계발이다.

넷째, 수업협의와 수업협의록과의 관계는 구술문화와 문자문화를 연결하는 작업이다. 구술문화에 입각한 사고의 특징은 객관적 거리 유지보다는 감정이입적이고 참여적이다. "문자 문화의 '쓴다'는 것은 말을 공간에 고정시키는 일이다. 언어의 잠재적인 가능성이 거의 무한하게 확대되고, 사고는 고쳐 짜여 지게 된다. 상황으로부터 자유로운 언어라든가 자율적인 담론이 확립된다(이병혁, 1996)." 듣고 말하는 사회에서 읽고 쓰는 사회로 연결하는 것이다.

전통적으로 학교는 구술(口述)문화적 경향이 강한 반면에 기술(記

述)문화적 경향은 빈약한 편이다. "지적 독립성을 더 높이려는 노력은 내부적 장애에 부딪힌다. 교직의 기풍이 교사들로 하여금 교육에 관한 탐구에 관여하는 것을 방해하는 경향이 있다. 보수적인 경향에서는 전통적인 목표를 기존의 방법으로 실현하는 데 에너지를 집결해야 한다고 하며, 개인주의 성향은 함께 나누는 지식의 개념을 불신한다. 현재주의적 성향은 나중의 이익을 위해 현재를 희생하지 못하게 한다. 그러나 교사들이 지적인 측면에서 더 독립하고자 한다면 그들의 자아 의식에서 변화가 있어야 한다(Lortie, 1975)." 학교를 개선하고 학습을 촉진시키고 싶다면 교사는 먼저 자신과 동료의 수업을 이해해야 한다. "행동의 질은 이해의 질을 넘어설 수 없다(B. S. Cooper, L. D. Fusarelli, E. V. Randall, 2004)."

자기 수업의 회고를 포함한 교사 활동을 전반을 기록하는 교사 일상의 기록은 디자인으로 비유하자면, 기업에서 생산한 상품을 사용자가 자신만의 해석으로 담아내는 작업이다. 실제와 이론은 학교 사회에서 분리된 경우가 많다. 디자이너와 사용자의 분리와 유사하다. 교육적 이론을 현장에서 재해석하고 적용할 수 있다. 학교의 일상을 담아내는 것은 미리 계획된 길을 걷는 것이 아니라 자신만의 길을 찾아 걷는 활동이다. 일상은 여러 교사에 의해 풍부한 방식으로 재해석되고, 문제를 풀어내는 무한한 상상력이 펼쳐지는 공간이다. 일상을 재해석하는 다양한 시도는 생명력을 가지고 예측하기 어려운 창조적 조합물을 만들어 낸다. 그래서 창작과 창조 자체가 재충전이 된다. 단지 쓰기 학습을 할 수 있는 시간적 여유와 문화적 여건이 필요할 뿐이다.

수업을 통한 배움은 크게 첫째, 교사의 수업 읽기, 둘째, 교사들 간의 수업에 대한 의견 나누기, 셋째, 수업협의에 대한 기록하기로 구분된다. '수업읽기'와 '수업쓰기'는 병행된 일이다. '수업읽기'를 통해 구성된 개인의 관점은 다시 '수업나누기'에서 교사들의 수에 비례하여 증폭된다. 다양한 의견을 들을 수 있는 자리이다. 그러나 너무 많은 수의 모둠회의는 오히려 의사소통을 방해한다. 우리는 무언가를 전달하고 싶고 전달한 내용을 알고 싶어한다. 즉 해독하여 의미를 알고 싶어한다. '수업읽기'와 '수업쓰기'사이에는 '수업나누기'라는 수업에 대한 의사소통이 들어 있다. 의사소통이란 의사전달이나 의사표현이 아니라 반드시 소통이라는 총체적 활동을 수반해야 한다. 의사소통은 상호주관적이다. 의사소통의 입장에서는 전달자의 역할과 수용자의 역할을 동시에 또는 번갈아 수행하여야 가능하다.

학교의 학습에서 읽고, 듣고, 쓰고, 말하기 중에서 읽기라는 수용은 쓰고 말하는 표현이 목표이다. 듣는 것은 말하기를 위한 것이고, 읽는 것은 쓰기를 위한 것이다. 학교에서 학습을 하는 이유는 보편적 진리를 찾기 위한 것이 아니라 자신의 삶을 찾기 위한 것이다. 자신의 삶이라는 관점을 정립하는 것이 문제이다. 듣고 읽기의 궁극적인 목표는 쓰기, 토론하기, 그리고 가장 중요한 실천하기이다. 진정한 배움이 형성되지 않는 것도 항상 듣기와 읽기의 수준에만 그치기 때문이다.

교사들의 수업협의회가 활성화되지 못한 이유도 읽기와 듣기 위주의 학습에 매몰된 과거 때문이다. 여기서 듣기는 적극적 경청의 듣기가 아니라 수동적 듣기이다. 요즘과 같이 인터넷만 보고 독서를 하는 사람도 드물지만 읽고 듣기의 방식은 쓰고 토론하기에 비하여 표피적인 편이다.

학교에서 쓰고 토론하기에 성적을 매기기는 매우 어렵다. 질적 평가 자체에도 매우 까다로운 난제가 도사리고 있지만 더 문제는 채점자를 신뢰하지 못하는 것이다. OMR카드에 마킹된 객관식 답을 양적으로 기계가 채점하는 것은 누구도 신뢰할 수 있는 일이지만 주관식 답이나 논술을 채점하는 것은 무척이나 신뢰하기 어려운 불신의 사회이다. 학교에서 성적을 매기고 우열을 가려 줄을 세우는 데는 객관식의 OMR 채점 방식을 따라 올 것이 없다. 이러한 측면에서 입학사정관제는 주관식 문화이고 신뢰성을 얻기 어렵다. 신뢰가 없는 것이 아니라 신뢰도가 떨어진다. 자기가 적은 답은 기계가 판독하는 것이 가장 신뢰 있게 수용된다.

서로를 신뢰할 수 없는 사회와 평가에 대한 어려움이 더해져 쓰기와 토론하기는 학습의 방식에서 점차 멀어져 교직 사회에도 전염이 되어 있다.

독해력이란 단순히 문장을 읽는 능력을 의미하는 것이 아니다. 수업독해력의 첫째는 수업을 보는 균형 잡힌 관점이다. 수업의 어느 한 요소가 치중되거나 부족해서는 균형 잡힌 수업이 될 수 없고 이러한 균형을 파악하고 읽어낼 수 있는 시각이 필요하다.

둘째, 그러한 균형적 관점위에서 자신의 철학이 가미된 관점으로서 수업 독해력이 요구된다. 이러한 수업을 읽는 능력으로써 수업 독해력은 곧 수업을 읽고 견해를 적는 능력으로써 수업 문해력으로 연결된다.

학교, 특히 대학은 이제 지식을 전수하는 기관에서 지식을 생산하는 기관으로 변모하고 있다. 창의융합적 인재는 지식을 생산하는 인간이다. 그러한 인재를 기를 수 없는 학교와 교사는 시대에 맞지 않다.

수업협의회는 결국 자신들의 스스로의 이야기를 만들고 서로 공유하는 것이다. 이것은 교사들만의 스토리텔링이고 인문학이다.

◎ 수업협의회 컨설팅

"한솔수업이야기 관련해서 알려드립니다. 이번 주부터 본격적으로 수업협의회를 실시(4/9~)하고, 수업협의회에 교장, 교감선생님이 랜덤으로 참여할 것이며 3~4일 전에 알려드리겠습니다."

교장이나 교감이 수업협의회에 참석한다는 것은 수업협의회가 진지하게 질적 수준을 유지하는지에 대한 감독으로 오인되고, 대개 관리자를 동료라고 받아들이는 경우는 없기에 수업협의회는 위축되기 마련이다. 그러므로 수업영상을 보고 수업협의록을 검토하여 수시로 기록하는 방법이 적절하다. 아무리 좋은 충고나 조언이라도 수평적 관계가 아니라면 그 자체가 주는 자와 받는 자 간에 대립적 상하관계의 반영으로 느껴진다. 마지막으로 칭찬을 포함하여 충고나 조언이 기다려주는 방식이기 보다는 독촉하는 방식이다. 교사는 수업협의회에서 듣고 바로 자기 수업에서 실행하지 않는다. 장점을 찾고 단점을 보완하는 것은 자신의 수업을 여러 번 읽는 활동을 통해서 이루어진다. 슈퍼바이저의 인내심과 애정 어린 무관심이 필요하다. 만약 가르쳐야 할 것이 있다며, 교장이 교사들에게 보여주는 것 가운데 가장 중요한 것은 타인의 관점없이 스스로의 관점으로 수업읽기를 할 수 있도록 하는 것이다. 타인의 관점을 가진다면 어느 정도의 수준에 올라서기는 쉽다. 지식이 공허한 이유는 읽고 듣는 순간 그것이 안다는 느낌을 주게 되고, 그 이후에는 자기의 성장이 멈추기 때문이다. 자신의 관점을 확립하는 것은 혼자만의 기나긴 숙고와 사색의 결과이다. 또한 처음에는 모방이나 거인의 어깨 위에 올라가 더 멀리를 보는 경험이 필요할 것이다.

우리는 교사가 어떻게 배우고 있는가에 주목해야 한다. 수업을 실천하는 교사는 성장의 가능성을 가지고 있는, 스스로 유의미한 학습을 만들어나갈 수 있는 존재로 인식해야 한다. 교사들이 감독받아야 하는 미성숙한 존재로 간주된다면 교사들에게 많은 내용을 알려주어야 하고, 정답을 가르쳐주고, 교사는 정답을 그대로 받아들여야 하는 존재일 것이다. 교사들의 수업협의회는 필요가 없게 되고 수업을 관찰하는 보다 높은 수준의 슈퍼바이저가 지적하는 단점을 고쳐야 하는 존재로 하락하게 된다. 끊임없이 성숙한 존재의 도움을 받아야 하는 미숙한 존재라는 이러한 상하관계는 교사와 학생의 관계에서 다시 반복된다. 교과서와 참고서에 시선을 거두어 학생들이 지금 어떻게 배우고 있는지를 주목해야 한다. 끊임없이 읽고 읽기를 반복하여 학생들의 변화를 찾아내야 한다.

Hargreaves(1994)는 협력적인 문화 대 '인위적인 동료간의 협조'를 구분한다. "협력적 문화에는 자발성, 발달적이고 개인적, 변화하고 역동적, 예측할 수 없는, 동료 지원 및 배려라는 용어들이 사용되고, 인위적인 동료 간 협조는 행정 규제적, 강제적, 집행지향

314

적, 시간과 공간의 고정, 예측할 수 없는, 억압적인 감독 등의 특성을 가진다. 진정한 팀워크는 강제하거나 명령하거나 혹은 강요할 수 있는 것이 아니며, 그렇게 할 경우 인위적인 동료간 협조가 된다. 교사들은 단기간의 프로젝트를 통해서 자신들의 교실 밖에서 아이디어를 기꺼이 공유하려고 하지만, 교실 문을 닫고 자신이 가장 적절하다고 생각하는 것을 가르칠 권리를 가지고 있다(B. S. Cooper, L. D. Fusarelli, E. V. Randall, 2004, 재인용)."

위장된 협조 관계는 저항의 외현적 표현이다. 학생이 교실에 출석하는 것과 수업에 참여하는 것이 다르듯이 협의회에 출석하는 것과 참여하는 것은 다르다.

타인이나 외부로부터 자극이나 강요에 의해 변하는 것은 단기간 빠른 변화를 보이기는 하나 개인이 능동적 주체로 작용하지 않기 때문에 지속가능성이 부족하다. 개인이 자기 변화의 능동적 주체로 자신 스스로의 변화를 주도하기 위해서는 서서히 자신을 성찰하고 지켜보는 시간을 주어야만 가능하다. 스스로 서서히 장점은 찾고 단점을 보완하는 것은 자신의 수업을 자신이 여러 번 읽는 활동을 통해서이다. 대개의 교사가 학생의 변화를 이끌어내지 못하는 것은 못하는 점에 수업의 초점이 맞추어져 있기 때문이다. 이는 장학에서도 교사의 수업능력이 무엇을 못하는지에 맞추어져 있기 때문이다. 무엇을 잘하고 무엇을 잘 할 수 있는지를 찾아내는 것이 필요하다.

수업을 통해 무엇을 찾고 얻을 것인지는 각자의 문제이다. 동료와 자신의 수업이나 동료의 수업을 보면서 자신의 견해를 이야기하는 자리는 피동적인 자리가 아니라 능동적 주체로서의 자리이다.

일반적으로 교사의 요청에 의해 수업 자문을 하는 수업컨설팅은 많이 실천되는 방식이다. 수업컨설팅은 교사가 적극적으로 자신이 당면한 어려움이나 문제점을 컨설턴트에게 알리고, 그 문제를 해결하는 데 조언을 얻는 것에 목적이 있다. 수업협의회는 선생님들의 다양한 대화와 수업이야기를 자유롭게 하도록 권장된다. 그러나 팀별로 수업협의회에 대한 컨설팅을 요청하는 경우에는 교장은 즉각적으로 교사와 동일한 입장에서 교사의 학생에 대한 따스함, 존중감, 호감, 배려 등의 장점을 찾아 주는 예시적 코멘트를 전해준다. 교사가 자신의 가르치는 방식의 장점을 더욱 개발할 수 있도록 사전에 수업영상을 철저히 이해하고 참여한다. 교장이 수업협의회에 참석하지 않을 때는 수업협의록에 대한 코멘트를 전체에 공지하고 격려한다.

교사의 브랜드 디자인이란 "보이지 않는 것을 찾아내 보이게 만드는 것이다(엄주원, 2015)." 마찬가지로 이러한 과정을 통하여 교사 자신의 수업에서도 학생들에게서도 미세하게 일어나는 변화를 포착해야 한다.

수업협의회 컨설팅은 수업협의회를 축복하는 자리이고 수업협의회는 수업을 축복하는 자리이다.

ò 맺음말

학교는 수업이 바로 서면 모든 문제는 스스로 해결된다. 학교의 주된 역할이 수업이기 때문이다. 주인이 없는 곳에 객이 주인행세를 하게 된다. 수업이 바로 서지 못하는 원인이 자신에게는 전혀 없는 것인지를 먼저 자문해 보아야 한다. 비판적 물음을 통해서 익숙하던 생각의 패턴에서 한 발짝 거리를 두고 검증 과정을 통해 생각의 주인 자리를 찾는 것이 디자인사고이다.

어떤 현상에 대한 책임은 누구 한 사람에게 집중되어 있는 것이 아니라 그 조직문화를 구성하는 모든 이들의 책임이다. 더욱 불행한 것은 분산된 책임은 누구의 책임도 아니라는 점이다. 뿌리가 제자리잡기까지는 시간이 필요한 일이다.

학교교육디자인의 리더십은 전반적으로 나음보다는 다름을 추구하는 모습이 특징적이다. 브랜드이든 리더십이든 '자기다움'은 결국 '아름다움'으로 귀결된다. 자기다움을 추구할 때는 결코 관객인 학생들을 놓치지 않는다.

디자인이란 참여하지 않으면 디자이너에 의해 만들어진 상품과 서비스에 자신을 맞추어야 하는 현실이 기다린다. 이는 항상 어린이의 눈높이를 강조하며 장난감을 만드는 어른 디자이너와 어린이 사용자의 관계와 같다. 대개는 어린이의 필요와 욕구에 부응하지만 물질로부터 우리 자신이 소외되는 모습이기도 하다. 물질과 서비스로부터 소외는 궁극적으로 자기 자신의 전일적인 존재로부터 소외로 접어들게 된다. 누군가 다른 타인이 나를 소외시키는 것이 아니다. 나를 존재계로부터 소외시키는 것은 우리 자신일 뿐이다.

인류의 역사가 시작된 이래로 인간이 만든 기술과 디자인, 제도와 서비스에서 따뜻한 인간미가 결여된 순간 인간을 위한 디자인이 아니라 인간을 해치는 무기가 된다. 무기와 디자인의 차이는 근소하다. 과정을 무시한 결과는 항상 위험하다. 항상 결과에 치중하여 과정을 무시하는 것은 우리의 욕망이다. 현실에서 천국의 건설은 어렵지만 지옥의 출현은 한 순간인 경우가 많다. 아름다움은 매우 연약하다. 상처입고 연약해야만 비로소 성장이 가능하다.

디자인의 세계에 긍정적인 모습 중에는 자신에게 필요한 물건을 직접 자신의 힘으로 제작하는 것에서 자신의 미래를 자신의 힘으로 설계하는 것까지이다. 매우 힘들지만 불가능한 일도 아니고 항상 열려있는 가능성의 상태이다. 민주주의에서 투표를 통한 정치에 참여도 이러한 측면의 하나이다. 우리는 지금은 낡고 허물어져가는 공교육이 18세기 당시로서는 역사상 위대한 혁신이라는 사실을 다시금 상기해야 한다.

능동적 참여의 또 다른 형태는 자기로부터 혁신이다. 너무나 많은 자기계발의 강요 속에서 매몰되어 간다. 자기계발의 다양한 가르침들은 우리를 수동적 존재로 몰아간다. 타인의 가르침을 신봉하거나 타인을 가르치려 드는 것이 아니라 나 자신이 스스로 실천하는 자세가 필요하다. 이것은 외부의 주어진 틀에 자신을 맞추는 것이 아니라 그러한 예시가 자기의 방식으로 충분히 가능하다는 사실을 직시하는 것이면 충분하다. 이 책도 그러한 방향 중 한 예시일 뿐이다. 우리는 칼 로저스의 가르치려 들지 말라 그러면 스스로 알아 갈 것이다는 인간 긍정의 입장에 위치하여야 할 것이다.

이 책의 표지는 나무이다. 모든 자연의 생명은 불연속적인 변화를 통해서 성장한다. 애벌레가 고치를 통해 나비가 되고, 씨앗이 땅속을 뚫고 나무가 된다. 침묵 속에는 신비가 자리하고 있다.

중국미학에서 사혁(謝赫)은 육법(六法)중에서 기운생동을 매우 중요한 가치기준으로 강조한다. 동기창(董其昌)은 행만리로 독만권서(行萬里路 讀萬卷書)를 통해서 기운생동의 성취에 근접할 수 있다고 한다. 만리의 길을 여행하는 것이 나와 신념이 다른 이방인을 만나는 것을 의미한다면 만권의 책 역시도 외부의 여행과 같이 내면으로의 깊은 사색의 여정을 필요하다는 것을 말한다.

이러한 여정은 우리 주변 자연에서도 흔히 관찰될 수 있다. 그 가장 대표적인 예가 이 책의 표지처럼 나무이다. 나무도 나비의 누에고치와 같은 상징적 집을 짓는다. 땅속에서 오랜 시간속의 침묵을 거치고 오로지 자신의 힘만으로 새롭게 나무로 태어나는 여정을 거친다. 나무가 성장하기 위해서는 보이지 않는 땅속에서 그 뿌리를 끊임없이 내려야 한다. 깊은 침묵의 겨울을 보내고 봄에 여린 잎을 내어 놓는다. 나무의 뿌리가 깊으면 깊을수록 줄기가 높이 뻗어 올라가듯이 구심적이고 모성적 정서성이 충족될수록 원심적이고 부성적인 도전 의지가 강해질 수 있다. 전자를 교육적 감성에 비유하자면 후자는 교육적 상상력에 비견될 수 있다. 사람도 자신만의 깊은 사색의 여정을 통과하지 않으면 신비를 체험할 수도 없다. 나무는 매번 풍성한 잎을 떨구고 침묵의 겨울을 보낸다. 이 책의 학교교육디자인도 이러한 측면이 매우 부각되어 있다. 나무는 아름답고 자유로운 영혼을 가진 새들이 깃드는 집이며 학교의 모습 그 자체이다. 인간은 결코 새장 속의 새가 아니다.

참고 문헌

강수돌(2015). 여유롭게 살 권리. 서울 : 다시봄.

강준만(2015). 생각의 문법. 서울 : 인물과 사상사.

강준만(2015). 개천에서 용 나면 안 된다. 서울 : 인물과 사상사.

경노훈(2003). 경영에 성공하려면 기업이미지를 디자인하라. 서울 : 이손.

고병헌, 김찬호, 송순재, 임정아, 정승관(2009). 교사 대안의 길을 묻다. 서울 : 이진.

교육정책네트워크연구실편(2011). 교육시설디자인 : 교육적 요구에의 부응 및 한국교육에 주는 시사점. 한국교육개발원.

곽영순(2014). 교사 그리고 질적 연구. 파주 : 교육과학사.

권영걸(2013). 나의 국가디자인전략. 파주 : 김영사.

김경집(2015). 엄마 인문학. 파주 : 꿈결.

김동준(2013). 비저블 이펙트. 파주 : 지식공간.

김정운(2014). 에디톨로지. 파주 : 21세기북스.

김정원(2012). 한국 교사 생애단계의 특징과 교원정책에의 시사점. 한국교육개발원, 제9권, 제4호.

김정태 외 5인(2012). 인간 중심의 기술 적정기술과의 만남. 서울 : 에이지.

김준석(2011). 근대국가. 파주 : 책세상.

김성천, 서용선, 오재길, 홍섭근(2015). 교사는 어떻게 살아야 하는가. 서울 : 맘에드림.

김원식(2015). 배제, 무시, 물화. 파주 : 사월의책.

김영찬(2013). 디자인+철학. 서울 : 사곰.

김용(2013). 교육개혁의 논리와 현실. 파주 : 교육과학사.

김용섭(2014). 의자는 말한다, 우리 모습 담는 멋진 그릇이라고 당신의 의자. 주간동아 2014.06.09. 941호(p70~71).

김용일(2014). 한국 교육개혁 정치학. 서울 : 학지사.

김지훈(2014). 서울시 총괄건축가란 이름으로 대중 앞에 선 승효상. 국민 일보 2014-10-22.

김진우(2015). 경험디자인. 파주 : 안그라픽스.

나 건 외 8인(2014). 농사와 디자인. 서울 : 컬처코드.

모기룡(2015). 왜 일류의 기업들은 인문학에 주목하는가. 파주 : 다산초 당.

박명섭(2012). 교육의 배신 내몰리는 아이들. 고양 : 지호.

박영숙 외(2012). 한국 교사의 학교생활·문화 개선 연구. 한국교육개발 원.

박철홍, 김병주(2007). 교육윤리가 바로 서야 나라가 산다. 파주 : 교육 과학사.

백강녕, 안상희, 김동철(2015). 삼성의 CEO들은 무엇을 공부하는가. 서울 : 알프레드.

사카이 나오키坂井直樹(2005). 디자인의 꼴: 물건의 진화론(essays on design). 정영희 역(2008). 디자인하우스.

사토 마나부, 한국배움의공동체연구회(2014). 교사의 배움. 서울 : 에듀 니티.

사토 마나부. 교사의 도전 배움이 달라지는 수업 철학. 손우정 역(2013). 서울 : 우리교육

서근원(2012). 학교혁신의 길. 서울 : 강현출판사.

서정호, 프롬나드디자인연구원(2012). Promenade Design. 2: 감성을 디자 인하다. 서울 : 한국학술정보.

성태제 외 12인(2012). 최신 교육학 개론. 서울 : 학지사.

소셜미디어연구포럼(2012). 소셜미디어의 이해. 서울 : 미래인.

심상욱(2014). 특수학교 조형예술교육. 파주 : 카오스북.

심상욱, 김미영(2015). 학교디자인. 파주 : 퍼플.

정경원(2013). 욕망을 디자인하라. 서울 : 청림출판.

정경원(2006). 디자인경영. 서울 : 안그라픽스.

정범모(2012). 한국교육의 신화. 서울 : 학지사.

정범모(2010). 교육의 향방. 파주 : 교육과학사.

조벽(2012). 수업 컨설팅. 서울 : 해냄출판사.

진동섭, 홍창남, 김도기(2011). 학교경영컨설팅과 수업컨설팅. 파주 : 교육과학사.

진형준(2010). 상상력 혁명. 파주 : 살림출판사.

엄기호(2014). 교사도 학교가 두렵다. 서울 : 따비.

엄주원(2015). 이유 있는 디자인. 파주 : 두성북스.

오세훈(2010). WDC 세계디자인도시서미트, 개회식 환영사 연설문. 2010년 2월 23일.

오정호(2015). 대중 유혹의 기술. 파주 : 메디치미디어.

오욱환(2013). 교사 전문성. 파주 : 교육과학사.

오영재(2009). 한국의 중등학교 문화와 교육정책. 서울 : 문음사.

우지 도모코(2011). 디자인력. 정선우 역(2012). 서울 : 인그라픽스.

우치다 타츠루(2007). 하류지향. 김경옥 역(2015). 서울 : 민들레.

윤성환(2015). 북리뷰 중독조직. 조선비즈 2015. 9. 3.

이민주(2015). 지금까지 없던 세상. 서울 : 쌤앤파커스.

이병담(2013). 설계와 디자인은 글로 쓰지 않는 소설이다. 파주 : 미세움.

이병욱(2008). 창조적 디자인 경영. 서울 : 국일미디어.

이병혁(1996). 한국인의 일상문화. 서울 : 한울.

이병훈(2002). 문화 속에 미래가 있다. 서울 : 디자인하우스.

이어령(2015). 가위바위보 문명론. 파주 : 마로니에북스.

이어령, 임헌우 외(2014). 인문학 콘서트1. 서울 : 이숲.

이인석(2015). 조직행동이론. 서울 : 시그마프레스.

이정선, 최영순(2009). 초등학교문화의 이해. 서울 : 양서원.

이재국(2012). 디자인 문화론. 파주 : 안그라픽스.

이호창, 여민우, 최정환(2014). 유니버설 디자인의 이해. 서울 : 일진사.

이충현(2011). 리더의 불편한 진실. 파주 : 이담북스.

이혁규(2015). 한국의 교육 생태계. 서울 : 교육공동체벗.

임마누엘 페스트라이쉬(2013). 한국인만 모르는 다른 대한민국. 파주 :
    21세기북스.

임종수(2014). 학교생활 필수법률. 서울 : 계백북스.

차인석(2013). 우리 집의 세계화(Essais Sur La Mondialisation De Notre
    Demeure Vers Une Ethique Transculturelle). 진형준 역(2015). 파주
    : 문학과지성사.

천세영, 남미정(2004). 교사와 윤리. 서울 : 원미사.

천재교육 매거진부(2012). 학교가 희망이다. 서울 : 천재교육.

채홍미, 주현희(2014). 퍼실리테이터. 서울 : 아이앤유.

최경원(2014). 디자인 인문학. 서울 : 백도씨.

최준식(2014). 행복은 가능한가? 서울 : 소나무.

최진석(2015). 생각하는 힘. 파주 : 위즈덤하우스.

최재훈(2014). 내가 모르는 내 아이. 서양선 모유수유·어부바 등 한국식
    양육 유행. 조선일보, 2014.11.27.

최유진, 장재혁(2014). 세계 최고의 학교는 왜 인성에 집중할까. 파주 :
    다산북스.

표현명, 이원식(2012). 서비스디자인 이노베이션. 서울 : 안그라픽스.

하라 켄야原研哉(2011). 내일의 디자인 미의식이 만드는 미래(日本のデザ
    イン 美意識がつくる未來). 이규원 역(2014). 서울 : 안그라픽스.

하지현(2014). 소통, 생각의 흐름. 서울 : 해냄출판사.

허욱(2013). 핵심가치(Core Values). 파주 : 이콘.

한국교육개발원 미래교육기획위원회(2011). 한국교육미래비전. 서울 : 학

지사.

한국교육연구네트워크(2014). 혁신학교에 대한 교육학적 성찰. 서울 : 살림터.

한국교육정치학회 편(2014). 한국 교육개혁 정치학. 서울 : 학지사.

한병철(2012). 피로사회. 서울 : 문학과 지성사.

함돈균(2015). 사물의 철학-질문으로 시작하여 사유로 깊어지는 인문학 수업. 서울 : 세종서적.

홍성태, 조수용(2015). 나음보다 다름. 서울 : 북스톤.

홍세화 , 우석훈, 강수돌, 강양구, 우석균(2008). 거꾸로 생각해 봐 세상이 많이 달라 보일걸. 파주 : 낮은산.

Alex Bentley, Mark Earls(2011). 모방사회(I'll Have What She's Having). 전제아 역(2015). 파주 : 교보문고.

Andy Hargreaves(2003). 지식사회와 학교교육(Teachong in the knowledge socoety). 곽덕주 외 6인 역(2011). 서울 : 학지사.

Andy Hargreaves, Dennis Shirley(2009). 학교교육 제4의 길(The fourth way). 이찬승, 김은영 역(2015). 서울 : 교육을 바꾸는 책.

Andy Hargreaves, Michael Fullan(2012). 교직과 교사의 전문적 자본 : 학교를 바꾸는 힘(Professional Capital. Teachers College Press.) 진동섭 역(2014). 파주 : 교육과학사.

Andreas Flitner, Hans Scheueri(2000). 사유하는 교사(Einfuhrung in padagogisches Sehen und Denken). 송순재 역(2012). 서울 : 내일을 여는 책.

Anne Wilson Schaef, Diane Fassel(2013). 중독 조직(The Addictive Organization). 강수돌 역(2015). 파주 : 이후.

B. S. Cooper, L. D. Fusarelli, E. V. Randall(2004). 좋은 정책 좋은 학교(Better policies, better schools). 가신현, 김병모, 박종필 역(2014). 아카데미프레스.

Carl Rogers, H. J. Freiberg(1994). 학습의 자유(Freedom to learn). 연

문회 역(2014). 서울 : 시그마프레스.

Christian Rittelmeyer(2006). 아이들이 위험하다 : 문화산업과 기술만능 주의 교육 사이에서(Kindheit in Bedrangnis). 송순재, 권순주 역 (2010). 서울 : 이매진.

Clandinin, D. J., Connelly, F. M.(2000). 내러티브 탐구(Narrative inquiry). 소경희, 강현석, 조덕주, 박민정 역(2011). 파주 : 교육과 학사.

Daniel Tudor(2014). 익숙한 절망 불편한 희망(Democracy delayed). 송정 화 역(2015). 파주 : 문학동네.

David Tyack, Larry Cuban(1995). 학교 없는 교육개혁(Tinkering Toward Utopia). 권창욱, 박대권 역(2013). 파주 : 럭스미디어.

David Bornstein(2008). 그라민 은행 이야기(The price of a dream : the story of the grameen bank). 김병순 역(2009). 파주 : 갈라파고스.

Dieter Rams(1984). Omit the Unimportant, in Design Discourse, Edited by Victor Margolin.

Donald A. Norman(1988). 디자인과 인간심리(The psychology of everyday things). 이창우, 김영진, 박창호 역(2014). 서울 : 학지사.

Donald, A. Noman(2011). 심플은 정답이 아니다(Living with complexity). 이지현, 이춘희 역(2012). 파주 : 교보문고.

EBS 학교의 고백 제작팀(2013). 학교의 고백. 서울 : 북하우스 퍼블리셔 스.

Eisner(2002). 예술교육론 : 미술 교과의 재발견(The arts and the creation of mind). 강현석 외 역(2007). 서울 : 아카데미프레스.

Emmer, E., Everson, C., Worsham, M.(2003). 중등교사를 위한 학급꾸리 기(Classrom management for secondary teacher). 오영재, 박종필 역 (2004). 서울 : 아카데미 프레스.

Francis Fukuyama(1990). 역사의 종말(The end of history and the last man). 이상훈 역(1992). 서울 : 한마음사.

Gary Keller, Jay Papasan(2012). 원씽(The one thing). 구세희 역 (2015). 서울 : 비즈니스북스.

Grant David McCracken(2010). 최고문화경영자(Chief culture officer: how to create a living, breathing corporation). 유영만 역(2011). 파주 : 김영사.

Heskett, J.(1980). 산업디자인의 역사(Industrial design). 정무환 역 (2012). 서울 : 시공사.

Huntington, Samuel P.(2013). Culture matters : how values shape human progress. 이종인 역(2015). 문화가 중요하다. 서울 : 책과함 께.

Jeff Jarvis(2011). 공개하고 공유하라(Public parts). 위선주 역(2013). 서울 : 청림출판.

Kelley Tom, Kelley David(2013). 유쾌한 크리에이티브(Creative Confidence). 박종성 역(2014). 서울 : 청림출판.

Kingdon, Matt(2012). 세렌디피티(The Science of Serendipity). 정경옥 역(2015). 서울 : 이담북스.

Lieberman, A., Miller, L.(2004). 교사리더십(Teacher Leadership). 황 기우 역(2009). 서울 : 학지사.

Lortie, D. C.(1975). 교직 사회(School teacher). 진동섭 역(1993). 서 울 : 양서원.

Martin, Roger L.(2007). 생각이 차이를 만든다(The Opposable Mind). 김 정혜 역(2008). 파주 : 지식노마드.

Martin, Roger L.(2009). 디자인 씽킹(Design thinking). 이건식 역 (2010). 서울 : 웅진윙스.

Mathew Lynch(2013). 학교 리더십의 이론과 실제 : 성공적 리더를 위한 지침서. 김이경, 최은옥, 한민석 역(2015). 파주 : 아카데미프레스.

Michael Shaw(2014). 타인의 영향력(Power of Others). 문희경 역(2015). : 어크로스.

Nick Davies(2000). 위기의 학교(The school report). 이병곤 역(2007). 서울 : 우리교육.

Noddings, Nel(2003). 행복과 교육(Happiness and Education). 이지헌, 김선, 김희봉 역(2008). 서울 : 학이당.

Neumeier, Marty(2009). 디자인풀 컴퍼니(The designful company). 박영선 역(2009). 서울 : 시그마북스.

Newton, L. H., Englehardt, E. E., Prichard, M. S.(2012). 당신의 선택은? 기업 윤리. 권루시안 역(2015). 서울 : 양철북.

Norman Potter(2002). What is a Designer: Things, Places, Messages.

Peters, R. S.(1966). 윤리학과 교육(Ethics and education). 이홍우, 조영태 역(2008). 파주 : 교육과학사.

Peter Bieri(2014). 자기결정(Wie wollen wir leben?). 문항심 역(2015). 파주 : 은행나무.

Peter Winterhoff-Spurk(2009). 바벨탑에 갇힌 세계화(Unternehmen Babylon). 배명자 역(2010). 파주 : 21세기북스.

Philllips, Donald T.(2005). 비전을 전파하라—신념의 CEO 링컨(Lincoln on Leadership). 이강봉, 임정재 역(2006). 서울 : 한스미디어.

Rashid, Karim(2006). 나를 디자인하라(Design Your Self). 이종인 역(2015). 서울 : 미메시스.

Rauterberg, Hanno(2008). 나는 건축가다. 김현우 역(2012). 서울 : 현암사.

Riverdale, IDEO(2012). 교육자를 위한 디자인 사고. 정의철, 김은정 역(2014). 서울 : 에딧더월드/MYSC.

Robert G. Owens, Thomas C. Valesky(2011). 교육 조직 행동론: 리더십과 학교 개혁(Organizational behavior in education: leadership and school reform). 김혜숙, 권도희, 이세웅 역(2012). 서울 : 학지사.

Russell Roberts(2014). 내안에서 나를 만드는 것들(How Adam Smith Can Change Your Life). 이현주 역(2015). 서울 : 세계사.

Roger Corner, Tom Smith(2011). 조직문화가 경쟁력이다(Change the culture change the game). 서상태 역(2015). 서울 : 아빈저연구소.

Sally Hogshead(2014). 당신을 보는 세상의 관점(How the world sees you). 홍윤주 역(2015). 서울 : 티핑포인트.

Scott Adams(2014). 열정은 쓰레기다(How to Fail at Almost Everything and Still Win Big). 고유라 역(2015). 파주 : 더퀘스트.

Shapiro, J. P., Stefkovich, J. A.(2011). 교육윤리 리더십(Ethical Leadership and Decision Making in Education). 주삼환, 정일화 역(2011). 서울 : 학지사.

Spiegel, Peter(2011). 대안경영(Eine bessere Welt unternehmen : wirtschaften im Dienst der Menschheit). 강수돌 역(2012). 파주 : 다섯수레.

Spiegel, Peter(2007). 휴머노믹스(Eine humane Weltwirtschaft). 홍이정 역(2009). 파주 : 다산북스.

Stephane Vial(2010). 철학자의 디자인 공부(Court traite du design). 이소영 역(2014). 서울 : 홍시.

Strike, K. A., Haller, E. J., Soltis J. F.(1988). 학교행정의 윤리적 쟁점(The ethics of school adminstration). 김성열, 김기민, 곽창신, 장한기 역(1998). 서울 : 교육과학사.

Tom Kelley, David Kelley(2013). 유쾌한 크리에이티브(Creative Confidence). 박종성 역(2014). 서울 : 청림출판.

Tony Humphreys(1996). 선생님의 심리학(A different kind of teacher). 안기순 역(2009). 파주 : 다산북스.

Tony Juniper(2013). 자연이 보내는 손익계산서(What Has Nature Ever Done for Us?). 강미경 역(2015). 파주 : 갈라파고스.

Viladas, Xenia(2010). 디자인 경영 핸드북(Managing design for profits). 최다인 역(2013). 파주 : 안그라픽스.

Victor Papanek(1984). 인간을 위한 디자인(Design for the Real World:

Human Ecology and Social Change). 현용순, 조재경 역(2009). 서울 : 미진사.

White, John(2011). 잘 삶의 탐색(Exploring well-bing in school). 이지헌, 김희봉 역(2014). 파주 : 교육과학사.

Xenia Viladas(2010). 디자인 경영 핸드북(Managing design for profits). 최다인 역(2013). 파주 : 안그라픽스.

齋藤孝(2014). 혼자 있는 시간의 힘(孤獨のチカラ). 장은주 역(2015). 파주 : 위즈덤하우스.

저자 소개

김미영

현 부산한솔학교 초대 교장
2014 부산광역시교육청 교육기부상 수상
2015 부산 YMCA 주최 아름다운 학교상 수상
2015 국가인권위원회 대한민국인권상 수상
저서 : 특수교육 교구 제작의 이론과 실제, 학교디자인 등

심상욱

창원대학교 교육학 박사
현 부산한솔학교 학교디자인부장
저서 : 특수학생의 치료적 미술교육, 스페셜 아트, 특수교육 미술교육론, 특수
교육복지론, 특수학교 조형예술교육, 학교디자인 등
역서 : 영성미술치료, 얀뜨라 : 우주적 합일의 딴뜨라 상징